Processo ou criação

FUNDAÇÃO EDITORA DA UNESP

Presidente do Conselho Curador
Mário Sérgio Vasconcelos

Diretor-Presidente
Jézio Hernani Bomfim Gutierre

Superintendente Administrativo e Financeiro
William de Souza Agostinho

Conselho Editorial Acadêmico
Danilo Rothberg
João Luís Cardoso Tápias Ceccantini
Luiz Fernando Ayerbe
Marcelo Takeshi Yamashita
Maria Cristina Pereira Lima
Milton Terumitsu Sogabe
Newton La Scala Júnior
Pedro Angelo Pagni
Renata Junqueira de Souza
Rosa Maria Feiteiro Cavalari

Editores-Adjuntos
Anderson Nobara
Leandro Rodrigues

FRANÇOIS JULLIEN

Processo ou criação

Uma introdução ao pensamento dos letrados chineses

Ensaio de problemática intercultural

Tradução
Mariana Echalar

© 1989 Éditions du Seuil
© 2019 Editora Unesp

Título original: *Procès ou création: une introduction à la pensée des lettrés chinois*

Direitos de publicação reservados à:

Fundação Editora da Unesp (FEU)
Praça da Sé, 108
01001-900 – São Paulo – SP
Tel.: (0xx11) 3242-7171
Fax: (0xx11) 3242-7172
www.editoraunesp.com.br
www.livrariaunesp.com.br
feu@editora.unesp.br

Dados Internacionais de Catalogação na Publicação (CIP)
de acordo com ISBD
Elaborado por Vagner Rodolfo da Silva – CRB-8/9410

J94p

Jullien, François
    Processo ou criação: uma introdução ao pensamento dos letrados chineses / François Jullien; traduzido por Mariana Echalar. – São Paulo: Editora Unesp, 2018.

    Tradução de: *Procès ou création: une introduction à la pensée des lettrés chinois*
    Inclui bibliografia
    ISBN: 978-85-393-0779-1

    1. Cultura. 2. China. 3. Usos e costumes. 4. Língua. 5. História. 6. Jullien, François. I. Echalar, Mariana. II. Título.

2018-1863   CDD 306.0951
                                          CDU 316.7(510)

Editora afiliada:

À memória do meu pai

Sumário

Nota introdutória . *9*

I

1 A evidência da natureza . *27*

2 A inutilidade da palavra, a infecundidade da ação . *37*

3 A relação de incitação no principiar da realidade . *49*

4 O princípio da alternância. O que esperar do futuro
e como pensar a origem? . *63*

5 Nem Criador nem criação . *85*

II

6 O visível e o invisível . *109*

7 Eficiência da limpidez, estagnação na opacidade . *127*

8 Transcendência e correlatividade. A "natureza"
é a "moral" . *145*

9 Pode ser um pensamento materialista? . *159*

10 Coerência e continuidade. Negação da ruptura metafísica e da fuga idealista . *181*

III

11 A expressão linguística do processo . *205*

12 Um modelo para pensar o devir (fornecido pela interpretação do *Livro das mutações*) . *221*

13 Da análise do devir ao seu domínio . *239*

14 Constância "estoica" . *251*

15 O ideal único da transformação . *265*

IV

16 Exemplificação: a poesia como processo e não como criação . *281*

17 Generalização: um mesmo modo de inteligibilidade . *297*

Nota de conclusão. Para que comparação? . *315*

Referências históricas . *333*

Referências bibliográficas . *341*

Índice de expressões chinesas . *345*

Meu sonho era ainda poder escrever sobre o pensamento chinês como se fazia no século XVIII. Por meio de cartas ou encenando um diálogo. Pelo puro prazer das ideias, e com a incrível audácia de acreditar que assim é possível muito naturalmente ter acesso a elas e muito simplesmente comunicá-las.

Meu desejo era ao menos evitar dois perigos. O da especialização, ao estilo das monografias puras, com notas, referências e índice – obra útil e triste, excessivamente circunscrita, insuficientemente extrovertida e sem objetivo real. Também o da vulgarização, perigo maior ainda: como se banalidades fossem suficientes para formar um discurso, como se fosse necessário dispensar-se do máximo de rigor, precisão e erudição para estimular o espírito e tornar-se interessante para as pessoas. Pois, em ambas as situações, se o discurso se prende ao detalhe a ponto de perder o sentido, ou se divaga em generalidades, o essencial desaparece: o interesse e o prazer do pensamento.

Este livro funcionará em dois níveis e de forma metódica: desde o ponto de partida, e durante todo o percurso, ele decorre

François Jullien

da leitura de um pensador chinês que viveu no século XVII, na transição do período Ming para o Qing: Wang Fuzhi; quanto ao objetivo, e como resultado dessa leitura, busca-se esboçar uma problemática de dimensão intercultural – em consequência da diferença, e na forma da seguinte alternativa teórica: *processo* (como representação de base da visão de mundo na China) ou *criação* (como é conhecido seu modelo antropológico e filosófico, especialmente no Ocidente). Leitura e problemática (leitura--problemática): no encontro dessas duas injunções, e por seu efeito conjunto e recíproco desejo abrir uma via de acesso ao pensamento "confuciano" – prefiro dizer: ao pensamento *letrado*.

"Letrados" era como se costumava chamar na França, na época do Iluminismo, os representantes da tradição confucianista, porém deixando de lado o caráter de escola e provocando com esse semantismo um efeito discretamente universalizante e filosófico. Aqui sempre se tratará da mesma questão, refletida, entretanto, em sua noção, e esse deslocamento não deixa de ser fecundo: não apenas "Qual era a visão de mundo dos confucianos na China?", mas também "Quais são as condições de possibilidade – bem como as características fundadoras – de uma consciência *letrada*, em sua lógica própria e como modelo possível de humanidade?".

Já disse que não acredito ser viável, como forma de introdução ao pensamento chinês, propor um resumo deste. Qualquer "síntese" ou "compilação resumida", por mais cômoda que pareça, fatalmente oscilará – a não ser que se limite a uma lista de nomes; mas, nesse caso, de que serveria? – entre as facilidades de um exotismo imaginário (pela sedução da diferença inventada) e as falsas evidências de um humanismo recuperado (com mais facilidade do que o planejado): um nos agrada e o outro nos dá confiança, mas é sempre conosco que estamos lidando, com nossos fantasmas

Processo ou criação

ou preconceitos, e a obra habita esterilmente fora de seu objeto (mas talvez seja o que procurávamos). Introduzir é conduzir para *dentro*: não se conhece verdadeiramente um pensamento – e isso serve tanto para o pensamento chinês como para o de qualquer outra cultura – a menos que este seja abordado de dentro e visto *em ação*: como reflexão em funcionamento, a partir de um alicerce particular e no contexto de uma progressão singular.

O itinerário individual que nos guiará é o de Wang Fuzhi* (Wang Chuanshan, 1619-1692). Um pensador da linhagem dos mestres neoconfucianos dos séculos anteriores, formado na escola dos clássicos e cuja obra é a última explicitação do pensamento chinês, antes de este entrar efetivamente em contato com o pensamento do Ocidente e ser definitivamente influenciado

---

* Wang Fuzhi nasceu em Hengyang, na província de Hunan, numa modesta família de letrados. Seu pai, Wang Chaopin, é descrito como um homem austero, fiel à ortodoxia neoconfuciana e particularmente preocupado com a integridade moral. A crise do fim da era Ming opõe numa luta impiedosa as fações da corte e dos eunucos ao partido dos letrados, que pregavam o renascimento moral e a reforma política (de acordo com a academia Donglin). De seu pai, Wang Fuzhi herdou o amor ao rigor e a profunda hostilidade ao budismo, mas, como ele, não tinha muito interesse pelo engajamento político. Fundou aos vinte anos, em Hengyang, um clube "reformista", *kuangshe*; e esse zelo patriótico não desapareceu após a queda de Pequim sob ataque dos invasores (1644): Wang Fuzhi continuou lealmente a resistência nos anos seguintes, ao lado dos sucessores da dinastia deposta. Nunca reconheceu o novo poder manchu e, aos 31 anos, sua vida pública estava acabada. Refugiou-se no sul da China, onde foi obrigado a levar uma vida precária, às vezes clandestina, mas sempre solitária. Trancado em sua biblioteca, dedicou-se pelo resto da vida ao estudo e ao comentário das grandes obras do passado (textos canônicos e filosóficos, história, poesia) e, em particular, do *Livro das mutações*.

por ele. Wang Fuzhi critica os taoistas, tem uma enorme aversão ao budismo e polemiza com ardor contra eles; ouviu falar dos cristãos, e vagamente do cristianismo, mas nada disso faz parte de seu horizonte nem entra em sua reflexão: o campo de suas referências, o teatro de seu pensamento condiz firmemente com os da tradição, esta que serviu por mais de um milênio (sobretudo desde os séculos XI-XII) como base cultural e ideológica ao tipo sociológico do letrado e garantiu sua extraordinária longevidade. Mas a obra de Wang Fuzhi também é muito original, apesar de quase toda composta de notas e comentários, porque interroga com ousadia e perspicácia, para descobrir sua justificação mais íntima, todo esse conjunto de concepções codificadas que constitui seu universo e pelo qual ele apreende a realidade. Wang Fuzhi viveu em uma das épocas mais conturbadas da história da China, e seu esforço para investigar as representações culturais da tradição tem por objetivo, em primeiro lugar, restabelecer o máximo de coerência nesse universo desordenado – em vez de se contentar em condenar esse mundo (como, instigado pelo budismo, teria sido fácil fazer) e fugir.

Eu não gostaria, no entanto, de ceder à atitude ingênua de elogiar o "meu" autor, conformando-o nebulosamente a mim (a tentação do biógrafo), como se alguns anos em sua companhia me autorizassem a fazê-lo – mas devo esclarecer o ponto de vista a partir do qual eu o leio e como pretendo utilizá-lo. Pois sua obra tem pouco interesse em relação à história da ortodoxia letrada (para comprovar: ele ainda é pouco conhecido no Japão, mesmo entre os sinólogos). Em contrapartida, ela constitui um lugar particularmente favorável à investigação do pensamento chinês, posto que é uma excelente intérprete de seus modos de articulação e explora suas posições com muita eficiência. Portanto, o que buscaremos

Processo ou criação

na obra de Wang Fuzhi não é tanto um conjunto de teses, ou um corpo doutrinal organizado, mas, sim, uma exposição particularmente radical das potencialidades da intuição letrada, um movimento constantemente ativo do pensamento em relação ao seu quadro mental, o mais intenso esforço de rigor e lucidez. Pensador genial demais para não ser um pouco marginal (suas obras mais importantes não serão publicadas antes do século XIX), mas que serviu de fermento ao pensamento da China moderna (até Tan Sitong e o jovem Mao Tsé-tung, que foi membro de uma sociedade de estudo de suas obras, fundada em Changsha por volta de 1915), Wang Fuzhi é o centro de uma certa renovação da filosofia chinesa contemporânea e, ainda hoje, é de uma atualidade à altura de sua originalidade. Seu contemporâneo Pascal também não é muito importante do ponto de vista do dogma, e talvez não seja totalmente confiável na opinião da ortodoxia; no entanto, oferece um dos melhores pontos de vista para se tomar consciência da intuição cristã. O que importa é a força de uma exigência às voltas com um conjunto definitivamente constituído e fechado de representações, a capacidade de saturar uma tradição com o máximo de sentido – e abri-la aos limites da inteligência.

Enquanto fenômeno da *tradição*, a cultura dos letrados chineses repousa não sobre um conjunto de noções – e menos ainda de definições ou doutrinas –, mas sobre um conjunto antigo, e capitalizado pela memória, de expressões significativas, referências canônicas e citações. Pode parecer que é o caso típico de qualquer cultura de comentário. Mas a cultura em questão se distingue de fenômenos análogos, apresentados em especial pelas grandes tradições religiosas, como o cristianismo ou o budismo, porque não faz referência a um dogma (uma vez que esse dogma não existe) e, no caso da China, o aprendizado de textos por memorização é indissociável da própria aquisição da língua escrita (por nature-za, o chinês quase não tem gramática, e a principal formação das crianças consiste em aprender regularmente, todos os dias, um certo número de linhas que vão lhe servir tanto de quadro ideológico e mental como de ferramenta de expressão). O trabalho criativo de cada nova geração é acomodar esses enunciados usuais e essas formulações antigas à orientação presente e lhes dar um significado mais preciso a partir de suas próprias inclinações. A tradição letrada se caracteriza sobretudo pelo caráter pregnante de sua *intertextualidade*: o principal é o efeito de contexto e referência, e não admira que um pensamento tão original como o de Wang Fuzhi se manifeste principalmente na forma de observação, por alusão, citação ou explicitação.

É o que modifica necessariamente as condições da leitura: a noção exige análise, definição, esforço de construção; a *fórmula* exige sobretudo interpretação, meditação, prazer de "saborear". E, em seu encadeamento, esse segundo modo de enunciação é mais difícil de seguir, pois não se ordena por um plano lógico previamente projetado, mas pratica alegremente a descontinui-dade, funciona com explicações dispersas, nunca oferece um desenvolvimento único e completo. Ora, apesar de ser absoluta-mente necessário nos acostumarmos a esse funcionamento não filosófico do texto (no sentido ocidental do termo) para tentar lê-lo contra o fundo da memória letrada, corremos o risco de perder a iniciativa, deixando-nos hipnotizar pela balizagem con-sensual do pensamento, pelo conformismo das referências, pelas séries intermináveis de exemplos e associações convencionadas, pela contínua repetição das citações. O texto nos escapa porque atolamos na evidência – impressão de insignificância: como uma imensa e rasa tautologia.

Processo ou criação

Há, portanto, essa forma de "conformismo" e indiferença que devemos romper. Daí a necessidade de o leitor ocidental, além de se concentrar o melhor possível na expressão letrada para tentar entender o movimento individual e momentâneo do sentido em relação ao jogo implícito de alusão e referência, ter também de se distanciar o máximo possível para não se ver confinado e desarmado por esse encadeamento formular e fechado, isolado em sua evidência e sem nenhuma dissensão: arrancar a todo custo essa formulação do conforto das ações e referências tipificadas, preparando deliberadamente o confronto com certa exterioridade, estrategicamente escolhida, e obrigando-a a reagir a essa outra perspectiva do pensamento. A expressão letrada é plasmada inteiramente no molde da codificação e dos lugares comuns, inclusive a de um pensador tão vigoroso como Wang Fuzhi; temos de tirá-la da convenção, reintroduzindo um efeito de diferença, para que possa ressignificar. De modo geral, nunca leremos *suficientemente de perto*, aderindo ao fio da literalidade, nem *suficientemente de longe*, contra o fundo da alteridade e interrogando o texto sobre seu alcance e objetivo. Os papéis tradicionalmente opostos do filólogo e do filósofo não podem ser dissociados: ler ao mesmo tempo de dentro e de fora, desenrolando o significado em seu próprio contexto e provocando o sentido de fora, pela construção de um horizonte teórico novo que sirva para sua extroversão e evidencie sua lógica e representatividade.

Ao mesmo tempo como enunciado individual e expressão de um modelo. E é precisamente isso que justifica o projeto de uma leitura *problemática* de Wang Fuzhi. Esse modelo encarnado por sua reflexão, ao qual se resume o trabalho de seu pensamento, parece ser o do processo, ao qual oponho *en passant*, e para que lhe sirva de contraste, a representação da criação, que nos é tão familiar. Não

François Jullien

apenas porque essa representação não faz parte do horizonte de Wang Fuzhi, mas para medir sua impossibilidade teórica na obra desse autor e investigar a radicalidade da clivagem pretendida. A comparação, portanto, não é adorno ou simples convenção, mas participa intrinsecamente do ato de leitura.* E é através dela que a representação do processo, tão profundamente explorada pela reflexão de Wang Fuzhi, me parece refletir muito bem, por simbolização da diferença, a lógica tradicionalmente inerente ao pensamento letrado.

Desenvolver essa lógica do processo – cujo sentido é a continuidade – não se presta a uma divisão em partes que implica, necessariamente, interrupções na sequência da exposição. Por isso preferi proceder por desenvolvimentos curtos que possam suceder uns aos outros e formar articulações significativas que retomem a interrogação. No entanto, três momentos principais determinam um ritmo em ciclos sucessivos para o curso da reflexão:

Capítulos 1-5: Dos motivos e imagens da alternância que dá ritmo ao curso da natureza e das estações vem a intuição de um *funcionamento* cosmológico *benéfico* e *regular* cuja evidência, intrinsecamente suficiente, dispensa qualquer elaboração suplementar pela palavra, como revelação religiosa ou construção filosófica, e

---

* Aliás, ela foi inscrita historicamente como tal nos debates dos séculos XVII-XVIII que opuseram os europeus em sua interpretação do pensamento dos letrados: para Leibniz, uma das mentes ocidentais mais sensíveis ao interesse do pensamento chinês, "é necessário sobretudo demonstrar que a doutrina dos antigos chineses permite uma teoria da criação". Cf. Gottfried Wilhelm Leibniz, *Discours sur la théologie naturelle des Chinois*, apresentado por Christiane Frémont, Paris, L'Herne, 1987, p.21.

Processo ou criação

cuja eficácia se manifesta espontaneamente por *influência*, segundo o modelo do Sábio em relação ao resto da humanidade. De modo mais geral, todo o real decorre de uma relação ininterrupta de *interação*, que procede por incitação recíproca e regulação. O rigor da reflexão de Wang Fuzhi o leva a situar a dualidade na própria origem da realidade das coisas e a enfatizar o caráter primordial da relação e o aspecto necessariamente correlativo e reversível de toda oposição. Disso resulta uma concepção sistemática do mundo como processo contínuo e regular, sem escatologia religiosa ou interpretação teleológica de sua finalidade: é ela que opomos à representação da criação, da qual se distingue tanto de um ponto de vista filosófico – estrutura bipolar da realidade, eliminação de toda causalidade externa – como de um ponto de vista antropológico – valorização mínima das representações culturais do fazer e do agente (segundo o modelo do demiurgo), em proveito das categorias da função e do devir espontâneo, e rejeição de qualquer *status* simbólico e mitológico do discurso, em favor de uma visão desdramatizada e essencialmente serena da realidade.

Capítulos 6-10: Mas a visão letrada não é completamente estranha ao sentido do insondável e do infinito. Convém repetirmos o seu percurso, indagando-nos sobre a sua concepção do *invisível* e sobre que *status* ela atribui à "transcendência". O invisível não existe separado do visível, mas funciona em correlação com ele, conforme a oposição cíclica do manifesto e do latente (portanto é manifestado por ele, e isso marcou profundamente as concepções estéticas na China). A dimensão de eficiência do invisível não pode ser interpretada de um ponto de vista religioso, mas em um sentido cosmológico e moral, como *capacidade de transformação* sem fim e pura processividade das coisas. Resta entendermos como se articulam, em uma concepção unívoca do processo, a horizontalidade da correlação, da qual decorre a atualização da existência, e a verticalidade hierárquica, que serve de base para os valores e condiciona a legitimidade da moral: que o "Céu" seja ao mesmo tempo a dimensão de incondicionado do processo e o parceiro da Terra no contínuo e incessante engendramento do mundo quer dizer que pode constituir o *ideal de transcendência* a que aspira espontaneamente a subjetividade, ao passo que essa infinidade não é concebida como exterior ao desenrolar das coisas e que sua "transcendência" não representa nada mais do que uma *absolutização da imanência* inerente a todo funcionamento. Talvez fosse difícil sustentar até o fim que a posição de Wang Fuzhi é fundamentalmente "materialista", como se considera na China hoje, se sua refutação sistemática da fuga idealista, na figura do budismo, não o levasse a afirmar ainda mais, e por reação, a *coerência* intrínseca do real e sua *continuidade* essencial: a denunciar a ilusão metafísica que aparece sempre que se abre uma brecha na correlação essencial das coisas e surge o espectro de um absoluto independente e separado. A separação (do "vazio" e do "pleno", do "caminho" e do "instrumento", do "invisível" e do "fenomenal", do "ser constitutivo" e de seu "funcionamento"...) nasce de uma incompreensão das relações de interdependência e reciprocidade e destrói o caráter necessariamente operante e, portanto, constantemente *em curso* da realidade.

Capítulos 11-15: Resta entendermos melhor o que possibilitou essa concepção do processo no plano *antropológico* e em que resulta no plano *ético*. É impossível não considerarmos desde o princípio certo condicionamento *linguístico* da representação (evidentemente, a partir da afinidade, sem projetar uma relação determinista sobre ele): funcionamento conceitual por correlação, efeitos de paralelismo, desembaraço sintático para expressar as relações

Processo ou criação

"processivas" de implicação e reversão. Também merece ser considerado o arquétipo fornecido por esse antigo tratado de adivinhação que é *O livro das mutações*: a partir da representação do hexagrama são sistematicamente expostos e pensados os modelos de uma estrutura global em constante transformação, de um sistema exaustivo, mas não codificável, de uma figuração concreta que contém um sentido transcendente. E *O livro das mutações* ainda dotou o pensamento chinês de certas articulações essenciais que Wang Fuzhi aproveita com o máximo de profundidade e sutileza, quer se trate da relação que une continuidade e mutação, princípio e previsão, ou pródromo e retificação. A cultura chinesa é particularmente bem equipada para pensar a transformação, e foi a partir da *transformação* que ela deu sentido à existência humana: não apenas de modo estoico, visto que o constante é alcançado através da mudança e que a moralidade da conduta permite ao homem compreender o fundamento transcendente da realidade, mas porque a capacidade do homem de transformar continuamente a si mesmo e ao mundo o assemelha à função do "Céu" e permite que ele abrace o curso do processo de forma sempre espontaneamente adequada. O perigo está no apego, na estagnação, na reificação: cada orientação predeterminada é um bloqueio, e toda virtude, quando se torna um traço rígido e marcado da personalidade, priva esta última de uma parte de sua disponibilidade e pode pô-la em desacordo com a pertinência da situação. O Sábio, ao contrário, é aquele que *evolui sempre* e sem parcialidade e, porque nunca se desvia (por parcialidade), pode continuar livremente a evoluir. Em última análise, não há nenhuma outra concepção possível do "bem", tanto no nível do mundo como no nível do homem, a não ser manter-se constantemente em processo (ser *constante* porque *em processo*).

Capítulos 16-17: Os dois últimos capítulos, separados desse desenvolvimento, oferecem uma ilustração diversa. Tentaremos compreender, por exemplo, como e por que o *surgimento do poema* é concebido por Wang Fuzhi, logicamente, segundo o modelo do processo, e não da criação: em função de uma dualidade de instâncias em interação recíproca ("paisagem" e "emoção"), em vez de celebrar a solidão de um sujeito hipostasiado (Deus, o Poeta), e porque o texto só existe como tal a partir do *funcionamento correlativo* que permite à diferença de seus fatores cooperar e integrar-se em qualquer nível que seja. Até mesmo a leitura é compreendida como um processo eminentemente interativo e transformador, e a ideia de criação é contrária à perspectiva da poética chinesa não só porque projeta no início da obra a ideia de um sujeito único e separado, mas também porque encerra essa obra em si mesma, em perfeita imobilidade. Seja qual for o modo de existência considerado, é como *processo em curso* que devemos apreendê-la e interpretá-la, quer se trate do curso do mundo ou do poema, da consciência ou da História. De fato, por meio de cada um desses aspectos, encontramos o mesmo elo correlativo unindo *coerência interna* e *tendência espontânea*. A categoria do processo une todos os aspectos do real em uma mesma continuidade, em função de um *mesmo princípio de inteligibilidade*, e é sem dúvida a ela – como mostra o contraexemplo do confucionismo japonês, ainda na época de Wang Fuzhi – que se deve a originalidade da concepção letrada na China, como gesto próprio e maneira de articular a realidade.

O leitor se surpreenderá, talvez, por eu não começar este livro com uma biografia de Wang Fuzhi. Sei que é o que exige a tradição chinesa. Mas para mim tratava-se menos de apresentar o "pensamento de Wang Fuzhi", em detalhes e seguindo as etapas de sua carreira, do que mostrar esse pensamento em

Processo ou criação

ação, no jogo das articulações, brigando com as codificações da tradição chinesa e fazendo-as funcionar (daí eu ter considerado relativamente pouco os aspectos de uma possível evolução de seu pensamento).[1] Não obstante, há elementos biográficos ao longo do desenvolvimento (capítulo 10), quando o engajamento intelectual e ideológico do autor somente faz sentido, em reação às tentações místicas e à fuga idealista, em relação à crise histórica de sua época e à maneira como ele a enfrentou.

Também não achei necessário citar Wang Fuzhi com frequência, pois desconfio do efeito de opacidade – sub-repticiamente distanciador – da tradução (criando um hiato no processo de explicitação, em vez de servir de apoio, e testemunho, à compreensão). Mais uma vez, devemos levar em conta o caráter singular da expressão letrada, ao mesmo tempo muito alusiva e muito codificada (como é o caso em particular da "filosofia primeva" dos neoconfucianos): ou traduzimos literalmente e nada "faz sentido" (tudo é "quente" e "frio", "firme" e "maleável", "subir-descer", "contrair-expandir"...); ou interpretamos, mas é melhor fazer essa interpretação às claras, assumindo seus riscos e sua liberdade. Assim, estabelecemos um certo número de noções ao longo deste ensaio para tentar explicar globalmente a representação chinesa à qual elas correspondem do ponto de vista da lógica do pensamento, sem necessariamente respeitar a tradução sinológica convencional, mas fazendo um uso conceitual mais determinado: latência e atualização, "pervasividade", correlatividade, propensão, dimensão de eficiência invisível (ou do espírito),

---

1 Reportar-se em especial a Ian Mc Morran, "Wang Fu-chih and the Neo-Confucian Tradition", in: William Theodore De Bary, *The Unfolding of Neo-Confucianism*. Nova York: Columbia University Press, 1975.

até a própria noção de "processo". Reconstituir sinteticamente o procedimento, em função do encadeamento de razões, mas a partir de nossas próprias noções, mostra o sentido da reflexão de forma mais precisa do que a relativa aproximação da literalidade a que leva necessariamente a tradução quando esta não parte de uma explicação sistemática e generalizada (mas como justificar essa explicação ao iniciar a análise?). Em contrapartida, listei no fim deste livro as expressões chinesas mais significativas que comento (em chinês, para que o leitor sinófono posso se remeter a elas). Além disso, quando abordo o problema da enunciação linguística do processo (depois de o leitor já ter adquirido certa compreensão desse pensamento), traduzo o mais literalmente possível alguns trechos do texto para que qualquer um possa entender o seu funcionamento e avaliar os seus efeitos por si mesmo. Por fim, nos dois últimos desenvolvimentos, apresentados como confirmação do desenvolvimento geral, e porque o objeto é mais concreto e mais próximo da experiência comum (portanto muito menos sujeito à codificação), reintroduzo algumas citações que podem servir de ilustração e funcionam como referência em relação ao conjunto da exposição.

Que o leitor não se desaponte se não encontrar notas, mas apenas referências. Aqui, qualquer informação só tem interesse se contribuir para a reflexão e, portanto, se der continuidade ao desenvolvimento; e pressinto que a nota, ao abrir uma brecha, em geral corre o risco de permitir uma dissolução dos planos em que tudo que não é assumido se dissimula mais comodamente.

Última observação, que diz respeito à viabilidade do propósito: o leitor talvez se surpreenda com os movimentos de ida e vinda no desenvolvimento das questões, ou mesmo de "repetição" contínua de um mesmo conjunto de frases e expressões. É que o

Processo ou criação

pensamento chinês não se presta a uma construção sistemática e planejada. O comentário de Wang Fuzhi é ao mesmo tempo pontual e global: esclarecimentos progressivos que retomam constantemente uns os outros, trabalham em redes de afinidade e com codificações implícitas. A *familiarização* precede a compreensão, que se apoia fundamentalmente em uma lenta assimilação. O pensamento chinês não "se explica", mas "se elucida". Segundo a sua etimologia tradicional (hoje contestada, mas ainda com valor simbólico), o termo chinês que traduzimos por "razão" (*li*) significava a arte de "elaborar o jade" ("trabalhar o jade bruto, prevalecendo-se de seus veios estruturais", diz Demiéville). Compete a nós seguir esses veios com paciência, através de suas ramificações e clivagens, até a luz mais profunda do filão.

Hoje, quando se quer apresentar a poesia chinesa a leitores não sinófonos e não especializados, costuma-se propor várias versões do mesmo poema (transcrição, tradução literal, tradução literária mais elaborada), dizendo: "*Do it yourself*, é com vocês!". Gostaria de ter feito o mesmo aqui, fornecendo material de trabalho ao meu leitor. Isso é para mostrar como desejo que este livro seja efetivamente legível: que não seja apenas jargão para os sinólogos, mas também que não se distacie do trabalho sinológico; que a reflexão de Wang Fuzhi não somente seja restituída, mas que consiga adentrar nossa reflexão e nos obrigue a pensar. Todo o nosso esforço é para levar a extroversão o mais longe possível, o que é mais difícil quando se trata, como no caso do pensamento letrado, não de um aparelho conceitual, mas de um pensamento sobre a evidência e a simplicidade. Ora, sinto que algo ainda mais fundamentalmente *simples* subsiste nesse pensamento, algo que não consegui expressar, que constantemente me tem provocado, em torno do qual girei sem cessar – e sobre o qual só me restou escrever um livro.

I

1
A evidência da natureza

"No princípio", era a alternância: aspiração e expiração, dia e noite, calor do verão e frio do inverno. Ir e vir, abrir e fechar. O *dia* e a *noite* são como a respiração do céu, o *verão* e o *inverno* reproduzem o ritmo do dia e da noite.[1] O que muda é a escala, toda manifestação de existência é regida por um *vaivém* ininterrupto: contração-expansão, desenvolvimento-retraimento.[a*]

O dia e a noite se alternam, o sol se põe quando surge a lua, mas o céu continua idêntico a si mesmo e prossegue o seu curso sem se interromper – manifesto ou oculto. Ainda que se torne invisível aos nossos olhos, diz Wang Fuzhi como evidência, o mundo é tão real à noite como durante o espetáculo do dia. A alternância de aparecimento e desaparecimento não contrapõe a existência ao seu aniquilamento,[b] mas o tempo do visível ao tempo do invisível.[c2] O ciclo das estações, por sua vez, é apenas

---

1 ZM, I, p.19, 23.

* As chamadas de nota alfabéticas remetem ao índice no fim do volume.

2 ZM, I, p.11, 23.

esse encadeamento de *manifesto* e *inaparente*: se a primavera e o verão são o tempo do nascimento, da vinda, do desenvolvimento, se o outono e o inverno são, por oposição, o tempo da morte, da ida, do recolhimento, é evidente que a energia vital[d] não se extingue no curso do outono-inverno, mas simplesmente se oculta na terra: enquanto ramos e folhas exibem sua secura, raízes e troncos escondem sua vitalidade recolhida.[3] A manifestação é atualização, a ocultação é latência. Assim como a noite não é a destruição do mundo lá fora, o sono não é a destruição do espírito no indivíduo. A analogia com o ritmo das estações pode ser mais justa em sentido inverso, pois tudo comprova o quanto o desaparecimento do exuberante fervilhar da vitalidade em explosão é, por seu próprio rigor, o contrário da morte: se a primavera – a estação do engendramento em que tudo se cruza e se mistura no esquecido de seu caráter efêmero – aparece como o tempo do sonho, o outono, quando tudo regressa à concentração da latência original, não seria como a transição do sono à realidade?[4]

Porque o ir não esgota o vir; o próprio ir não pode ter fim: o curso do rio, porque sempre se renova, corre sem parar, e a vegetação desabrocha sem definhar.[5] O sol e a lua expulsam um o outro do horizonte e disso nasce a renovação benéfica da luz; a rivalidade do calor e do frio no transcurso do ano possibilita o ciclo fecundo das estações.[6] O tempo do desaparecimento e do recolhimento contém a riqueza do desenvolvimento por vir: a lagarta se contrai para avançar, dragões e serpentes hibernam

---

3 ZM, I, p.7.
4 ZM, I, p.23.
5 WZ, p.1019-20.
6 ZM, I, p.4.

Processo ou criação

para manter a vitalidade.[7] Essa é uma disposição-inclinação absolutamente natural,[f] e o homem não precisa se preocupar com o desaparecimento, porque este é apenas uma etapa transitória e necessária do processo: a contração é a condição para o desenvolvimento futuro. Mais precisamente: quem não consegue se recolher não consegue se desenvolver. Isso também vale para a existência ética: sabendo viver em recolhimento na natureza selvagem, o grande Shun, modelo da Antiguidade, acumulou uma riqueza interior que depois, quando lhe deram o poder, tornou sua obra de civilização irresistível. Embora obedeça a uma lógica cíclica, a alternância é o contrário da repetição estéril: é ela que permite que o curso avance e o processo se desenrole.

Símbolos de alternância e funcionamento – de funcionamento *por* alternância: refletiremos mais sobre esses motivos ao longo da leitura de Wang Fuzhi. Nem a "parede" sempre opaca pode se abrir, nem o "buraco" sempre aberto na parede pode se fechar: o modelo concreto que inspira a nossa reflexão é o da *porta*, que ora está aberta, ora fechada, e pode se fechar porque estava aberta e vice-versa.[8] Esteja aberta ou fechada, a porta sempre cumpre o seu uso; não apenas a transição de um estágio a outro é sempre útil, conforme exige o momento, mas também a reciprocidade que condiciona a mudança torna esse funcionamento inesgotável: a própria possibilidade desse *curso*, renovando-se incessantemente, é que constitui o "Caminho" (o *Dao*) – que é o centro do *processo*.

Ou: a alternância de concentração-dispersão da energia material na latência original é análoga à alternância da *água*, que ora se condensa em um bloco compacto de gelo, ora se funde e

---

7 NZ, p.545-6, e ZM, V, p.88.
8 WZ, p.992, e NZ, p.513-4.

se dilui na massa ambiente: a água evapora e some de vista, mas não se extingue – o que tomamos por vazio nunca é puro nada.[9] A mesma água congela em consequência do frio, mas ferve em consequência do calor, paralisa-se de um lado e movimenta-se de outro. A diferença de estado não consegue esconder a constância do elemento:[10] tudo se transforma e nada se anula. Uma carroça carregada de lenha queima inteira e subitamente, mas não sem se transformar em chamas, fumaça e cinzas: nada é perdido, tudo retorna ao elementar, mas a transformação ocorre de forma tão sutil e tênue – no limite do invisível – que muitas vezes o homem não se dá conta de que o nada ainda é alguma coisa. Se a água é fervida, o vapor sobe e se dissipa – não se sabe para onde? Mas basta cobrir a água para que o vapor se acumule e não se disperse mais.[11] O que parecia ter se volatilizado para sempre está apenas na fase do *retorno*.

Quer se fixe em líquido ou borbulhe em espuma, a iniciativa não é da água, isso ocorre por pura necessidade natural:[12] do mesmo modo, vida e morte – alternância do visível e do latente – não dependem de uma intenção. Nem Providência nem mau desígnio. O espetáculo da natureza – e sobretudo o do céu – nos torna mais sensíveis ao que se manifesta como contraste: a *limpidez* espontaneamente transparente e infinita[f] ou a *obscuridade* do véu[g] (quando desce a névoa).[13] A alternância faz o real vibrar de modo duplo: sutilização/reificação, fluidez/densidade, transpa-

---

9 ZM, I, p.14.
10 ZM, I, p.20.
11 ZM, I, p.7.
12 ZM, V, p.85.
13 ZM, I, p.16.

Processo ou criação

rência (da transição)/opacidade (do obstáculo). Mas a natureza também nos faz sentir com muita clareza que toda concentração, ao levar à atualização do visível, é ao mesmo tempo passageira e disseminada: o compacto permanece aerado, a limpidez convive com a densidade e continua a exercer a sua função de transição;[b] como o vento que penetra pela mais ínfima abertura, como a nota musical que se propaga à sua volta.[14]

Mais imagens: nada comprova melhor do que as *nuvens* que a latência (como todo esse grande vazio do céu) permanece repleta de vida; nada comprova melhor do que a *chuva* que uma disseminação generosa se realiza profusamente através dos existentes. Penetração – propagação – maturação: sutileza (da transição), mas fecundidade (da difusão).[15] A alternância dos fenômenos na natureza também torna patente a correlação essencial que há entre eles: entre o trovão e o vento, entre o calor e a tempestade. Céu e Terra, montanhas e rios.[16] De um lado, o *yin* que tende à concentração; de outro, o *yang* que tende à expansão. O que é o trovão – ao menos simbolicamente –, senão o *yang* bloqueado no interior do *yin* que, não podendo se liberar desse impedimento, se arremessa e explode (cf. o hexagrama *zhen*:[17] duas linhas *yin* bloqueiam uma linha *yang* abaixo delas: o trovão sai da Terra)? Em compensação, quando o *yang*, que está no exterior, não pode penetrar no interior do *yin*, como tende por natureza, ele turbilhona

---

14 Id.

15 NZ, p.14.

16 WZ, p.1020-1.

17 Na nomenclatura usada por Richard Wilhelm em sua versão do *Livro das mutações* e de acordo com a edição brasileira (Pensamento, 1997), a grafia usada é *chên*, que significa "o incitar, trovão". (N. T.)

e se transforma em vento (cf. hexagrama *xun*:[18] duas linhas *yang* acima de uma linha *yin*: o vento rodopia sobre a Terra).[19] A natureza, por mais enfurecida que pareça, revela ordem e coerência. O encadeamento é imutável: o orvalho (da primavera) – o trovão (do verão) – a geada (do outono) – a neve (do inverno): neve e geada não ocorrem no verão, nem trovão e orvalho se manifestam no inverno; do mesmo modo, a divisão é categórica: móvel e imóvel (animal – vegetal), voar no ar ou nadar na água.[20] Não há confusão no curso do mundo, a evidência decorre naturalmente. Mas a lógica que o anima não é fixa, e é justamente o que permite que ele exista como curso, renovando-se incessantemente, sempre variado. Por um lado, existem limiares de compatibilidade que possibilitam a *transição* do devir: a primavera já é quente, mas nela ainda ocorre chuva fria, e o outono, embora já seja frio, não desconhece o calor do vento.[21] Por outro lado, há uma intercambialidade de posições que confere ao devir seu caráter de variação e sua permutabilidade: para os cereais, o outono (da colheita) é no verão; para os vaga-lumes, a aurora é no crepúsculo; ou ainda: o metal é naturalmente sólido, mas se torna líquido quando é aquecido, e a água é naturalmente fluida, mas se torna sólida quando é resfriada.[22] O mundo se oferece em categorias estáveis, mas a interação continuamente em curso anima e diversifica essas categorias.

---

18 Ainda de acordo com Richard Wilhelm na edição brasileira (op. cit.), "*sun*", que expressaria "a suavidade, vento". (N. T.)

19 ZM, II, p.40-1.

20 ZM, I, p.5.

21 ZM, IV, p.64.

22 WZ, p.1012.

Processo ou criação

A evidência da dualidade-complementaridade constitutiva da realidade é revelada de forma absolutamente tangível na relação entre o *Céu* e a *Terra*. O Céu está acima e manifesta sua iniciativa perseverante penetrando a Terra; a Terra está abaixo e manifesta sua submissão contínua abrindo-se para o Céu. Ao mesmo tempo que a diferença radical entre Terra e Céu ilustra o modo duplo da realidade (fluido-compacto, transparência do invisível e resistência do denso), eles se unem intimamente, e essa união é o fundo (fundamento) de toda fecundidade:[23] o grande funcionamento do mundo nasce dessa diferença-correlação,[i] e dela resulta o engendramento de todos os existentes.[j] É essa interação fecunda que deve prevalecer no nível dos fenômenos e dos elementos naturais. Mas por que as antigas tradições têm razão ao privilegiar a *chuva* e o *sol*, em detrimento da água e do fogo, ou por que associam o sol à chuva e não à lua? Embora a água seja mais poderosa em grandes trombas-d'água do que numa garoa, ou o fogo queime mais do que a radiação do sol, água e fogo são inferiores ao sol e à chuva quanto à capacidade de espalhar uma influência propícia e eficaz (a que faz a vegetação brotar e alimenta os existentes). Capacidade difusa ("capacidade", posto que difusa). Mais espalhada que a corrente de água, a chuva provoca menos inundações; mais brando que o fogo, o sol nos preserva dos danos dos incêndios. Por isso, quando Laozi, o mestre da tradição taoista, compara a bondade suprema à bondade da *água*, ele parece se esquecer do risco de calamidade que ela esconde sob a sua aparência de calma. Do mesmo modo, quando o discurso budista privilegia o tema da lua, ele não leva em consideração a influência incomparavelmente mais benéfica do sol. A lua serve de imagem evocadora do que

---

23 WZ, p.945.

não é nem fenômeno (ilusório) nem vazio (absoluto); seu reflexo fantasmagórico, vazio e brilhante ilustra a relação de presença-ausência cuja intuição, segundo o ensinamento budista, conduz à verdadeira vida — apesar de a lua se mostrar irremediavelmente inútil em relação ao processo de engendramento dos existentes. Esplendor falacioso, brilho estéril. Contra esses dois símbolos tão representativos dos desvios heterodoxos, sol e chuva não se impõem como uma alternância mais benéfica?[24]

Exemplos, imagens, comparações, são mais do que simples ilustração, porque a temática que eles organizam através do texto de Wang Fuzhi nos põe em contato com certa atenção do olhar, revela certas escolhas determinantes em nossa relação com o mundo. São marcas que reconstituem a primitividade de uma intuição, traços que permitem voltarmos mais atrás no que motivou a orientação da reflexão. Toda argumentação posterior será apenas a explicitação da lógica que rege a rede metafórica, aparentemente tão banal e, no entanto, tão pregnante.

Todos esses temas estão relacionados ao ciclo benéfico da natureza. O que nos lembra que os chineses foram desde muito cedo um povo de lavradores, não de coletores ou criadores de animais, e por isso mesmo mais inclinados a prestar atenção à fecundidade da terra, ritmada pela alternância das estações. Portanto, o ponto de vista do funcionamento "cosmológico" é que servirá de fundamento à visão de mundo dos chineses: a natureza é um processo, contínuo e regular, inesgotavelmente generoso. Por nos remeter sempre à interpretação de um curso natural, todos os exemplos, imagens e comparações que compõem

---

24 WZ, p.1024.

Processo ou criação

este texto elevam a natureza a uma espécie de *fundo de sentido* cujo propósito teórico é simplesmente a elucidação. Fundo de sentido ou *evidência*: uma intuição compartilhada por todos e que se repete a todo instante. O grande ciclo da natureza é precisamente o que o mundo sempre experimentou: no caso da percepção individual, observa Wang Fuzhi, a menor diferença é anormal e está relacionada a uma causa patológica ou efeito de ilusão; ao contrário, os fenômenos meteorológicos mais extraordinários, embora estejam ligados a uma percepção comum, são normais e legítimos, ainda que nem sempre o homem se dê conta das razões dessa normalidade.[25] A referência à ordem da natureza gera unanimidade, exclui a estranheza.[26] O mistério não é mais um fato primeiro, é apenas um fato residual. Por isso o discurso letrado é um discurso eminentemente simples, tanto mais difícil de ler quanto mais simples (não *constrói* nada). Todo o seu esforço será para tentar se distanciar o mínimo possível da evidência de um *curso* natural. E, uma vez que essa experiência da natureza – como Processo – desvenda sua própria coerência e atesta a perfeita legitimidade de seu sentido, que lugar poderia haver nesse mundo para a expectativa de uma "Revelação"?

---

25 ZM, V, p.89.
26 ZM, III, p.58.

2

A inutilidade da palavra,
a infecundidade da ação

"Quisera não falar", diz Confúcio. "O que teríamos para contar, então?", inquietam-se os discípulos. "O Céu fala?", pergunta o Mestre. "E, no entanto, as quatro estações se sucedem e os existentes proliferam. Que necessidade tem o Céu de falar?"[1]

Não existe uma "mensagem", continua Wang Fuzhi, fazendo eco às palavras do Mestre: nem Revelação nem Lições famosas. O Céu e o Sábio não precisam falar para manifestar sua perfeição e oferecê-la como exemplo. Em relação ao Céu: não há nada no curso regular da natureza que não seja em si mesmo um "ensinamento" perfeito,[a] o bom funcionamento do Processo se revela através do engendramento contínuo dos existentes.[2] Com relação ao Sábio: não há nada em sua conduta que não manifeste uma virtude perfeita, portanto o Sábio não precisa visar, *além disso*, a um ensinamento em palavras.[b] Única diferença, que se deve à diferença inicial das posições: enquanto o processo do Céu se realiza por si mesmo, sem necessidade de fazer advir a sua própria capacidade

---

1 *Lunyu*, XVII, § 19.
2 ZM, III, p.49.

(moral), o Sábio deve buscar deliberadamente a realização de sua própria moralidade. Mas assim como a sabedoria, em seu último estágio de realização, é de uma perfeição análoga à do Céu, o Sábio participa da evidência perfeita – natural – que caracteriza o Céu: o processo do Céu e a conduta do Sábio manifestam a todo momento e sem sombra de dúvida (a cada instante do Processo, em cada movimento de conduta) a totalidade da coerência interna que os faz agir dessa forma. Se a menor manifestação-atualização do grande processo da natureza – "até a borra" e "até a cinza" – é em si mesma um ensinamento por excelência,[3] não é no sentido taoista (como em Zhuangzi) de conduzir à intuição da equivalência de todos os existentes na plenitude indiferenciada do *Dao*; mas é porque a menor parcela do real, por mais transitória que seja, revela a lógica indefectível do Processo. Do mesmo modo, se o Sábio não fala, não é por se inclinar ao esoterismo, não é para preservar um segredo, mas porque cada um de seus gestos, cada um de seus atos dá perfeitamente acesso – melhor do que a palavra – à riqueza interior da qual ele emana.[4] O exemplo é suficiente, é patente, e o ensinamento necessário ao aprendizado consistirá apenas em sua assimilação por imitação (de acordo com o duplo sentido de *xue*:[c] aprender-imitar). Portanto, não é preciso "esperar a palavra" para completar o ensinamento. A natureza – porque toda natureza se manifesta como curso espontâneo, tanto a do Sábio como a do Céu – revela-se explicitamente por seu funcionamento e não pode conduzir a uma problemática do sentido, pois não há "sentido" a desenvolver, independentemente da evidência *dada*, porque todo sentido está contido – confun-

---

3 ZM, I, p.12-3.
4 ZM, III, p.49.

Processo ou criação

dido — na imediatidade da evidência. Consequentemente, toda palavra que intervém como mediação introduz um desvio, um rompimento,[d] perturba a evidência, quebra a espontaneidade da influência.

Toda irrupção da palavra é uma interrupção: o verdadeiro ensinamento ocorre tacitamente. Opera-se uma *transmissão* cujo estatuto não conseguiríamos entender sem fazer referência à lógica de um processo: o "ensinamento" que emana do Sábio sem que ele tenha de recorrer à palavra se situa no nível da dimensão do invisível continuamente em ação no mundo, o qual o "Céu" encarna e do qual procede toda atualização singular (noção de *shen*).[5] Mas Wang Fuzhi adverte: falar de uma dimensão de invisível (ou "espírito", no sentido tradicional do termo) não tem nenhum significado supersticioso: não se trata de modo algum de uma invocação dos "espíritos" para impressionar o povo, ou de construir o prestígio do Sábio aproveitando-se da fascinação que um "sobrenatural" pode exercer. Ao contrário, não há nada mais *natural*; falar em termos de processo é situar-se deliberadamente na perspectiva puramente objetiva do *efeito* (a do *yong*):[f] se alguém consegue realizar em si mesmo uma perfeita autenticidade-integridade interior (*cheng*,[g] à imagem da do Céu), é necessário que esta última aja fora de si mesma e propague por meio do outro o estímulo que a fez ser, a incitação da qual nasceu. Da plenitude interior nasce uma influência espontânea e, posto que esta última age no estágio do invisível, sua propagação não encontra obstáculo.[h]

---

5 ZM, III, p.51.

Nem magnetismo nem misticismo. Resta analisarmos essa propagação da influência de forma mais precisa, mais concreta, para compreendermos por que ela não encontra resistência. O que faz a iniciativa do Céu se espalhar espontaneamente pelo processo da existência é que o Céu, em si mesmo, é vazio de qualquer atualização singular que possa impedir a universalidade de sua influência (enquanto *taixu*),[i] e essa ausência absoluta de qualquer parcialidade necessariamente o impede de se desviar da plenitude de seu funcionamento (noção de *cheng*): é por isso que, sem o Céu precisar falar, tudo é receptivo à sua influência e a adesão é imediata.[j] Do mesmo modo, o que faz o Sábio ser Sábio é que ele conseguiu purgar de sua consciência qualquer traço de egoísmo e parcialidade[k] que ainda pudesse opor sua individualidade à dos outros, separá-la da comunhão original com toda a existência, isolá-la do curso do mundo em um *eu*: é porque a influência de seu exemplo se espalha para fora, porque o outro recebe necessariamente sua ascendência moral, que ele é naturalmente permeável ao influxo vital (o do Céu).[6] No estágio último e absoluto da sabedoria, a influência do Sábio confunde-se com a do próprio Processo (com P maiúsculo: o "do Céu e da Terra") e sua natureza une-se à lógica em ação no mundo.

Ao contrário do discurso, que sempre tenta convencer e persuadir, o ensinamento do Sábio, que pode prescindir da palavra, consegue uma adesão que, assim como a do "Céu", é *espontânea*. A retórica esforça-se para conquistar o outro, por lógica ou sedução; o objetivo da persuasão é coagir, isto é, visa a dobrar a consciência do outro para atraí-lo para si: a pressão sobre o outro (através do discurso) é tanto maior quanto maior a resistência

---

6 ZM, III, p.52.

Processo ou criação

original à injunção. A retórica implica um combate (entre mim e o outro), porque a relação em jogo é a de duas individualidades constituídas, concentradas em suas particularidades. A eficiência do além do discurso, ao contrário, penetra o outro com facilidade, porque não emana de uma parcialidade atualizada (uma vez que o Sábio liberta sua natureza de toda atualização singular e "egoísta"); não é, portanto, suspeita de pertencer a um *eu* determinado e interesseiro, e se situa no próprio estágio do advento de toda existência em nós, por isso atinge o outro em um estágio análogo, mais radical e, consequentemente, mais receptivo, de sua existência individual. O Sábio é aquele que conseguiu situar sua existência no mesmo nível do impulso da existência: na medida em que sua pessoa individual se ajusta perfeitamente à universalidade não intencional do Processo, ele apreende o outro na raiz do seu devir, e a ausência de um caráter concretamente individualizante que o caracterize priva o outro de qualquer apoio ou ocasião para resistir a ele. A consciência do outro entra em sintonia com a do Sábio, e o Processo em ação no mundo pode funcionar livremente através dela.

Ora, em relação ao Processo que se desenvolve no estágio do invisível e antes de qualquer atualização individual,[l] a linguagem apresenta uma incapacidade inerente: as palavras funcionam no estágio da atualização definitiva e singular.[m7] Não apenas o processo do Céu, situando-se desde o princípio no estágio do invisível (o *shen*),[n] do *por que as coisas são assim*, escapa à influência do discurso, mas tampouco a conduta do Sábio, na medida em que prolonga o processo do Céu ("completando que as coisas possam

---

7 Id.

ser assim"), pode ser inteiramente expressa por palavras. Quando se trata de evocar a "sabedoria", o ensinamento em palavras é necessariamente superficial, porque está circunscrito à esfera da atualização concreta e não pode ir "até o fim" de sua dimensão de invisível.° Mais precisamente, tudo o que exerce sua influência como "curso" – processo do Céu ou conduta do Sábio – escapa necessariamente à linguagem pelo próprio fato de que se trata de algo *em curso*, sempre difuso, sem uma localização que possa ser apontada com precisão*p* e, portanto, nunca poderá ser identificada isoladamente. A lógica da linguagem é apreender o que está estagnado (e assim pode ser visto), e não o que é fluxo-influxo (e, por isso mesmo, ainda não se atualizou no visível). Não apenas Céu e Sábio não precisam falar para influenciar, como sua influência, enquanto curso invisível, é da ordem do inefável e não pode ser expressa.

Quando a sabedoria alcança o estágio supremo do inexprimível, o Sábio não precisa mais se "mover" – falando e ensinando – para comover o mundo:[8] sua eficiência, em harmonia com a do Céu, é da ordem da *incitação-propagação*q (enquanto *emoção* que se propaga a partir de si mesma e atravessa de ponta a ponta a ordem dos existentes), portanto não poderia ser da ordem do simples *agir*. O Sábio não "age", como tampouco fala: sendo vazio de todo individualismo, não tem propósito específico nem plano preciso para fazer reinar a boa ordem sobre a terra; ele pode, por sua própria existência, irmanar-se com o curso do grande processo que se encontra em ação no mundo e propagar uma influência que, como a do Céu, é indiscernível e infinita. O Sábio transforma

---

8 ZM, III, p.53.

Processo ou criação

e faz acontecer sem ter de agir:[r] ao contrário do que dizem as simplificações costumeiras, o ideal do "não agir" não caracteriza o pensamento taoista e é lugar-comum na tradição letrada. Pois os que agem se apoiam em experiências pessoais e conhecimentos particulares (portanto limitados), instituem regras e ensinamentos, entram em um encadeamento em que tudo é cada vez mais complicado,[9] em que tudo é cada vez mais insatisfatório, e enterram-se nessa complexidade. Como os que agem são regidos por uma forma de consciência peculiar e determinada,[s10] o outro é naturalmente opaco ao que ele vê como uma ingerência. Todo agir suscita uma resistência, e quem age se dá todo o trabalho do mundo para nada, porque sua ação permanece bloqueada no estágio das atualizações singulares, portanto seu efeito é tolhido e limitado por elas.[11] Ao contrário, o Sábio, ao não intervir no nível das atualizações concretas individuais, uma vez que se libertou de todas elas (ao atingir o estágio da imparcialidade), exerce sua eficiência no nível não do *devindo*[12] (sempre fragmentado, descontínuo, limitado), mas do devir: atua na origem da atualização, e não em seu estágio de reificação. Isso não é um paradoxo e deve ser lido como o contrário de uma intuição mística: apenas a moralidade interior (invisível, inefável) é objetivamente eficaz em relação ao curso do mundo. Esboça-se assim uma primeira clivagem entre

---

9 ZM, III, p.54.

10 ZM, III, p.53.

11 ZM, III, p.54.

12 No original em francês, *devenu* (particípio do verbo *devenir*, neologismo que deriva da acoplação do verbo *venir* – "vir" – à preposição *de* e que se traduz no português como "devir"). Aqui, portanto, entenda o leitor que "devindo" remete ao particípio (assim como "vindo", em "eles tinham vindo ontem"), e não a seu homônimo gerúndio. (N. T.)

essas duas coerências: de um lado, ação (ou criação); de outro, influência e processo.

Ação *ou* influência. Ora, o discurso segue o mesmo modelo da ação. Se apenas a influência é eficaz em relação ao discurso e à ação, é porque atua sem intenção definida, de forma difusa e geral, enquanto o discurso e a ação são sempre premeditados, referem-se a um certo modelo, obedecem a um determinado plano. Agora podemos compreender melhor a extrema reserva da tradição letrada quanto às regras, preceitos, normas e institui-ções.[13] De um lado, estes dependem sempre de uma experiência ou conhecimento particular, portanto são sempre marcados por alguma parcialidade, não podem corresponder à globalidade do ponto de vista do Processo (a do Céu ou a do Sábio): a experiência concreta e relativamente casual da qual dependem nunca é exaus-tiva, é categoricamente impossível, por meio de pesquisa e obser-vação, conseguir estudar a fundo a realidade, pois a diversidade de tudo o que se atualiza é infinita. Para sermos rigorosos, não terí-amos de instituir uma regra para cada coisa, para cada ocasião?[14] Por outro lado, normas e cânones são uma determinação defi-nitiva (que corresponde a um momento preciso da experiência adquirida) e, consequentemente, não são capazes de irmanar-se com o curso do devir: ao constituirem uma *estagnação* arbitrária ("abstrata") do processo do qual emanam, são necessariamente rígidos e não se adaptam espontaneamente a toda a diversidade de ocasiões e circunstâncias por vir. Dessas duas razões resulta que toda "instituição",[ii] toda "instauração de um modelo",[v] está

---

13 ZM, IV, p.64.
14 ZM, IV, p.78.

Processo ou criação

sempre em dissonância com a unicidade do momento ou do caso presente:[15] ela se exerce fatalmente como um tolhimento, a imitação que ela exige é sempre forçada. No caso do discurso e da ação individuais, há sempre uma lacuna – pelo próprio fato de que tudo é concertado, como num jogo.[16] Mas isso é particularmente verdadeiro para todo modelo que, impondo uma falsa generalidade, é fatalmente estéril, inoperante. A influência que emana da própria exemplaridade (a do Céu, a do Sábio) é, ao contrário, a única verdadeiramente geral: operando aquém de qualquer atualização singular e momentânea, está sempre em perfeita concordância com a sequência de mudanças que constitui o curso da realidade. Enquanto a regra e o plano, o preceito ou a norma permanecem sempre distantes de nós, como ficariam um instrumento ou uma ferramenta (que pegamos e largamos), o exemplo atua imediata e espontaneamente em nós, e nós mudamos sem perceber. Além do mais, se qualquer inventário analítico é extenuante e inútil no nível das realidades atualizadas,[17] quem consegue se situar no estágio do invisível, na origem da atualização, goza de uma perspectiva necessariamente global e totalizante e não precisa adquirir a cada circunstância um conhecimento concreto e minucioso da situação em que se encontra para se comportar como exige a ocasião: irmanando-se perfeitamente com a lógica interna do Processo, o Sábio atinge de imediato – e incessantemente – um ponto de vista de perfeita centralidade (imparcialidade, *zhong*) em relação a qualquer ocasião e qualquer experiência.[w18] Mas não há

---

15 ZM, XVIII, p.340-1.

16 ZM, XVIII, p.342.

17 ZM, XVIII, p.338.

18 ZM, IV, p.64.

nenhuma razão para elaborarmos regras ou preceitos. A constatação e a experiência impõem-se à evidência e escapam ao esforço da construção teórica (e também o dispensam); e, no nível da formulação "lógica", não conseguiríamos sair desta platitude – definitiva – que no fundo é mera tautologia: "por isso o Sábio é Sábio", "por isso o Céu é Céu".

Os chineses, povo de lavradores, e não de criadores de animais, seriam naturalmente mais atentos à influência difusa, indireta, invisível, que emana do ciclo das estações. Na relação do homem com o animal, ao contrário, tal como ocorria nas antigas civilizações pastoris, a intervenção direta do homem – comando e restrição – era indispensável. "O Deus dos judeus e dos cristãos", lembra Jacques Gernet ao resumir a tese de Haudricourt, "é um deus de pastores – basta pensarmos nas metáforas bíblicas – que fala, manda, exige. O Céu dos chineses não fala. Ele se contenta em produzir as estações e agir de forma contínua pelos influxos sazonais."[19]

Essa diferença pode ser de ordem antropológica, mas a leitura de Wang Fuzhi nos ajuda a discernir melhor seu alcance e incidência no plano das implicações culturais e filosóficas. Pois nos esclarece sobre as motivações da nossa própria tradição, fazendo-nos avaliar melhor – por um efeito de troca – a profundidade do nosso apego ao *logos*, assim como a lógica desse enraizamento:

---

19 Jacques Gernet, *Chine et christianisme:* action et réaction, Paris, Gallimard, 1982, col. "Bibliothèque des Histoires", p.206. Sobre a origem dessa oposição, cf. A. G. Haudricourt, "Domestication des animaux, culture des plantes et traitement d'autrui", *L'Homme*, II, 1, jan.-abr. 1962, p.40-50.

Processo ou criação

apego tão evocado, mas tão pouco investigado, que vivemos como uma evidência, mas que se torna necessariamente problemático quando fazemos um giro pela tradição chinesa. Pois se trata de muito mais do que de certa consciência ("oriental"?) do inexprimível. A questão não é saber se é *possível* dizer, mas se há *necessidade* de dizer, se há *algo* a dizer. Não é tanto o conteúdo da Revelação religiosa que exige fé, mas a confiança prévia na pertinência da palavra. Sabemos a que nos levou esse pacto "lógico". A palavra como Revelação: privilegiando uma problemática sobrenatural do sentido como História ou Destino, em vez de tematizar o fundo de evidência e sentido inequívoco manifestado pelo curso das coisas. A palavra como Ação: atribuindo todo ensinamento, norma, regulamento, ao poder de impor voluntariamente um modelo, em vez de valorizar o benefício imanente da capacidade de influência. Ou ainda: o pensamento chinês não foi tão sensível aos prestígios manifestos da Ação (*Am Anfang war die Tat...*) quanto à eficácia invisível da *interação*: a interação continuamente em operação no mundo, da qual a influência do Sábio é apenas um caso particular.

3
A relação de incitação
no principiar da realidade

Pois é a interação por incitação, entre existentes, que constitui o fundamento de toda realidade. "Influência por incitação",[a] cuja noção é uma das representações mais pregnantes da tradição chinesa, e não apenas "sensação", como conceitualizou a nossa tradição filosófica. O erro é duplo. De um lado, a relação de "propagar-receber"[b] que está em jogo aqui[1] não está ligada apenas à atividade de conhecimento (embora inclua esse aspecto), mas é pensada na origem de todo advento na existência; e o fenômeno de atração envolvido verifica-se em todos os níveis: no dos minerais (âmbar ou magnetita) e no dos elementos naturais (luar e maré),[2] mas também no do Sábio, cuja influência sobre o outro mantém a ordem no mundo. No nível do conjunto da realidade, é a interação de *yin* e *yang* como incitação recíproca[c] que está na origem de toda atualização. De outro lado, a noção de influência por incitação enfatiza sobretudo o aspecto de relação, enquanto a concepção da sensação considera a incitação apenas do ponto

---

1 ZM, V, p.87.
2 ZM, II, p.35.

de vista da instância que a sofre (e da qual reconhece ao mesmo tempo a autonomia inicial): na teoria da "sensação", a *influência por incitação* é compreendida sob a ótica filosófica de um "sujeito" da relação; na tradição chinesa, o aspecto relacional é que é fundamental, daí seu caráter determinante numa filosofia do processo.

"Tudo que não se assemelha opõe-se"[3] e "tudo que se opõe incita-se mutuamente". Mais precisamente, a incitação que nasce do encontro com o outro[d] é o que originalmente faz advir, ao passo que a identificação que nasce do encontro com o mesmo[e] permite que o que adveio se fortaleça e se desenvolva:[4] a interação que nasce da diferença desencadeia o processo de atualização (*yin* põe *yang* em movimento, e vice-versa) que, por sua vez, é conduzido ao seu mais amplo desenvolvimento por concentração da identidade (*yin* associando-se a *yin*, e *yang* associando-se a *yang*). A incitação recíproca é o que põe o mundo em movimento, seu móbil único e espontâneo,[f5] e a realidade inteira vibra apenas por efeito dessas contínuas interações. O que é *yang* deve manifestar ativamente sua iniciativa[g] para estabelecer uma relação de interação com *yin*, e o que é *yin* deve se moldar passivamente[h] para estabelecer uma relação de interação com *yang*:[6] dessa interação resulta o principiar do movimento do qual procede o engendramento contínuo. Não somente todo advento na existência provém desse jogo de incitação recíproca, como este último tem um efeito de *regulação*, que, como tal, é essencial para a continuidade do processo: a incitação nasce da diferença e tende à harmonia,[i]

---

3 ZM, V, p.87.
4 ZM, I, p.12-3.
5 ZM, V, p.9.
6 ZM, XVIII, p.324.

Processo ou criação

ela é a tensão que transforma a alteridade em consonância.[7] Mais precisamente: pelo próprio fato de sua diferença, os existentes se implicam mutuamente para advir – a consonância nasce daí.[8] A incitação da diferença suscita a atualização da existência, sua reabsorção harmônica permite que a existência recupere a unanimidade que constitui seu fundamento. Assim, a relação de incitação não é apenas determinante do ponto de vista do advento da existência: ela possui também um significado ético fundamental, pois é aquilo pelo que se restabelece a harmonia que permite à existência recuperar sua coesão e sentido de unidade: os pontos de vista "cosmológico" e "ético" não podem ser dissociados; a relação de incitação nos permite pensar a existência não apenas em sua possibilidade, mas também em sua finalidade.

Mas como podemos pensar logicamente a própria possibilidade de incitação? Para haver *incitação*, é preciso que haja diferença entre os existentes; para haver *harmonia*, é preciso que todos os existentes tenham um fundamento comum:[j] a identidade pressupõe a diferença,[k] e a diferença pressupõe a identidade.[l] A *diferença* da qual nasce a incitação é essencialmente relativa; mas a tradição letrada interpreta essa relatividade da diferença em sentido completamente diferente da visão taoista: posto que é relativa, acredita Zhuangzi, a diferença não tem importância em si mesma, é apenas uma manifestação ilusória diante da equivalência fundamental de todas as coisas (antes de se reabsorver na plenitude indiferenciada do *Dao*); para Wang Fuzhi, ao contrário, apesar de relativa (ou melhor, porque é relativa), toda diferença é fundamental, pois é precisamente ela que permite a cada manifestação de existência – em função da

---

7 ZM, XVIII, p.325.

8 ZM, XVIII, p.326.

incitação que ela provoca e porque esta última tende à consonância-regulação – manifestar sua função, desabrochar sua natureza, isto é, existir.[m9] Graças à relação de diferença, cada manifestação de existência pode cumprir seu papel, em função de sua natureza própria, atuando em todas as ocasiões – por incitação – no sentido da harmonia: a diferença, portanto, é a própria condição da harmonia. Por isso, a relatividade da diferença da qual nasce a incitação não é sinal de ilusão, mas a condição fecunda de todo processo: na medida em que ela se afirma, como condição de sua atualização; na medida em que se dissipa, como condição de sua regulação.

Portanto, é absolutamente normal que, em razão da incitação, todo existente esteja em relação perpétua de interação com os demais existentes. Nesse sentido, a incitação do desejo não deve ser condenada (apesar de todos os anátemas budistas e taoistas), uma vez que aquilo de que procede o desejo é precisamente aquilo de que depende o próprio Processo e, portanto, a expressão de sua lógica.[10] A ordem dos "princípios" não poderia existir separada da ordem dos desejos, e o desejo de potência material, assim como o desejo sexual, é também aquilo pelo que se realiza necessariamente – e legitimamente – o grande funcionamento do mundo. O que se deve condenar é o excesso de desejo, porque ele nos desvia dessa lógica, confinando-nos em uma relação de incitação parcial e exclusiva que nos faz perder a dimensão de universalidade do fenômeno. Longe de ser ruim em si mesma, a relação de incitação é aquilo pelo que o homem de bem apreende concretamente o caráter da existência, em sua globalidade; e, na medida em que

---

9 ZM, XVIII, p.327.
10 DSS, VIII, p.519-20; SGZ, II, p.60.

Processo ou criação

não há incitação que não seja em si mesma um acontecimento natural, que emana do curso do próprio Processo,[n] é somente pela relação de incitação que o homem pode voltar à própria origem da *natureza*,[o] isto é, ao princípio e ao fundamento de toda realidade.[11]

Consequentemente, agora compreendemos por que Wang Fuzhi pode concluir, ao fim dessa reflexão,[12] que o fenômeno de incitação, constantemente ativo e inesgotável, invisível e presente em toda parte, equivale, em resumo, à dimensão de invisível e infinito (de "espírito") continuamente em operação no mundo (noção de *shen*).[p][13] Taoistas e budistas que sonham em se libertar da relação de incitação vão contra a própria lógica da natureza:[q][14] é impossível alcançar a verdadeira natureza fora da relação de incitação, em um "nirvana" qualquer. Apenas a relação de incitação dá acesso à realidade do mundo, porque é somente a partir dela que podemos pensar essa realidade *intrinsecamente*, isto é, como Processo.

Para pensar melhor a própria possibilidade do processo em função da relação de incitação, Wang Fuzhi tem de insistir em dois pontos: primeiro, mostrar que a relação de incitação está inscrita no *ponto de partida* do processo e que não depende apenas de certa etapa de seu desenvolvimento — sem o quê o processo não dependeria mais de uma relação puramente interna de interação; segundo, explorar o caráter de *interdependência* e correlação que une

---

11 ZM, XVIII, p.328.
12 ZM, XVIII, p.338.
13 ZM, XVIII, p.326.
14 ZM, XVIII, p.327.

os dois aspectos de toda diferença, em vez de considerar cada um separadamente – sem o que a própia possibilidade de interação se tornaria ininteligível. Posição necessariamente delicada: enfatizar ao mesmo tempo o caráter *original* da diferença e aquele essencialmente *relativo*. Como tornar essas duas exigências compatíveis?

Primeiro ponto, que Wang Fuzhi articula como uma tese que contraria muitos pensadores neoconfucianos: a dualidade é original. O que implica que, se pensarmos a origem como um estágio inicial de harmonia,[r] a dualidade preexistirá a esse estágio e estará implicitamente contida nele.[15] Como consequência, a dualidade por excelência, a do *yin* e do *yang*, precisa apenas se explicitar para que o processo de existência possa se atualizar. Desse modo, Wang Fuzhi vai de encontro a um outro esquema segundo o qual a alternância movimento-repouso dentro do Processo, ao invés de ser consequência da dualidade de *yin-yang*, seria a sua origem (o repouso engendra o *yin*, o movimento engendra o *yang*, que era a sua posição no princípio, no tempo do *Waizhuan*):[16] pois o que poderíamos alegar como origem da partida inicial do movimento, se nesse estágio já não houvesse relação de interação? Portanto, esse esquema deve ser rejeitado, uma vez que conduz logicamente à suposição de uma intervenção externa na origem do Processo.[17] Mas, no caso da representação defendida por Wang Fuzhi, como pensar uma explicitação da dualidade a partir da harmonia? Retomando a alternância movimento-repouso e considerando-a não mais a origem da dualidade, mas apenas a condição de sua *atualização*: *yin* e *yang*, cuja diferença interna coexiste no estágio

---

15 ZM, I, p.21.
16 ZM, XVIII, p.328; cf. Ian Mc Morran, op. cit., p.449.
17 ZM, I, p.9.

de harmonia, suscitam uma animação contínua, e a alternância a que esta se expõe espontaneamente ("emergência"–"imersão", "subida"–"descida", "movimento"–"repouso"...) precipita a atualização dessa diferença por "separação" um do outro,[18] de onde resulta, por efeito de interação recíproca, o engendramento de toda existência.

Portanto, se devemos ser rigorosos na análise das fases de encadeamento do Processo, é porque somente o fato de a dualidade ser original permite explicar que o Processo, seja em que momento for, depende apenas de si mesmo (procede apenas por efeito de interação recíproca). Se a harmonia é original, é porque é dupla, e a dualidade condiciona a unidade.[19] Agora compreendemos por que Wang Fuzhi sublinha tanto, a propósito da série de hexagramas do *Livro das mutações*, o caráter de par – destacados dos outros, mas em paridade um com o outro – dos dois primeiros (*Qian* e *Kun*,[20] Céu e Terra). Um não antecede o outro, um não subjuga o outro, ambos são instaurados juntos" e nada é exterior a essa dualidade.[21] Obviamente, o Céu está acima e a Terra está abaixo, um é mais nobre e o outro é mais vil, mas do ponto de vista do engendramento da existência eles funcionam necessariamente *juntos* e *em igualdade*, tão perfeitamente um quanto o outro, e como um todo suficiente: se cabe a um tomar a iniciativa e ao outro amoldar-se, os dois papéis são igualmente indispensáveis e não podem ser concebidos separados. Pai *e* Mãe ao mesmo tempo: a bipolaridade é inicial. Será importante mensurar a incidência

18 ZM, I, p.21.
19 ZM, I, p.20.
20 Na nomenclatura de Richard Wilhelm (op. cit.): *Ch'ien* e *K'un*. (N. T.)
21 NZ, p.3 e 457.

dessa posição na visão de mundo que decorre dela: nunca pensar a realidade do mundo a partir de uma única instância, sempre pressupor a prioridade da relação de interação em relação ao reconhecimento do sujeito individual. O que nos leva a pensar o corolário dessa afirmação original da dualidade: o caráter de interdependência desta e a lógica da reciprocidade.

Ao mesmo tempo que é original, a diferença é relativa. Isto é, em qualquer nível do real, não pode existir oposição absoluta e definitiva.[v22] O espetáculo do mundo é testemunha dessa evidência (contra as teses de Shao Yong, ao menos como são apresentadas por Wang Fuzhi). Embora Céu e Terra sejam o arquétipo de toda oposição, eles não existem como duas metades isoladas: o Céu está acima, mas penetra o interior da Terra; a Terra está abaixo, mas ergue-se até o horizonte do Céu. E se essa interdependência está inscrita na paisagem, também está na base da experiência:[23] em todo par de contrários, ou um é condicionado pelo outro (avançar e recuar, alto e baixo), ou um substitui o outro (falar e calar, aparecer e desaparecer). Do mesmo modo que não há oposição definitiva, não pode haver posição fixa e determinada: o que consideramos normalmente verdadeiro pode se revelar falso se nos apegamos rigidamente a ele; e, inversamente, tudo que consideramos normalmente falso pode se revelar verdadeiro de certo ponto de vista;[24] do mesmo modo, se bem e mal são contrários, é evidente que bandidos podem ter honra e que o homem de bem não pode se afastar dos instintos mais comuns,

---

22 WZ, p.1011.
23 Id.
24 Id.

Processo ou criação

da comida ou do sexo. Mas a constatação de que essas categorias funcionam de maneira relativa não leva a um pirronismo da moral ou do conhecimento: as categorias em jogo são sempre perfeitamente pertinentes em si mesmas (*verdadeiro* e *falso*, *bem* e *mal* são efetivamente contrários, não há confusão possível), mas seu conteúdo varia conforme o momento e a situação,[w] o que leva a uma intercambialidade das posições. A oposição existe enquanto tal, mas é móvel e sujeita à reversibilidade. Ou, ainda, a diferença é original, mas é compensada por uma relatividade funcional: a diferença é "relativa" em um sentido não cético, mas relacional, proporcionalmente à sua *correlatividade*.

Devemos falar de uma concepção propriamente "dialética", como fazem tantos comentadores chineses?[25] Isso talvez significasse obrigar inutilmente um Wang Fuzhi a servir de cópia imperfeita de um Marx ou de um Lênin e, ao mesmo tempo, correr o risco de perder o que há de mais original e mais profundo na tradição do pensamento encarnado por ele: o agudo senso da correlatividade, a intuição da interdependência íntima que une diferença e harmonia. Voltando aos temas consagrados pela tradição: o *firme* e o *maleável* se opõem;[x] há, de um lado, o que é "seco" e, de outro, o que é "úmido". Mas, se acentuamos a secura do que é seco, este se quebra, em vez de se tornar *firme*, e se aumentamos a umidade do que é úmido, este se torna fluido e não *maleável*.[26] Cada aspecto antagônico deve constituir em si

---

25 Cf. Fane Ke, *Wang Chuanshan bianzhengfa sixiang yanjiu* [Pesquisas sobre o pensamento dialético de Wang Fuzhi], Hunan Renmin Chubanshe, em especial p.49 et seq.; e Xiao Shafu (ed.), *Wang Fuzhi bianzhengfa sixiang yinlun* [Introdução ao pensamento dialético de Wang Fuzhi], Hubei Renmin Chubanshe, 1984, em especial p.23 et seq.

26 WZ, p.1012.

mesmo um equilíbrio das qualidades opostas para existir concretamente: ele depende do seu contrário e comunica-se com ele. O que nos leva à dupla formulação lógica: *um* só existe em relação ao *outro* (um aspecto só pode ser realmente ele e afirmar a sua identidade por relação de oposição com o outro); e *um* também é o *outro* (cada aspecto que se afirma dessa forma também participa de seu contrário). Se a diferença está na origem do processo, o resultado do jogo de interação contínua que decorre dessa oposição é que cada atualização, ao mesmo tempo que se *manifesta* por relação de oposição recíproca, também contém em si mesma, de modo mais *latente*, a presença do outro: o puro *yang* constitui o Céu, o puro *yin* constitui a Terra, mas o Céu contém certo *yin* e a Terra tem sempre certo *yang* (ela é originalmente maleável e pode se tornar firme);[27] ou, ainda, o masculino não existe sem o aspecto feminino, e o feminino não existe sem o aspecto masculino, e assim é com toda a série de existentes. No processo de atualização das existências, o *yin* e o *yang* nunca estão estritamente face a face, um separado do outro: eles se interpenetram continuamente, "impregnam-se" mutuamente.[28] Wang Fuzhi insiste particularmente neste ponto, em especial diante das posições de Zhou Dunyi: se é verdade que toda realidade, conduzida ao seu ponto extremo, implica por inversão o seu contrário,[a] não é necessário esperar esse ponto extremo, como momento flagrante da substituição, para que o outro comece a existir.[29] Do fato da radicalidade da diferença nasce a possibilidade da atualização, por efeito de incitação recíproca; e do fato de que, dessa interação que

---

27 ZM, XIV, p.245-6; NZ, p.47.

28 WZ, p.1020.

29 Cf. Fang Ke, op. cit., p.62-3.

Processo ou criação

o faz advir, cada existente concreto tenha em si mesmo a marca de seu parceiro nasce a possibilidade da regulação e do retorno à harmonia.

As consequências que tiramos da importância da correlatividade são fundamentais no plano da elaboração do saber: não podemos considerar nenhuma realidade de forma unilateral e individual; uma realidade só é apreendida pela análise das relações que a unem às outras e, por isso mesmo, a constituem. Ou mais precisamente: quando tentamos analisar qualquer realidade que seja (mesmo do ângulo do seu funcionamento individual e separado), o que aparece na análise nunca é uma realidade individualizável, mas uma *relação*: pois o que se manifesta na análise nunca é uma existência singular e autônoma, mas certa sequência dentro de um encadeamento (o do processo). Assim, não são o "trovão" ou o "vento" propriamente ditos que existem concretamente e em realidade, mas a relação de interação que os faz ser ("trovão curto" → "vento violento", ou "vento suave" → "trovão estronda").[30] Isso significa que não se pode apreender o *trovão* em si mesmo e por si mesmo, dissociado do *vento* (e vice-versa), e o mesmo se aplica a qualquer outra realidade: o sol e a chuva, a montanha e o desfiladeiro, o Céu e a Terra. Nada existe isoladamente, mas apenas por implicação mútua.[b] Essa é a mesma lógica que encontramos em Tang Junyi, um dos maiores pensadores chineses do nosso século (e um dos melhores intérpretes da originalidade da tradição chinesa), quando destaca o que opõe radicalmente, para além de sua aparente concordância, a antiga representação chinesa dos "cinco elementos"[c] às diversas teorias

---

30 WZ, p.1020.

dos "físicos" pré-socráticos:[31] na tradição chinesa, não se quer determinar elementos primeiros, individualmente identificáveis, mas um conjunto de relações fundamentais; na perspectiva grega, ao contrário, a análise isolada dos elementos levou ao ponto de vista do "átomo" e à sua física.

Wang Fuzhi não hesita em formular de maneira muito precisa a radicalidade desse ponto de vista: falar de *um* é falar ao mesmo tempo do *outro* (falar do trovão significa falar *ao mesmo tempo* do vento;[32] falar da chuva significa falar *ao mesmo tempo* do sol; falar do Céu significa falar *ao mesmo tempo* da Terra etc.). Para tirar todo o partido possível do rigor dessa formulação, ele vai mais longe: se falar de um é necessariamente falar do outro, é do outro que indiretamente – mas precisamente – eu falo quando falo do um. Os críticos reclamam que Confúcio nunca falou "da morte"; mas ele falou da vida, e quem aprendeu a conhecer intimamente o que é a vida conhece profundamente o que é a morte...[33] A relação não é nem exterior nem secundária, ela faz existir intrinsecamente: a correlatividade é o sentido da realidade. Por isso a realidade só pode ser analisada em termos de encadeamento e processo.

Uma formulação antiga serviu de fundamento a essa compreensão do Processo: "Um [aspecto] *yin* – um [aspecto] *yang*:

---

31 *Zhongguo wenhua jingshen jiazhi* [O valor do espírito da cultura chinesa], Taiwan, Zhengzhong Shuju, cap.5, p.75 et seq. Cf. nossa nota de leitura "La conception du monde naturel, en Chine et en Occident, selon Tang Junyi", *Extrême-Orient – Extrême-Occident*, PUV, Paris VIII, n.3, p.121-2.

32 WZ, p.1021.

33 ZM, XVIII, p.335-6.

Processo ou criação

tal é a realidade [do curso do mundo, o Caminho, o *Dao*]".[d][34] A expressão não é inequívoca, mas a escolha de leitura que ela impõe confirma as conclusões precedentes.[35] Se, de acordo com Wang Fuzhi, considerarmos *yin* e *yang* dois aspectos absolutamente separados, nem *yin* nem *yang* podem ser individualmente o *Dao*, e o *Dao* vagueia necessariamente "no vazio" além deles: as noções de *yin* e *yang* se dissolvem por si sós e apenas o *Dao* existe verdadeiramente, fora da relação de *yin-yang*.[36] Inversamente, se consideramos *yin* e *yang* perfeitamente unidos, sem aspecto de antagonismo, dá exatamente no mesmo, porque *yin* e *yang* são reduzidos a uma pura relação de equivalência que, como tal, também não poderia constituir a realidade intrínseca (o *Dao*): para abarcar tudo que está fora desse jogo de equivalência, o *Dao* só pode existir verdadeiramente – como totalidade – além dessa relação. A primeira interpretação inclina-se para o taoismo; a segunda, para o budismo; mas ambas se encontram e se anulam na medida em que nos levam a *separar* o *Dao* do *yin-yang*: transformar o *Dao* em uma espécie de realidade "metafísica", dissociada do curso concreto do mundo (*yin* e *yang*) e projetada além dele,[e] e, portanto, reproduzir por outras vias o mesmo gesto idealista.

Entre essas duas posições adversárias, porém equivalentes, a única possibilidade de interpretarmos com rigor a expressão é considerar que *yin* e *yang* são ao mesmo tempo separados e correlativos. Voltamos necessariamente ao fato de que: de um lado, *yin* e *yang* são originalmente diferentes e, de outro, interferem continuamente um no outro.[37] Portanto, convém lermos: ora *yin* –

---

34 *Zhouyi, Xici*, I, §5.

35 O comentário mais explícito dessa formulação está em WZ, p.936-7.

36 WZ, p.936.

37 ZM, I, p.22.

ora *yang* (ao mesmo tempo *yin* – ao mesmo tempo *yang*): tal é a realidade do curso do mundo, o Caminho, o Processo. Nesse caso, *yin*, *yang* e *Dao* não são três, mas somente dois: o *Dao* não existe *além* da relação de *yin-yang*, como terceiro termo isolado dos dois primeiros.[38] Por serem ao mesmo tempo separados e correlativos, *yin* e *yang* alternam-se continuamente, e essa alternância – e nada fora ela – constitui a realidade do curso do mundo, o *Dao*, o Processo: somente assim pode ser reconhecida e justificada a autenticidade da diferença intrínseca no elã do real, e ao mesmo tempo essa alteridade é vista apenas como alternância e se desenvolve em perpétuo devir, sem começo nem fim.

---

38 WZ, p.937.

4
O princípio da alternância
O que esperar do futuro e como pensar
a origem?

A crítica atual a Wang Fuzhi na China, apesar de lhe reconhecer uma visão "dialética", acusa esse pensador de ter dado muita ênfase ao aspecto de reconciliação dos contrários, em detrimento do caráter absolutamente antagônico da "contradição".[1] O que acontece no entanto é que, embora seja sensível aos fenômenos da mutação e da reversibilidade, Wang Fuzhi não é revolucionário: se ele "pacifica" as contradições, é porque precisa do princípio de cooperação interno a toda dualidade para explicar a conversibilidade dos contrários da qual depende o encadeamento do processo; e, se diferença e correlação se equilibram harmonicamente em seu pensamento, é porque constituem a dupla condição de possibilidade de um fenômeno de alternância cuja pertinência e validade lhe parecem absolutamente gerais. A todos é permitido, e até filosoficamente fecundo, interrogar uma ideologia a partir

---

1 Por exemplo Fang Ke, op. cit., p.74; sobre um possível "progresso" do pensamento de Wang Fuzhi a esse respeito, cf. Xiao Hanming, *Chuanshan yixue yanjiu* [Investigações sobre o estudo do *Livro das mutações* em Wang Fuzhi]. Pequim: Huaxia Chubanshe, 1987. p.100-1.

de outra (aliás, que outra coisa se poderia fazer?), mas é inútil assediar um texto para fazê-lo confessar uma convicção dogmática da qual ele nem sequer faz ideia: é como forçar a visão de um curso do mundo por interação a encaixar-se em critérios — nesse caso, os do materialismo histórico — ligados *globalmente* a uma articulação teórica absolutamente diferente.

Pois o modelo do qual Wang Fuzhi parte não é tirado da análise da História, mas da experiência da natureza: a alternância entre o quente e o frio, o ciclo regular das estações. Uma alternância que é o próprio ritmo ("inspiração" e "expiração") dos dois "sopros" — *yin* e *yang* — cuja energia material constitui a realidade do mundo. Ora, esse mesmo modelo vale para toda manifestação e atividade (movimento-repouso, palavra-silêncio, alegria-raiva, agir no mundo ou recuar...): o retraído é retração do que estava expandido; a expansão expande o que estava retraído.[2] Essa alternância é sistemática e contínua: um existente desaparece — outro aparece; um negócio é concluído — outro é iniciado; um pensamento se extingue — outro surge em seguida.[3] Diante dessa lei da alternância que rege o curso do mundo, temos de fazer ao menos duas perguntas. A primeira é explicitada a partir da nossa própria modernidade: o pensamento da alternância possibilita certa esperança individual (de sobrevivência) ou coletiva (de progresso), ou é um eterno retorno — fecundo para a natureza, mas trágico para a humanidade? A segunda pergunta é feita por Wang Fuzhi, em função de sua própria problemática: como se pode pensar a origem a partir da ideia de alternância? Ou mais ainda: a questão da "origem" tem sentido?

---

2 ZM, I, p.19.
3 ZM, XVIII, p.326.

Processo ou criação

Aparecimento e desaparecimento dos astros no céu, florescimento e definhamento da vegetação sobre a terra, ordem e desordem no mundo humano: a alternância implica sempre substituição, evicção de um pelo outro e, ao mesmo tempo, cooperação, em que um condiciona o outro e vice-versa.[4] Um expulsa o outro enquanto se apoia neste. Esses são os dois aspectos contraditórios de um mesmo funcionamento – como dispositivo único[5] –, e como tal ele age como um sistema.

Consideremos, por exemplo, uma dualidade de linhas, uma contínua e outra descontínua (uma simbolizando *yang* — e outra *yin* --), multiplicada por três: obtemos duas figuras, uma de linhas contínuas e outra de linhas descontínuas, que são antitéticas uma em relação à outra (uma será o símbolo do *yang*, *qian* ☰, e a outra o símbolo do *yin*, *kun* ☷). Consideremos agora, a partir da combinação dessas duas figuras, todos os outros trigramas possíveis: obtemos duas séries de três figuras, seis imagens ao todo, em que cada figura resulta da intervenção das linhas da figura precedente e tem ao mesmo tempo um exato oposto na outra série. Linhas contínuas e linhas descontínuas "empurram-se umas às outras", e disso nasce a "mudança":

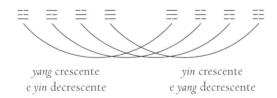

yang crescente *yin* crescente
e *yin* decrescente e *yang* decrescente

Há progressão de uma figura para outra, mas a dualidade se mantém. A dupla sequência que elas formam a partir das duas

---

4 WZ, p.979.
5 Ibid.

configurações iniciais, assim como um todo regular, explica simbolicamente toda variação por alternância em seu funcionamento sistemático: uma linha expulsa a outra e em seguida é expulsa por ela; quando *yin* cresce, *yang* decresce, e vice-versa. As duas figuras iniciais (*qian* ☰ e *kun* ☷) contêm todo o "capital" de linhas de cada série – elas são o "pai" e a "mãe" desse capital – e as seis figuras derivadas delas (as "filhas") são situações intermediárias entre um extremo e outro; seis figuras em que linhas *yin* e linhas *yang* se misturam diversamente, mas funcionam sempre em pares, e cujo simbolismo foi reinterpretado por Wang Fuzhi a partir da tradição chinesa:[6]

— uma linha contínua embaixo de duas linhas descontínuas (trigrama *zhen* ☳): *yang* surge e ativa *yin*: o *trovão* estronda; uma linha descontínua embaixo de duas linhas contínuas (trigrama *xun* ☴): *yin* invade *yang*, quebra a sua inflexibilidade e impregna-o de suave harmonia: o *vento* se forma;
— uma linha contínua entre duas linhas descontínuas (trigrama *kan* ☵) e, inversamente, uma linha descontínua entre duas linhas contínuas (trigrama *li* ☲): *yin* e *yang* refletem e contêm um ao outro, concatenando-se ciclicamente: *frio* e *quente* alternam-se um ao outro (do mesmo modo que o *sol* e a *lua*);
— duas linhas contínuas embaixo de uma linha descontínua (trigrama *gen*[7] ☶) e, inversamente, duas linhas descontínuas embaixo de uma linha contínua (trigrama *dui*[8] ☱): há

---

6 NZ, p.460.

7 Na nomenclatura de Richard Wilhelm (op. cit.): *kên*. (N. T.)

8 Na nomenclatura de Richard Wilhelm (op. cit.): *tui*. (N. T.)

Processo ou criação

interpenetração recíproca entre *Qian* e *Kun*, entre o *firme* e o *maleável* (entre o *par* e o *ímpar*): *masculino* e *feminino* fazem advir um ao outro (ou então *montanhas* e *lagos*).

Os três conjuntos mantêm a dualidade inicial e, ao mesmo tempo, são transições possíveis de um polo ao outro: temos aqui, em modelo reduzido, o sistema do processo de alternância. Se dobrarmos a aposta, multiplicando por dois o número de linhas iniciais, teremos oito trigramas desdobrando-se em uma série de sessenta e quatro hexagramas que forma um conjunto completo e sistemático de permutação contínua (as sessenta e quatro figuras do *Livro das mutações*). A combinatória é mais complexa, mas a lógica é a mesma.

Consideremos um número – cinquenta e cinco – tal como é transmitido pela tradição (o *Hetu* como configuração mítica). Podemos decompô-lo em duas séries de cinco números: uma ímpar, que simbolizará *yang* (1-3-5-7-9 = 25), e outra par, que simbolizará *yin* (2-4-6-8-10 = 30).[9] As duas séries ilustram, com sua progressão numérica, a transição da concentração à dispersão, tal como ela rege toda alternância: *um* e *dois* representam o extremo da concentração; *nove* e *dez* representam o extremo da dispersão. Enquanto tais, *Um* (o Céu) e *Dois* (a Terra) contêm a totalidade do real (enquanto *benti*);[c] a partir deles, e sempre em correspondência a um grupo de três números, cada par de trigramas representa legitimamente certo estágio do processo de concentração-dispersão. Por exemplo, *dui* (1-3-2) e *gen* (2-4-1), enquanto *lagos* e *montanhas*, simbolizam um estágio ainda concentrado da realidade, quando a energia material ainda não se dissipou totalmente; *zhen* (9-6-8)

---

9 NZ, p.495-7.

e *xun* (8-7-9), *trovão* e *vento*, ao contrário, simbolizam o estágio da máxima dispersão. (O trovão e o vento, como observa Wang Fuzhi, não passeiam por toda parte e em todas as direções entre "o céu e a terra"?) De *um* a *nove*, de *dois* a *dez*, não há progressão propriamente dita, mas dilatação: *um* não é pouco e *dez* não é muito; um é "jovem" e outro "velho". Wang Fuzhi considera que desde os Han, isto é, durante quase dois milênios, o número *cinquenta e cinco* foi mal interpretado, porque as cinco posições em que ele se divide foram arbitrariamente associadas à teoria dos cinco elementos, ou das quatro estações: disso nasceu uma sistematização forçada, banalmente estática, que não explica nada – um pseudossistema sem funcionamento coerente. Mas, a partir do momento em que esses conjuntos de números são divididos em ciclos, o sistema se torna funcional e revela uma lógica: toda concentração tende a uma dispersão progressiva, e o estágio final da dispersão implica um retorno à concentração inicial.

Agora podemos refletir melhor sobre a *mudança-transformação*:[d] dentro do sistema dual e fechado, o *progresso* de um é necessariamente o *recolhimento* do outro (a "mudança" – *bian* – é o recolhimento do *yang*, e a "transformação" – *hua* – é o progresso concomitante do *yin*).[10] Mudança é ao mesmo tempo inversão. Ora, não existe ciclo estéril, a alternância é a própria condição da renovação: o movimento se esgotaria se não pudesse repousar; o repouso se extinguiria se não pudesse entrar em movimento. Movimento e repouso "contêm-se mutuamente";[11] o dia é movimento, e a noite, repouso. Graças a essa alternância, o curso do mundo renova-se sem parar, não se interrompe jamais.

---

10 NZ, p.465-6.

11 Id.

Processo ou criação

No céu alternam-se o visível e o invisível, na terra alternam-se florescimento e definhamento: a oposição não é entre "ser" e "não ser", mas *manifesto* e *latente*:[f] o manifesto conduz ao latente e o latente permite que o manifesto se recomponha.[12] Na verdade, eles são *a mesma coisa* e diferem apenas pelo momento (representado ora por *gui* — capacidade de recolhimento —, ora por *shen* — capacidade de expansão).[g13] Há "ir e vir", e não "vida e morte" propriamente ditas. Ou ainda: "nascimento não é criação, e morte não é extinção".[h14] O ponto de vista da alternância exclui a alternativa: de um lado, os que radicalizam o aspecto do desaparecimento como puro nada no qual nada subsiste e veem apenas a partida, e não o retorno (cf. o nirvana dos budistas); de outro, os que se apegam a esta vida, em seu caráter de atualização temporária, e tentam prolongá-la em vão (cf. as práticas de "vida longa" dos taoístas).[15] Mais uma vez, as duas posições extremas e contrárias anulam-se. Pois vida e morte são homogêneas e fazem parte da mesma continuidade.[16] Não porque a vida seja uma ilusão, como pensam os budistas, mas porque a morte é uma forma de existência. Vida e morte comunicam-se: a morte prepara para a vida, é o ponto de partida da vida. O metabolismo é permanente.

Todas essas formulações são sinônimas: ir e vir, recolhimento-expansão, dispersão-concentração, latente e manifesto[i] — mas não nascimento e extinção.[j17] O ponto de vista do processo torna

---

12 NZ, p.470-1.

13 NZ, p.472; cf. também ZM, V, p.84.

14 NZ, p.471.

15 ZM, I, p.6.

16 ZM, V, p.84.

17 ZM, I, p.7.

duplamente impossível qualquer ideia de extinção: onde seria eliminado o que se extingue e como a renovação seria possível? Se a única solução lógica é pensar a relação entre vida e morte a partir do modelo da alternância, isso permitiria também – dissociando-se dos desvios posteriores da tradição ("budistas" ou "taoistas"), que não passam de simples ilusões metafísicas – reconciliar-se com o fundo de sabedoria mais antigo e original e finalmente poder explicitar, por uma mesma articulação temática, as antigas fórmulas legadas pela tradição.[18] Mas interpretar a alternância como uma lei não nos leva de volta a uma concepção influenciada pelo budismo: a do ciclo contínuo de renascimentos e reencarnações, o *samsāra*? É do que Zhu Xi acusa Zhang Zai (século XI), mentor de Wang Fuzhi; e este é obrigado a distinguir claramente teoria da alternância e sequência de renascimentos. Segundo os budistas, é impossível escapar do ciclo das reencarnações, a não ser que se alcance a iluminação.[19] Erro duplo. Primeiro erro: o encadeamento de vida e morte e de morte e vida não acontece no quadro limitado da pessoa individual. Como é possível ter certeza de que se trata sempre da mesma pessoa, se estamos limitados à experiência? Na realidade, a morte é desintegração e toda nova existência que se manifesta não pode ser um "renascimento" como retorno à vida do mesmo indivíduo. De modo mais geral, embora o que retorna à vida respeite a ordem diversificada das existências tal como ele sempre foi (cada categoria de existência é preservada em sua especificidade através do ciclo de alternância),[20] ele nunca é o mesmo (individualmente

---

18 Id.

19 ZM, XVIII, p.331.

20 WZ, p.981.

Processo ou criação

falando) que o que existiu antes dele: a luz do sol é sempre do mesmo tipo, mas a luz de hoje não é a mesma de ontem, porque ela necessariamente se dissolve e a que vem depois dela é sempre nova. O gênero sobrevive, o indivíduo não. Segundo erro da concepção budista: como podemos imaginar que seja possível sair do encadeamento de dispersão e concentração e para quê?[21] Sonho inútil: não podemos escapar da alternância nem devemos desejar escapar. A regularidade indefectível do processo do qual fazemos parte constitui um horizonte de certeza absoluta que nos dá confiança, e a perspectiva que ele oferece à consciência pessoal conduz à serenidade, liberta do condicionamento estreito da individualidade. Basta ampliarmos nossa consciência da existência às dimensões do Processo, sem nos deixar limitar pela exiguidade efêmera da nossa atualização: tornamo-nos homem ao nascer; voltamos a ser Céu-natureza ao morrer.[k] Quando encerra sua existência, o indivíduo une-se através de sua própria desintegração ao curso comum e indiferenciado do Processo, do qual nascerão inesgotavelmente novas atualizações.

Livramo-nos da doutrina infernal da retribuição (o *karma* budista). Mas isso significa que, quando nos apoiamos de novo no grande Todo da latência original, todo o paciente esforço da nossa vida e todo o nosso mérito desaparecem? Nesse caso, por que simplesmente não soltamos as rédeas dos nossos desejos mais imediatos, com interesse tangível apenas no gozo?[22] Esse é o argumento que sempre se usou contra a posição "materialista": se tudo está destinado à perpétua alternância, se tudo sempre retorna à indiferenciação do grande Todo, por que ainda esperar

---

21 ZM, XVIII, p.331.
22 ZM, I, p.8.

que o esforço individual tenha sentido e a moralidade seja verdadeiramente criadora? Wang Fuzhi não foge da questão e tenta resolver o dilema investigando de forma ainda mais precisa a lógica particular do processo. De onde vem a convicção de que toda acumulação difícil e laboriosa, obtida ao longo de anos, não pode simplesmente desaparecer?[23] Pela desintegração da morte, o indivíduo retorna às fontes de sua existência: "sopro" de um lado e "materialidade" de outro[l] – como o vapor que se eleva do fogo, como a lenha que se decompõe em cinzas.[24] Mas cada uma dessas camadas do real possui o seu desenvolvimento constante e regular: unindo-se na morte aos fundos de latência do Processo,[m] o existente que se desindividualiza recupera a realidade fundamental de seu ser.[25] Consequentemente, ao cooperar durante toda a sua vida para o bom funcionamento do Processo no mundo, o homem de bem contribui para a purificação daquilo que o faz existir, e essa purificação beneficia o conjunto do curso do mundo além de sua própria morte:[26] não "eu" (como indivíduo), mas o que me constitui é que perdura através do encadeamento de vida e morte, no nível a que eu o conduzi; assim, o mérito humano contribui para fortalecer no mundo os fatores de regulação e harmonia, contra qualquer fonte de obstrução e inércia. Certa essência da conduta individual mantém-se além do estágio da desindividualização, o ser singular dissolve-se, mas sua virtude se transfere para o curso do mundo. Não há sobrevivência pessoal, mas há imortalidade da moralidade do indivíduo. O pensamento

---

23 ZM, I, p.7.
24 WZ, p.979.
25 ZM, I, p.8.
26 ZM, I, p.5.

Processo ou criação

do processo é explorado ao máximo – com o mínimo de representações metafóricas – para servir de fundamento transindividual à moralidade – e é possível ir mais longe, a partir do momento em que negamos a hipótese de um paraíso? Lembremos que o pensamento letrado se baseia na elucidação da experiência. Ele rejeita qualquer construção *além* dele mesmo, portanto é indiferente à tentação escatológica.

Se a lógica do processo exclui a invenção de um "paraíso", é porque a reconciliação só pode ocorrer no nível do processo. Pois o processo é autorregulado e encontra justificação em si mesmo. Se a lógica da alternância implica substituição e desintegração, essas mudanças nunca podem ser gratuitas ou improvisadas: a mudança só pode intervir e sua necessidade só pode se impor quando uma situação chega ao cabo de si mesma."[27] O que se consuma deve se transformar, e a mudança – uma vez que atua no sentido do processo – não pode ser lamentada.

Toda estagnação conduz a um impasse: mesmo no estágio mais favorável de uma situação, devemos estar conscientes da necessidade de sua evolução. É impossível escapar à evidência: quem subiu ao topo só pode descer. Quando chegamos à linha superior do primeiro hexagrama do *Livro das mutações*, *Qian* (o Céu), que é absolutamente positivo, a plenitude é total, não há mais nada a acrescentar.[28] "O dragão que permanece parado no cume terá arrependimento", "o que é pleno não pode durar". Sabedoria é aceitar o próprio declínio, pois nem o Céu pode se opor a ele. Erro seria "teimar" e querer fazer durar uma situação que, como toda

---

27 ZM, XIV, p.243.

28 NZ, p.20.

situação, só pode ser transitória: saber apenas avançar, e não recuar; saber somente persistir, e não desaparecer; saber apenas ganhar, e não perder.[29] É claro que a mudança não ocorre sem conflito ou desordem, mas é inevitável, e a referência ao *Livro das mutações* permite discernir o momento preciso em que a progressão se torna recuo, em que o processo se inverte, em que a conversão aparece. Quando chegamos à linha superior do segundo hexagrama, *Kun* (a Terra), o *yin* atinge seu limite, e o *yang*, como fator oposto, necessariamente retoma o impulso.[30] O lema é: "dragões lutando no prado – seu sangue é preto e amarelo". Quando as seis linhas *yin* que compõem o hexagrama chegam ao auge da manifestação, e estão a um passo do esgotamento, as seis linhas *yang* que estavam "emboscadas" (invisíveis, mas presentes) saem das sombras da latência e manifestam vigor e combatividade, com toda a sua vitalidade. Daí "luta" e "ferimento"; a substituição pode ser dolorosa, mas é necessária para que o processo não emperre e pare de funcionar. O apogeu não pode durar, mas o declínio serve de prelúdio à renovação.

Wang Fuzhi também faz uma leitura no plano histórico e político dessa necessidade de alternância e renovação: momentos de violência e reviravolta são necessários na história para que da crise nasça uma nova regulação e seja possível uma nova era de paz e prosperidade. Isso aconteceu em todas as épocas de convulsão que marcam a história chinesa na transição de uma grande dinastia para outra – momentos dolorosos, mas fecundos –, de modo que as necessárias substituições pudessem ser feitas e os fatores de ordem, que tenderiam a se esclerosar, pudessem

---

29 NZ, p.36.
30 NZ, p.45.

Processo ou criação

voltar a funcionar.[31] Ordem e desordem, conforme o modelo do movimento-repouso:[32] encontramos aqui, no plano filosófico, a noção de ciclo periódico que os historiadores da tradição tanto privilegiaram ao analisar a história chinesa. Mas será que essa noção de periodicidade cíclica, que se adapta tão bem a uma lógica da alternância, pode conter a ideia de progresso? Todo leitor moderno gostaria de ver aqui uma análise mais precisa e esclarecer melhor essas representações: *renovação* (como no caso das estações do ano) ou *progressão* (como espera nossa consciência ocidental "dezenovecentista" da História), isto é, eterno retorno do mesmo, fechado em si próprio, ou *descolamento* acompanhado de *repetição* e desenvolvimento produtivo (em forma de "espiral")? Voltemo-nos, por exemplo, para o modelo da lagarta: alternando contração e distensão, a lagarta avança; da alternância nasce um proveito (estamos falando não apenas do domínio dos existentes, mas também do das atividades).[33] É patente que, nesse caso, mesmo obedecendo à lei do retorno cíclico, a alternância serve à progressão. Mas qual a validade desse tema na reflexão de Wang Fuzhi, mesmo sendo recorrente? Pois, mesmo que essa imagem se apresente no momento oportuno, ainda precisaremos conhecer sua incidência na estrutura de conjunto desse pensamento para saber se ela pode servir legitimamente de transição entre o que seria, de um lado, uma "filosofia da natureza" e, de outro, uma "filosofia da história". Está claro ao menos que Wang Fuzhi tem consciência de certa especificidade da história humana (enquanto *wen*) em relação

---

31 NZ, p.46.
32 SWL, p.33.
33 ZM, V, p.88.

ao funcionamento cíclico da natureza.[34] No princípio, o homem era apenas um "animal que fica de pé",[35] a civilização começou a se desenvolver à medida que surgiram as grandes invenções materiais. Em vez de idealizar os tempos antigos, como fazem muitos pensadores da tradição letrada, Wang Fuzhi faz questão de ressaltar o caráter grosseiro e rudimentar dos primeiros tempos da humanidade. (Aliás, considera-se que a observação em pessoa dos povoados não civilizados do sul da China, onde foi obrigado a se refugiar, ajudou Wang Fuzhi a imaginar esse estado de incultura original.) Não há "evolução" de uma época para a outra por "adaptação" constante,[p] cada uma se definindo por um estágio de costumes e civilização: não apenas há sempre uma necessidade histórica em ação, conduzindo à renovação (como tendência inevitável, posto que está inscrita na razão das coisas), como essa renovação vai na direção evidente de um "desdobramento".[q36] E, no entanto, a consciência de um desenvolvimento da civilização não significa a certeza de um progresso da História da forma como os críticos marxistas se obstinam em ler no texto de Wang Fuzhi. Ele nunca distinguiu explicitamente dois modelos – ciclo da natureza e progresso da História –, e sua consciência de uma ordem humana[r] nunca se libertou inteiramente da visão mais global do curso do mundo. A primeira é escrita de preferência no limite da segunda, sem se medir por ela. Como então podemos afirmar que há um "progresso" da História, se Wang Fuzhi nunca opõe a "História" à "natureza" e não investe a História de uma dimensão radicalmente autônoma? Apesar das releituras marxistas a que essa

---

34 SGZ, III, p.74.
35 SWL, p.72; cf. XZ, p.18.
36 SGZ, V, p.155.

Processo ou criação

obra é submetida hoje,[37] a questão de um sentido da História não tem consistência, e nossa interrogação permanece em suspenso. Mas, invertendo o ponto de vista ideológico, poderíamos nos abster de ver essa indeterminação teórica como um defeito (nesse caso, a representação de um progresso da História é que procederia de uma sobredeterminação do sentido): Wang Fuzhi não precisa atribuir uma dimensão de fé ao devir humano, porque a tradição em que seu pensamento está inscrito nunca foi perturbada pela necessidade de uma leitura teofânica da História. A visão permanece unitária, amalgamada, e o princípio da alternância não se rompe – não tem motivo para romper-se.

Nenhum fim pode ser projetado a jusante do Processo como alvo e término de seu desenrolar. O princípio da alternância elimina por si mesmo qualquer possibilidade de construção teleológica, na Terra bem como no Céu, do ponto de vista tanto da esperança individual como da história coletiva (é óbvio que somos nós que reformulamos a questão assim, à maneira kantiana: "O que tenho o direito de esperar?"). Mas fundamentar a alternância dessa forma nos leva a interrogar também a montante do Processo: existe um *montante* do Processo, ou melhor, como podemos pensar a origem? No fundo, o que quero dizer é: existe uma origem que deva ser pensada?

Sobre esse ponto, a resposta de Wang Fuzhi é explícita, e dá lugar a um esforço notável de aprofundamento teórico. A "virtude" inerente ao grande processo que está sempre em operação no mundo é que ele "abarca tudo", do mais imenso ao mais ínfimo,

---

37 Por exemplo, Li Weiwu, *Wang Fuzhi bianzhengfa sixiang yinlun*, p.157.

e dá origem a tudo (isto é, todas as atualizações singulares).[38] Mas não há "um momento ou um existente que possa servir de ponto de partida do processo",[*] de maneira que "todo o resto seja sua consequência".[39] O que instituímos como ponto de partida são apenas comodidades da civilização e têm valor arbitrário, quer se trate do primeiro dia do ano para a contagem do tempo, quer da escolha da primavera em relação ao ciclo das estações. Na verdade, vida e morte funcionam em constante reciprocidade uma em relação à outra, sem que jamais haja um princípio, assim como luz e escuridão se misturam uma com a outra, sem interstício e interrupção. Do mesmo modo que não pode ter fim, o movimento em curso não pode ter início: tanto a montante como a jusante, o curso do processo não tem extremo possível. Wang Fuzhi mostra rigorosamente o porquê fazendo intervir duas noções fundamentais do pensamento chinês que servem de sustentáculo à sua compreensão do processo: de um lado, o *ser constitutivo* do processo (seu *ti*); de outro, seu *funcionamento* (seu *yong*). Eles existem sempre correlativamente um em relação ao outro, em total interdependência: não há *ser constitutivo* que não esteja em funcionamento e não há funcionamento que não dependa de um *ser constitutivo*.[40] Um não pode ser dissociado do outro ("eles contêm um ao outro") e é impossível que o ser constitutivo do processo (o *ti*) possa se afastar um mínimo que seja de sua atividade de funcionamento (o *yong*): é impossível que ele ponha fim ao seu funcionamento, assim como é impossível que tenha algum dia *começado* a funcionar. Isso significa que, de

---

38 NZ, p.21.
39 Id.
40 Id.

Processo ou criação

nenhum ponto de vista e de nenhuma maneira, o ser constitutivo pode ser considerado isolado de seu funcionamento. Ou, ainda, somente é possível reconhecer existência no processo na medida em que ele está *sendo* em processo. Há processo somente em processo. E a própria noção de processo elimina a questão da origem.

Sabemos que a ausência quase geral de representações cosmogônicas referentes ao nascimento do homem e à origem do universo é uma característica digna de nota da civilização chinesa e, mais particularmente, da tradição letrada. Mas, no interior dessa tradição, Wang Fuzhi levou mais longe do que qualquer outro a preocupação de eliminar das antigas representações cosmológicas qualquer possibilidade de interpretação cosmogônica. Sua atenção crítica é das mais rigorosas e diz respeito sobretudo à noção de *limite supremo* (*taiji*), que teve um papel primordial no pensamento neoconfuciano (a partir de Zhou Dunyi, no século XI). A expressão não é nova, já é encontrada no comentário do *Livro das mutações*, mas os pensadores neoconfucianos lhe dão uma importância nocional inteiramente nova, na medida em que a consideram o fundamento tanto de sua representação do curso do mundo como do surgimento de toda a existência, enquanto derradeiro limite antes de todo o processo. Não podemos ir mais longe nem voltar mais atrás, porque não há nem mais longe nem mais atrás.[v][41] Esse limite é o do próprio "vazio", enquanto não atualização (*wuji*) no princípio de toda atualização:[w] não o vazio enquanto inexistência, mas, ao contrário, enquanto plenitude absoluta — em estágio de não atualização, embora contendo todas as atualizações possíveis. Contudo, por isso mesmo essa noção é ambígua: podemos interpretá-la em sentido mais cosmogônico, conferindo a

---

41 NZ, p.515.

esse limite um *status* de ponto de partida e origem, ou em sentido puramente cosmológico, por erradicação de qualquer *status* exclusivo de anterioridade, concebendo esse derradeiro limite como o próprio fundo da latência (o fundo do fundo), do qual decorre, assim como no qual se reabsorve, toda atualização do processo. Há, portanto, duas sistematizações possíveis em conflito, uma como a forma mais abstrata e mais pura da visão cosmogônica, e a outra como a eliminação radical da própria possibilidade de toda cosmogonia. Ora, o que Wang Fuzhi defende é precisamente o puro sentido cosmológico, visto que nele o pensamento sobre o processo exclui qualquer noção de um ponto de partida possível do processo. Comentando a velha expressão do *Livro das mutações*: "O limite supremo engendra duas instâncias (isto é, *yin* e *yang*)",[42] Wang Fuzhi esclarece que, aqui, o termo "engendrar" não significa "dar origem a", em um sentido cosmogônico em que o limite supremo representaria o papel de "pai" em relação a *yin* e *yang*, que por sua vez estariam na posição de "filhos".[43] Não é "gênese" ou "filiação", mas impulso ou desenvolvimento,[x] como *impulso* a partir da unidade constituída totalmente por essa dualidade. No sentido em que se pode dizer que a dualidade "sai" da unidade (sendo a unidade nada mais do que a soma dessa dualidade). Pois *yin* e *yang*, que são a totalidade do real, "não têm princípio" possível e o limite supremo "não se ergue isolado acima de *yin* e *yang*".[44] Nesse caso, o que a noção de "limite supremo" designa em relação às noções de *yin* e *yang* enquanto totalidade do real é precisamente, à maneira exacerbada do superlativo, o caráter limítrofe, total (ao

---

42 *Zhouyi, Xici*, I, § 11.

43 NZ, p.516.

44 Id.

qual "não se pode acrescentar mais nada"), típico do processo perpetuamente em curso por interação de *yin* e *yang*. A noção não designa – não pode designar – nada mais do que essa relação (porque na verdade *não há nada mais* do que *ying-yang*), mas evoca essa relação em seu aspecto unitário e global, e não do ângulo da diferenciação (*yin* em oposição a *yang* e vice-versa); isto é, ela serve para apreendermos o real não apenas em seu modo de atualização determinada (como ela emana da interação de *yin-yang*), mas também em seu modo de latência generalizada, em que *yin* e *yang*, embora implicitamente diferentes, não manifestam ativamente essa diferença e estão intimamente misturados.[45] A noção de *yin-yang*, de um lado, e a de *limite supremo*, de outro, significam exatamente a mesma coisa, mas uma sob o ângulo da dualidade e a outra sob o ângulo da unidade – uma sob o ângulo da diferenciação atualizadora e a outra sob o ângulo da reabsorção reguladora.

Wang Fuzhi vai mais longe para integrar a noção de "limite supremo" à sua concepção puramente funcional do processo. Longe de se referir a um estágio original e remeter a um antes qualquer, a noção designa precisamente o caráter de interdependência de toda dualidade: *Qian* (representando o Céu) é "puro *yang*", contudo, na medida em que "ele não existe sem *yin*", ele "participa" do limite supremo;[46] do mesmo modo, *Kun* (representando a Terra) é "puro *yin*", contudo, na medida em que "ele não existe sem *yang*", também participa do limite supremo do processo. A noção de limite supremo designa o fundo comum de toda realidade, aquilo pelo que os contrários, *ao mesmo tempo* que se opõem, participam da unidade.[47]

---

45 ZM, I, p.1.

46 WZ, p.959.

47 Id.

Por isso, a noção justifica de forma pertinente o que torna possível a mudança, como mutação, por alternância, de um aspecto para o outro.[a] O limite supremo do processo é precisamente aquilo em que um é (também) o outro e, portanto, aquilo pelo que um pode se tornar o outro: ele é a própria condição do processo – não como ponto de partida, mas como condição de possibilidade do funcionamento do processo. Em todo processo de existência, e em qualquer etapa que seja, toda atualização *participa individualmente* do limite supremo do processo: na medida em que esse limite é a dimensão de não individualidade de toda individualização. Por isso, observa Wang Fuzhi, entre os diferentes modos de representação que serviram tradicionalmente para evocar o curso do mundo (hexagramas, números etc.), o limite supremo nunca se prestou a uma representação original: todas as representações são a sua representação própria, todos os números atribuídos a cada caso lhe convêm perfeitamente.[48] Se, portanto, a noção de limite supremo serve de pedra angular ao sistema, não é como entidade metafísica isolada, erguida acima do conjunto, mas, ao contrário, como o que coexiste com todo o processo e só existe através dele, como dimensão de constante *relacionalidade* característica do processo por intermédio do qual unicamente ele pode se exercer.

Para cortar pela raiz qualquer risco de desvio na interpretação da noção, Wang Fuzhi segue seu predecessor Zhang Zai e transforma a noção de "limite supremo" do processo na noção de "suprema harmonia":[b][49] essa "harmonia", obviamente, é da qual decorre e na qual se reabsorve toda atualização (noção de *yinyun*), é o *regime* global desse processo. Ora, há duas vantagens nessa mo-

---

48 WZ, p.960.

49 WZ, p.959; ZM, I, p.1; cf. Xiao Hanming, op. cit., p.96 et seq.

Processo ou criação

dificação de termos, a meu ver. De um lado, a exclusão da ideia de limite põe fim ao perigo constante de pensarmos esse limite como origem e ponto de partida; de outro, a noção de harmonia evidencia mais nitidamente o caráter de relacionalidade constitutivo de todo processo, ao longo do processo, como fundo comum de toda atualização. Mais do que isso: a noção de harmonia indica que o caráter de regulação do processo, como reabsorção dos contrários, é condição de possibilidade do referido processo e, portanto, evidencia a dimensão moral e propriamente cosmológica que lhe é própria: autorregulando-se (continuamente, infalivelmente), o processo encontra em si mesmo a razão de seu funcionamento e, ao mesmo tempo, a fonte de toda positividade. Quero dizer com isso que a dimensão de não individualidade característica de toda individualização, que constitui a própria condição de possibilidade do processo para que a alternância possa funcionar, constitui ao mesmo tempo o fundamento de toda moralidade, enquanto "não egoísmo" e senso de comunidade (como "valores" éticos). O processo sucede apenas de si mesmo, é seu próprio modelo e, ao mesmo tempo, o modelo *par excellence*. Nem ingerência exterior nem norma externa: nós estamos muito distantes da necessidade de um "criador", e de um arquétipo da "criação".

5
Nem Criador nem criação

No fundo, o que diferencia tão radicalmente pensamento do processo de pensamento da criação? Parece-me que, se tentarmos nos aprofundar na estrutura dessa diferença, o princípio da oposição seria o seguinte: na origem do processo, como Wang Fuzhi o concebe ao sistematizar mais precisamente uma intuição fundamental da tradição chinesa, não há uma, mas *duas* instâncias. Estas, de um lado, se opõem categoricamente em suas determinações recíprocas e, de outro, funcionam sempre em paridade uma em relação à outra, sem que haja anterioridade ou superioridade entre elas. Disso nasce uma lógica da interação mútua e contínua em relação à qual a própria questão da origem perde sentido. Nada nunca *excede*; a representação se fecha perfeitamente em si mesma; o funcionamento em jogo não se expõe a uma exterioridade. Consequentemente, e afinal de contas, não é tanto a necessidade de um Criador como causa inicial e primeiro motor que a lógica do processo exclui, mas sim, e mais profundamente, a referência a um Outro, a experiência de um absoluto da transcendência, ou seja, Deus.

Na realidade, para Wang Fuzhi, a dualidade-correlatividade constitui a estrutura única e absoluta de todo real. *Yin* e *yang*, Terra e Céu. Sabemos que ele, na leitura que propõe do *Livro das mutações*, começa separando as duas primeiras representações do conjunto da série (os sessenta e quatro hexagramas): esses dois primeiros hexagramas (*Qian* e *Kun*), que são perfeitamente antitéticos (☰ e ☷), contêm em si mesmos todo o processo por vir (ambos possuem todo o capital de linhas constitutivas das outras sessenta e duas figuras). E Wang Fuzhi insiste muito neste ponto: essas duas figuras são estabelecidas juntas e em igualdade; uma nunca precede a outra no tempo, uma nunca é superior à outra em poder. "Não há Céu sem Terra nem Terra sem Céu": em correlação com a Terra, o Céu pode engendrar todos os outros existentes, mas não pode engendrar a Terra, e vice-versa. É precisamente isso que, segundo Wang Fuzhi, constitui a originalidade e, portanto, a superioridade do *Livro das mutações* em comparação com os tratados de "adivinhação" precedentes (*Lianshan* e *Guizang*), uma vez que, supostamente, estes estabelecem um ponto de partida único em vez de instaurar a dualidade antes de tudo; é por isso também que Wang Fuzhi rejeita deliberadamente qualquer leitura do *Livro das mutações* (em particular a de Shao Yong) que afirme que as primeiras figuras têm entre si uma relação de sucessão – há primeiro o Céu, *depois* a Terra, *depois* o homem – ou de progressão – o Limite Supremo, enquanto Origem, separa-se *pouco a pouco*, e Terra e Céu nascem por evolução progressiva a partir da confusão original.[1] Quando o encadeamento depende de uma estrutura de *evento*, ra-

---

1 WZ, p.922. E, no entanto, Leibniz acreditava ter encontrado na progressão numérica do *Livro das mutações* uma prova segura de que "suas figuras misteriosas mostram algo análogo à criação" (op. cit.,

Processo ou criação

dical ou relativo, e não mais de uma relação pura de correlação, o pensamento do processo desvia-se necessariamente de si mesmo e cai num esquema cosmogônico.

É exatamente essa estrutura de dualidade-correlação que tentamos mostrar sob a diversidade de signos e símbolos: chamá-la de Céu e Terra é representá-la do ponto de vista da posição; chamá-la de *yin* e *yang* é evocá-la do ponto de vista da materialidade; chamá-la de *Qian* e *Kun* (os dois primeiros hexagramas do *Livro das mutações*) é apreendê-la do ponto de vista do funcionamento.[2] E é com esse último aspecto que devemos ser mais rigorosos, pois é a partir dele que nascem os equívocos. Duas funções encontram-se uma em face da outra: de um lado, a *perseverança para seguir em frente* (*jian*, encarnado pelo hexagrama *Qian*); de outro, a *disponibilidade para se adaptar* (*shun*, encarnado pelo hexagrama *Kun*). Mas, embora haja *iniciativa* de um lado e, de outro, *receptividade*, a iniciativa *não precede* a receptividade (é necessário que haja *também* receptividade para que haja iniciativa). Em nenhum momento o funcionamento de um é dissociável do funcionamento do outro, todo funcionamento é recíproco e pressupõe uma coexistência inicial.[3] Aliás, a tradição chinesa deixa poucas dúvidas sobre o modelo que orientou a sua interpretação: se o ponto de partida do engendramento é o ato primeiro da "penetração" devida à rigidez de *yang*,

---

p.188); cf. também p.182: "Convenci R. P. Bouvet que, se reconhecemos que as figuras de Fo-hi ocultam a invenção da aritmética binária, os missionários deveriam empregar um argumento plausível para mostrar ao imperador que mesmo os mais antigos sábios da China esboçaram a criação, isto é, a origem das coisas a partir do um e do zero".

2 WZ, p.751.

3 ZM, XIV, p.242.

é necessário que a "maleabilidade" de *yin* já esteja em posição de parceiro – de comum acordo com ele – para abrir-se e recebê-lo.[4] Nesse ponto preciso, o pensamento do processo se distancia do pensamento da criação: porque se efetua apenas na correlação, a função de *iniciador* não é isolável, não pode servir de instância única. Do mesmo modo, se a tradição concebe a atividade de *Qian* sobretudo no domínio da não atualização (que é ao mesmo tempo pré-atualização), em relação à atividade de *Kun* (que se desenvolve inteiramente no estágio da atualização concreta),[a] "*Qian*, por si só, nunca é capaz de servir de princípio",[5] porque o que se realiza no nível do visível e o que se realiza no nível do invisível dependem absolutamente um do outro, tanto um quanto outro. Um e outro se condicionam, *Qian* e *Kun* "obram ao mesmo tempo": assim como não há um *antes* original, não pode haver um sujeito único – autor ou criador.

Portanto, temos de tomar cuidado com a ilusão comum, e recorrente, que consiste em deixar que a unidade transcenda a dualidade. A unidade é apenas o outro aspecto da dualidade, isto é, fora ou além dessa dualidade ela não é nada mais do que isso, e o próprio *status* da unidade parece ter de gozar de um privilégio ou prestígio próprio que tende a isolar a unidade da dualidade e, ao mesmo tempo, investi-la de uma autonomia e de uma existência separada. Isso acontece com muita frequência na relação de *yin* e *yang* com o *Dao* (o Caminho, o Processo). Sabemos que o *Dao*, enquanto termo único, é apenas a interação recíproca e contínua de *yin* e *yang* e não pode ser *nada mais* do que esse puro processo

---

4 WZ, p.751-2.
5 WZ, p.922.

Processo ou criação

(ele não contém nada além da dualidade de *yin* e *yang*, mas exprime essa dualidade apenas como correlação e nunca como diferenciação). Contudo, porque o *Dao* engloba a dualidade (de *yin* e *yang*) como unidade, ele parece excedê-la, e seu *status* de unidade tende a elevá-lo acima da dualidade, erigi-lo separado da relação, como se existisse antes dessa relação.[6] Em consequência, a relação entre a unidade e a dualidade se desequilibra e pende para a unidade: esta se torna primordial, a dualidade é secundária; uma se torna o Absoluto e a outra o relativo. Isolando-se da relação, o *Dao* se eleva a entidade metafísica e a tentação do monismo nos faz cair nas ingenuidades cosmogônicas. Mais precisamente na dos pensadores do *Dao* (ou *Tao*), os "taoistas", que acabaram imaginando que existiu um *Dao* que precedeu o Céu e a Terra e que os engendrou. *Dao* único que, justamente por ser único, presta-se à idealização, à divinização: encontramos nele – se bem que de modo impessoal – a função tradicionalmente assumida por todo "Criador".

Pensar o surgimento do mundo segundo o modelo da criação é pensar o real segundo a oposição do que existe e do que não existe: alguma coisa não existia e passou a existir. É verdade que, refletindo sobre si mesmo, o pensamento da criação no Ocidente desconfiou dessas formulações, ressaltando todas as suas incoerências lógicas: que "coisa" é essa que, mesmo não existindo, já tem *status* de "coisa"? Que "tempo" é esse de antes do tempo que não existia como tempo e "no qual", porém, sucedeu alguma coisa?... As perguntas não têm fim.[7] Ora, o pensamento do

---

6 WZ, p.752.

7 Antonin Dalmace Sertillanges, "Création et commencement", in: *L'Idée de création et ses retentissements en philosophie*. Paris: Aubier, 1945. cap.I.

processo não possui essas contradições: ela nunca opõe "o que existe" e "o que não existe", mas o *latente* ao *manifesto*.[b] O invisível é tão efetivo quanto o visível, o invisível já contém todo o visível, e o visível é apenas o desdobramento do invisível: um vaivém ininterrupto une o que se atualiza ao que se desatualiza na mesma sequência. Ora, é precisamente por tratar do real em termos de "existência" e "não existência" que Laozi, o fundador do taoismo, acabou chegando, apesar da ênfase que dá à impessoalidade do *Dao*, a uma representação que, no fundo, é do tipo criacionista: a existência nasce da não existência,[c] do vazio original nasce o sopro material.[8] Podemos ver, aqui, qual foi o erro lógico de Laozi que o conduziu à visão cosmogônica: se o vazio original é capaz de engendrar o sopro material, o vazio original e o sopro material não se encontram mais em paridade (um excede o outro: um é ilimitado, e o outro, não), portanto há uma lacuna entre o "ser constitutivo" (o vazio original, enquanto *ti*) e seu "funcionamento" (o engendramento do sopro material, enquanto *yong*). Ora, a lógica exige que o *ser constitutivo* e seu *funcionamento* "contenham um ao outro", sejam totalmente interdependentes um do outro e não possam ser pensados um sem o outro. Não existe ser constitutivo *separado* de seu funcionamento. Se essa correlação rigorosa é rompida um mínimo que seja, se a lacuna se introduz, a função de advir divide-se em uma bipartição desigual: há, de um lado, o que engendra; de outro, o que é engendrado – e um transcende o outro. O pensamento fugiu da lógica do processo e não há outra saída senão pôr em cena a criação.

A justificação mínima de Deus no racionalismo ocidental é atribuir a Ele o impulso inicial na sequência de causas e efeitos

---

8 ZM, I, p.9.

Processo ou criação

que constitui o curso do mundo. Deus existe para dar o primeiro "empurrãozinho" ao universo, depois este continua por si só: a interpretação mecanicista elimina as representações dramáticas da criação, mas não dispensa a hipótese de um primeiro motor. Ora, é precisamente essa ideia de uma intervenção externa, ainda que reduzida ao mínimo – apenas no princípio –, que Wang Fuzhi rejeita categoricamente. Laozi, o pai do taoismo, compara o mundo, Terra e Céu, a um grande sopro que, uma vez em movimento, engendra o sopro de energia material que origina todos os existentes. Mas, pergunta-se Wang Fuzhi, "quem" estava lá para dar o grande sopro?[9] A tradição neoconfuciana também não é muito coerente, como dissemos anteriormente, ao considerar que a interação de *yin* e *yang*, da qual procede toda atualização, decorre da alternância movimento-repouso: o problema da partida inicial do movimento persiste.

Em Wang Fuzhi não há contradição, porque para ele (como já era para Zhang Zai) o movimento é um dado absolutamente inicial: como a dualidade de *yin* e *yang* está implicitamente contida na harmonia original, esta é espontaneamente animada pelo efeito de tensão da dualidade, muito antes de *yin* e *yang* explicitarem sua contradição e entrarem em processo de interação. Há sempre aquilo que é mais leve e mais límpido e tende espontaneamente a subir e aquilo que é mais pesado e mais opaco e tende espontaneamente a descer: o fundo de latência do processo está constantemente sujeito a essas circulações infinitas: o "grande Vazio" da não atualização já está em movimento[10] e o advento do mundo depende apenas dele próprio. Uma noção em particular serve para

---

9 Id.; cf. DSS, X, p.663.
10 WZ, p.981.

evocar esse caráter puramente interno da partida do movimento: a da mola interna ou potencialidade dinâmica permanente, porque é decorrente da própria estrutura da realidade (noção de *ji:* o pensamento taoista tropeça precisamente por ignorar essa noção).

Excluímos o argumento da causa primeira. Mas, livrando-nos da questão da origem, não caímos em outra contradição, dessa vez em relação ao desenvolvimento posterior do processo? Quem quiser pensar o processo de forma coerente será obrigado a articular com rigor esta dupla necessidade: de um lado, a lógica da alternância implica conceber *movimento* e *repouso* como absolutamente interdependentes e "contendo-se mutuamente" (para que o curso do processo se renove regularmente); de outro lado, a lógica da independência (em relação às intervenções exteriores) implica pensar o movimento como uma função absolutamente primordial em relação ao repouso (para que a origem do movimento não seja mais um problema). Ora, uma tese parece excluir a outra. Aliás, se o primeiro ponto de vista é tradicional na China, em relação ao segundo Wang Fuzhi é conduzido a sustentar ostensivamente o contrário de muitas das posições anteriores (que valorizam o repouso como o estado primeiro do mundo, especialmente em Zhu Xi). Contudo, essa segunda tese (a da primazia do movimento em relação ao repouso), longe de se sustentar apenas no postulado de sua necessidade, já se encontra na lógica da primeira (a da alternância de movimento e repouso) para talvez analisá-la de perto. O fato de movimento e repouso serem interdependentes implica, como exige a lei da alternância, que movimento e repouso se sucedam regularmente e ciclicamente; mas esse encadeamento recíproco, absolutamente necessário, não significa que movimento e repouso ocupem a mesma posição um em relação ao outro. Pois o que une o movimento

Processo ou criação

ao repouso? Somente o fato de que o movimento deve repousar por alternância para não se esgotar como movimento. Mas o que une o repouso ao movimento? O fato de que o repouso não apenas sucede ao movimento, como também depende fundamentalmente dele: o repouso só existe como estagnação temporária do movimento, e tanto repouso como movimento dependem igualmente do movimento.[Na lógica do processo, portanto, a oposição não é – não pode ser – entre movimento e repouso, mas entre um movimento que está em movimento[11] e um movimento que entra em repouso (quando, caminhando, eu paro). "Passar do movimento ao repouso também é movimento."[12] O repouso é o inverso do movimento sem ser uma ausência de movimento, do mesmo modo que, para Wang Fuzhi, a morte é o contrário da vida, sendo ao mesmo tempo certa forma de existência. Pois a alternância, que é constante, só pode ser movimento. Os taoístas só puderam imaginar o repouso absoluto como abandono total e extinção completa porque se esqueceram dessa natureza dinâmica do repouso.[13] Se há interdependência, há também dissimetria: o repouso é o repouso do movimento, mas o movimento não pode ser o movimento do repouso. Ou ainda, o movimento conduz ao repouso por si mesmo, como momento reconstitutivo do movimento, enquanto o repouso não conduz ao movimento e existe apenas dentro da lógica própria do movimento. Em suma, o repouso é apenas uma variação dentro do movimento. E o movimento preexiste naturalmente a todo repouso.

---

11 SWL, p.2.

12 A esse respeito, cf. Fang Ke, op. cit., p.93 et seq.

13 SWL, p.2.

Quando se estabelece em teoria a prioridade do repouso sobre o movimento: é impossível passar do repouso ao movimento sem a interferência de uma causa externa; daí a necessidade de emprestar um primeiro motor à metafísica. De maneira oposta, ao se pensar a *prioridade do movimento* sobre o repouso: o movimento conduz ao repouso por si próprio para renovar-se como movimento; não apenas o processo depende unicamente de si mesmo, como a lei da alternância que dá ritmo ao curso do processo é plenamente justificada. Portanto, a tese da primazia do movimento já contém em si, como consequência lógica, a autorregulação permanente do processo. O pensamento do processo é perfeitamente coerente consigo mesmo e exclui a gratuidade do início. E do fim. Não há mais nem início nem fim do mundo. Mais uma vez, nem taoistas nem budistas têm razão; nem os que precisam de um *Dao* criador (os taoistas) e tampouco os que precisam de um *kalpa* destruidor (os budistas). Em sua incapacidade para pensar a lógica do processo, os homens imaginam um todo-princípio em que "pela primeira vez nasce alguma coisa",[b] do mesmo modo que, em relação ao futuro, haverá um dia em que tudo acabará.[14] Mas, na verdade, "todo dia o mundo começa, como todo dia o mundo acaba".[15] "O início do mundo e o fim do mundo são uma única e mesma coisa."[16] "Não vejo como o Céu poderia acabar nem como a Terra poderia começar."[17] O processo se fecha logicamente em si mesmo, exclui todo extremo.

---

14 WZ, p.911.

15 WZ, p.813.

16 WZ, p.883.

17 WZ, p.924. Essa posição contraria o ponto de vista evolucionista de Wang Fuzhi, como acusa Xiao Hanming (op. cit., p.50-1)? Creio

Processo ou criação

Mas o pensamento de um Criador, tal como é conhecido na tradição ocidental, não se limita aos complementos fáceis da imaginação cosmogônica ou à necessidade filosófica de um primeiro motor. A meu ver, ao menos dois traços contribuíram para a concepção dessa representação: de um lado, a valorização antropológica de uma categoria do sujeito-agente como instância única e voluntária; de outro, a valorização ideológica de uma diferença radical de *status* entre o Criador e a criação. Outra maneira de evocar essa dualidade de fatores: identificamos o primeiro aspecto, por exemplo, na experiência literária da epopeia e do teatro, tão importante na tradição grega (mas desconhecida na China Antiga: o objeto principal da *mimésis* definida por Aristóteles é representar o ser humano "na medida em que ele age"); a respeito do segundo aspecto, tudo indica que ele foi singularmente declarado pela tradição religiosa e filosófica que dominou o Ocidente (dando lugar ao que se costuma chamar "idealismo"). As designações são sumárias, mas têm uma exigência de globalidade que não devemos esquecer: são partes inteiras que se encontram e cujas capacidades de incidência e articulação devem ser pensadas. A figura do Criador teve de surgir e impor-se ao efeito de sistema de uma certa coerência de civilização, e é esse condicionamento cultural, em virtude de sua diferença, que deveria nos permitir investigar um pouco mais de perto a perspectiva chinesa do processo.

No entanto, não devemos nos apressar em simplificar demais as coisas. A narrativa do Gênesis, por mais importante que seja, é apenas uma versão possível do advento do mundo dentro do

---

que não, pois aqui a questão se situa em outro nível, no da crítica do imaginário cosmogônico ou escatológico, oposto em si mesmo à lógica "espontaneísta" da evolução.

conjunto das concepções ocidentais; e essa versão, longe de ser homogênea e uniforme, é fruto de diversas variantes separadas por importantes diferenças de ponto de vista após séculos de intervalo (particularmente entre as versões do Documento Javista e do Sacerdotal). Da mesma forma, a criação do mundo ocupa apenas o início do *Timeu*, na obra de Platão, e a narrativa é apresentada apenas como "verossímil" (*eikôs*).[18] Mas não podemos nos esquecer de que, durante toda a Idade Média, o *Timeu* foi considerado a obra fundamental do Mestre e que sua descrição costumava ser tida como "uma espécie de tradução das cosmogonias anteriores", e que uma tradição de pensamento, a Escola de Chartres, se empenhou em conciliar as indicações do *Timeu* sobre o nascimento do universo com a narrativa bíblica da criação.[19] Certa representação de base – cujo grau de assimilação deve ser medido muito além de suas diversas ocorrências, sempre pontuais e em geral contraditórias – ganhou consistência. Esse valor matricial do modelo da criação impôs-se no Ocidente, apesar das inúmeras críticas e exceções, a ponto de muitas vezes termos a impressão de que a cultura ocidental se confundiu com ele e "simplesmente" o tomou por uma evidência. Ora, "evidência" é precisamente o que *não se pensa mais* – o que não se pensa mais em pensar –, quando uma representação cultural é resultado de um tal efeito de convergência que este oblitera todos as outras concepções que o formaram e se impõe com todo o prestígio da "natureza".

Mas o que para os missionários cristãos que desembarcaram na China parecia ser a evidência da criação entrou em conflito nos

---

18 Timeu, 29 d.

19 Albert Rivaud, "Préface", in: Platon, *Timée*, Paris, Les Belles Lettres, 1925. t. X.

Processo ou criação

letrados chineses com essa outra representação que é a do processo – também veiculada como evidência e, portanto, igualmente pouco investigada. O argumento da "luz natural" (o *li* chinês) é usado por ambos os lados, mas em sentido contrário. Nesse estágio, como mostraram perfeitamente as análises de Jacques Gernet,[20] não é mais possível haver discussão, mas apenas "reação" de exclusão. A incompatibilidade está enraizada na própria estrutura dos modos de pensamento, e o debate de "ideias" torna-se necessariamente estéril, uma vez que não se trata de ideias propriamente ditas, mas do que condiciona a possibilidade da pertinência dessas ideias. De ambos os lados, a "universalidade" de direito da razão encontra-se diante de uma outra razão. Ora, a filosofia dialoga sempre dentro de uma mesma racionalidade. É legítimo que ela dê a vez à antropologia.

Desse ponto de vista, o que importa é o fato de que uma figura individual possa servir de instância única e isolada. Deus ou demiurgo, o sujeito depende somente dele mesmo, e sua ação é a manifestação autônoma de sua individualidade. Na grande família das línguas ocidentais, a função de sujeito é estritamente marcada: o ativo opõe-se explicitamente ao passivo, e as primeiras obras "literárias" da nossa tradição, desde a epopeia e a tragédia (e até antes do surgimento da filosofia), refletiram sistematicamente sobre a forma como o indivíduo concebia sua ação e se comprometia com seus atos. Todo criador é um *agente*; a criação é uma operação fundamentalmente intencional e planejada (*logismos theou*, segundo o *Timeu*; a organização do mundo de acordo com certas normas ideais depende de proporções matemáticas e representações geométricas). É um certo fim, um certo propósito,

---

20 Jacques Gernet, op. cit., p.274 et seq.

o que rege e justifica a criação, em uma relação de causa e efeito: Deus "viu que isso era bom", e o demiurgo do *Timeu* constrói seu mundo "para realizar, na medida do possível, a ideia do melhor", levando em consideração tanto os objetivos quanto as necessidades. Assim, a figura do Criador foi calcada na do Defensor--construtor. Suas primeiras representações no Documento Javista são a do cavador de poços, do jardineiro, do oleiro... O salmo CIV, ao contrário, celebra o Criador como o grande arquiteto. Com os progressos da civilização, ele se tornará o "relojoeiro". Ora, é precisamente isso que revoltou os letrados chineses quando eles entraram em contato com as concepções ocidentais (a partir do século XVII): "Como se pode caluniar dessa forma o Céu a ponto de compará-lo a um operário?".[21] Todo agir é meticulosamente planejado, todo fazer é meticulosamente aplicado. A excelência do Processo é justamente proceder de forma absolutamente não intencional e impessoal.[i] O Processo não tem motivos nem desígnios, não deseja nada nem escolhe nada. A alternância que regula espontaneamente o Processo é não apenas a condição de possibilidade de seu funcionamento, mas também a fonte de toda positividade. Consequentemente, a ordem não pode ser imposta de fora por um ato deliberado de um sujeito que opera segundo um plano (a *pronoia* divina),[22] mas é inerente à natureza das coisas e decorre inteiramente do contínuo desenvolvimento destas últimas. O dinamismo é natural e a organização é espontânea; o mundo não é produzido pela ingerência de uma Inteligência ou de um querer, mas é continuamente resultado de suas "propensões"

---

21 Xu Dashou, apud ibid., p.284.

22 *Timeu*, 30 c.

internas (esse termo é empregado por Longobardi[23] e Leibniz, e parece-me perfeito para traduzir a noção chinesa de *lishi*).[j] Talvez pudéssemos sistematizar essa diferença pela oposição destas duas categorias: o *agente* (implicando ao mesmo tempo o fazer e o sujeito) e o *efeito*,[k] no qual o *ser constitutivo* não pode ser dissociado de seu *funcionamento* e existe somente através dele. Não há ação, muito menos criação (um dia, alguém), mas evolução espontânea e transformação generalizada (*zao-hua*).

O pensamento da criação implica, por outro lado, uma diferença fundamental de *status* entre o sujeito criador e seu objeto. E é essa diferença que a Bíblia traz progressivamente à tona, no decorrer de suas reescrituras, pendendo cada vez mais a exaltar o Criador em relação à criação; e é também essa *dualidade de planos* – o ser eterno de um lado e o devir de outro – que serve de estrutura de conjunto à invenção do mundo no *Timeu*. Na perspectiva do *Timeu*, o demiurgo age em função de um modelo (*paradeigmatos eidos*), eterno e perfeito, do qual o objeto criado é somente a cópia ou imagem (*mimema*) no tempo: o demiurgo organiza esse mundo visível e transitório de olho nas Ideias. Foi por conta dessa separação dualista, que se tornou tão comum entre nós, que um dos mais famosos intérpretes ocidentais do *Livro das mutações*, Richard Wilhelm, acreditou ver – a que ponto fomos influenciados pelo exemplo platônico! – essa distinção entre o modelo e a "cópia" na relação das produções do Céu e da Terra que se encontra na especulação do *Livro das mutações*:[l] "Há, na base da realidade, um universo de imagens primordiais, as quais têm uma cópia no mundo corpóreo, que são precisamente as coisas

---

23 Niccolò Longobardi, *Traité sur quelques points de la religion des Chinois*, Paris, 1701, p.77; Leibniz, op. cit., p.92 et seq.

reais. O universo das imagens primordiais é o Céu, o universo das cópias é a Terra".[24]

Ora, é exatamente isso que ele não é. *O livro das mutações* não pode ser lido à luz do *Timeu*, e a distinção que ele estabelece não é, apesar da aparente convergência, a que opõe em relação ao que nasce aquilo "em que ele nasce" e aquilo "à semelhança do que se desenvolve o que nasce" ("mãe" e "pai" em relação ao "filho", segundo Platão).[25] Pois, no *Livro das mutações*, a relação *pai-mãe* (Céu-Terra) não funciona segundo a relação "modelo"-"receptáculo" (que no fundo é apenas uma versão diferente da oposição entre ativo e passivo), e a interpretação que Wang Fuzhi dá à frase comentada por Wilhelm esclarece os motivos dessa diferença.[26] Do mesmo modo que o Céu e a Terra estão em posição de *paridade* (não há anterioridade ou superioridade entre eles), as produções do Céu e da Terra só se distinguem pelo estágio de atualização em que se encontram, não de acordo com uma hierarquia ontológica (em que tudo o que é cópia é uma trágica perda de ser em relação ao modelo), mas em função das etapas do Processo: ao Céu corresponde o estágio da *configuração implícita*,[m27] quando a diferença de *yin-yang* já está contida nela (uma vez que é original), mas ainda não é objeto de uma separação categórica; à Terra corresponde o estágio da *manifestação atualizadora*,[n28] quando se opera

---

24 Yi King, *Le Livre des transformations*, Paris, Librairie de Médicis, 1973, p.338-9; interpretação mais correta de James Legge, *The I Ching, The Book of Changes*, reed. Dover, Mineola, 1963, p.356.

25 *Timeu*, 50 d.

26 NZ, p.482.

27 ZM, II, p.29.

28 NZ, p.482; ZM, II, p.29.

Processo ou criação

uma concentração concreta° graças à interação de *yin* e *yang*.[29] A cada estágio da evolução do Processo, Céu e Terra dão mostras de sua capacidade, e todas são exemplares. As duas operações são complementares e igualmente indispensáveis:*[p30]* *Qian*, o Céu, entra em *funcionamento* ao receber *yin* como *ser constitutivo*, e *Kun*, a Terra, faz advir o *ser constitutivo* ao receber *yang* como *funcionamento*.[q] No *Livro das mutações* só há criação por imitação em um contexto muito diferente: o da história da civilização, quando o Sábio toma as manifestações naturais (da Terra e do Céu) como modelo e as reproduz conscientemente (em particular na simbolização dos hexagramas).[31] No nível do advento do mundo, não há a Ideia e o sensível, o Espírito criador e a matéria bruta, mas um processo único de atualização em que a limpidez do invisível (relacionada ao Céu) e a opacidade da materialidade concreta (relacionada à Terra) trabalham em conjunto e sem dissociação. Vemos mais uma vez a importância deste princípio fundamental: a *dualidade*, tal como é entendida na China, é o oposto do "dualismo" (visto que subentende paridade e correlatividade). E a *colaboração* exclui a "criação".

Há ainda outro aspecto que faz os letrados chineses suspeitarem do episódio da criação. Todo pensamento da criação implica uma estrutura eventiva e, portanto, só pode se enunciar na sequência de uma narrativa. Quando o *Timeu* começa a tratar da criação do mundo, o diálogo argumentativo é necessariamente interrompido e começa a narração, na forma de conjectura. Ora,

---

29 ZM, II, p.29.

30 NZ, p.482.

31 *Zhouyi, Xici*, I, §11.

a tradição letrada é terminantemente avessa a toda função da narrativa que não seja puramente histórica (mesmo no interior da narrativa histórica: Wang Fuzhi é muito claro a esse respeito).[32] Para ela, a única pertinência da narrativa é a do registro factual, e o menor desvio só pode ser *divagação*. Inconsistência ou inépcia, esse desvio não é capaz de produzir efeitos próprios: não se pode atribuir poder de revelação à dimensão de ficção.[33] Pois a cultura chinesa também teve o seu quinhão de produção mitológica e, assim como as outras, não ignorava o tema da criação. "Segundo a tradição popular", relata Ying Zhao, da dinastia Han, "depois que o céu e a terra foram separados, ainda não existiam seres humanos. Nu Wa modelou a terra amarela e fez homens com ela; mas como não conseguia levar o trabalho a bom êxito, apesar de toda a energia que empenhava nele, ela mergulhou uma corda na lama e, erguendo-a no ar, criou outros homens..."[34] O simbolismo presente aqui revela certa relação com aspectos da mitologia mesopotâmica que influenciaram a narrativa bíblica.[35] Há o suficiente nessa narrativa para tranquilizar mitólogos e comparatistas. O imaginário humano não é tão rico quanto se pensa... A diferença não provém daí. Ela surge do fato de que, ao impor-se como ideolo-

---

32 *Sijie*, p.1-2.

33 Sobre essa questão, cf. nosso artigo "Naissance de l'imagination: essai de problématique au travers de la réflexion littéraire de la Chine et de l'Occident", *Extrême-Orient – Extrême-Occident*, PUV, Paris VIII, n.7, p.42 et seq.

34 Cf. nosso estudo sobre as fontes antigas desse mito na China em *Lu Xun, écriture et révolution*. Paris: Presses de l'École Normale Supérieure, 1979, p.42 et seq.

35 Cf. Jean Bottero, "Les Origines de l'univers selon la Bible", in: *Naissance de Dieu: la Bible et l'historien*. Paris, Gallimard, 1986. Coll. Bibliothèque des Histoires, p.155 et seq.

Processo ou criação

gia predominante, a tradição letrada funcionou como uma censura em relação a todo fundo de narrativa mítica que ela não conseguiu historicizar e eliminou de seu horizonte (encontramos apenas fragmentos dispersos sob a carga da tradição letrada). A cultura letrada não apenas se distinguiu pela resistência ao *mûthos*, como se fortaleceu com base nessa resistência. Portanto, era naturalmente hostil a essa espécie de "imaginação calculada"[36] em que consiste necessariamente toda narrativa da criação.

Mas quem resume a narrativa da criação no Ocidente, de concepção mais filosófica ou mais religiosa, unicamente à explicação das origens do mundo, em uma perspectiva puramente elucidativa, estará sempre alheio à perspectiva desses episódios. Com o pretexto de expor o princípio do mundo, a narrativa da criação visa essencialmente a representar certa relação com a transcendência e, como o encontro mencionado é entre duas ordens absolutamente incompatíveis, a única maneira de expressar esse "contato" é recorrer a essa representação, irredutivelmente fortuita, nunca inteiramente justificável, na qual consiste a criação. Esse valor da narrativa mítica, visando a dar uma ideia de verdade inacessível ao mero raciocínio, é evidente na obra de Platão, e foi a própria tradição platônica que o teorizou. Quando Platão recorre explicitamente a um simples "conto verossímil" no início do *Timeu*, é para tentar explicar, pela obra do demiurgo, a articulação possível daquilo que é ontologicamente *o mais radicalmente distante*: o ser e o devir, o sensível e a Ideia. Quanto à evocação bíblica da criação, se é verdade que se atribuiu um valor dogmático ao seu sentido literal, também está claro que, no transcorrer das sucessivas evocações, o tema da criação se incumbe de exprimir o sentimento da absoluta

---

36 Ibid., p.187.

transcendência de Deus: desde o Documento Sacerdotal, o Deus criador não é mais representado com o traços antropomórficos do artesão e, quando Ele fala, tudo advém em conformidade com a ordem proferida. Embora a narrativa bíblica extraia grande parte de seus dados mitológicos das tradições mesopotâmicas, ele afirma sua originalidade no fato de que o Criador não faz mais parte do Cosmo e, consequentemente, não há mais um universo único, mas duas esferas absolutamente irredutíveis – o Criador e sua criação (essa ênfase no sentido da transcendência culmina na narrativa de Jó, aprofundando intencionalmente o abismo profundo entre a ignorância humana e a sublimidade divina). Em sua reflexão escolástica, a teologia cristã acabou desvencilhando explicitamente a noção de criação da problemática do princípio. Deus não pode preceder a criação no tempo, uma vez que ele não está no tempo. Do mesmo modo que "o futuro não deve acabar", a criação de Deus pode ser pensada *ab aeterno*: não devemos procurar a primazia divina regressivamente, voltando no tempo, mas "verticalmente": a causa primeira não é de outra era, mas de outra ordem, "a ação de Deus não está atrás, mas acima".[37] Segundo são Tomás: "A criação não é uma mudança, é a própria dependência do ser criado em relação ao seu princípio".[38] A criação "tomada em si [...]", comenta o padre Sertillanges, como fiel tomista que era, "não é um fato novo, ou o que se denomina um acontecimento. Não aconteceu nada. O que podia acontecer fora de todo espaço, tempo, matéria ou realidade suscetível de mudança?".[39] A narrativa bíblica da criação, cujo caráter antinômico é patente,

---

37 Antonin Dalmace Sertillanges, op. cit., cap. 1 e 2.
38 Ibid., p.49.
39 Ibid., p.43.

Processo ou criação

exprime o mistério de uma relação. As explicações são impotentes diante do absoluto da transcendência; os argumentos são inúteis diante do mistério: fugindo à forma racional do discurso, porque é logicamente impossível, o encontro com o mistério e o absoluto só pode ser evocado – como representação dessa interferência, como "encarnação" da transcendência – sob a forma de um "acontecimento". Acontecimento impossível, é óbvio. Ora, é essa "incompossibilidade" (do "criado" e do "incriado") que a "criação" evoca enigmaticamente.

Talvez agora fique mais claro o motivo da clivagem: "processo" *ou* "criação". O pensamento do processo, inspirando-se exclusivamente na experiência da natureza, visa a esclarecer a evidência; ele não produz nada além de explicações, exclui de si mesmo qualquer narração: jamais acontece nada que seja realmente estranho e possa nos surpreender por seu caráter de acontecimento, porque a lei da alternância compreende tudo o que advém em uma estrutura lógica que já se sabe que é globalmente funcional. A inteligência do processo se dedica a elaborar uma justificação coerente do real, sem construir nada (sem mais "construção" do mundo do que de outra coisa qualquer), e tenta reduzir a parte de mistério. *Ao contrário*, o que denota profundamente o evento da criação é que ele é, por princípio, estranho a toda estrutura, a toda interação. Servindo para representar o encontro do que é absolutamente incompatível, ele evoca ao pensamento o que este não pode pensar, abre a consciência humana para a surpresa do Outro, para o extravasamento do Infinito. Irrupção do absoluto da transcendência, vertigem do sentido. Se Jó evoca com tanta força a sublimidade do Criador, é para tentar dar um significado ao que é inadmissível por excelência e nada *no mundo* conseguiria explicar: esse "mal" ao qual ele não vê justificação possível e pelo qual se sente injustamente atingido. Ora, o pensamento do processo não admite que o "mal" seja abordado de outro modo que não seja como anomalia transitória: para Wang Fuzhi, embora a natureza tenha os seus malogros, estes são puramente adventícios, constituem exceções e serão reabsorvidos.[40] O "mal" é apenas uma inadequação momentânea[r] e não põe em cheque as regularidades estatísticas[41] (aliás, é significativo que Wang Fuzhi fale não de "mal", como entidade própria, mas "do que não está bem").[42] O "mal" não é uma questão em si, é desprovido de infinidade trágica, não tem valor de choque ou desafio. É inútil evocar uma exterioridade qualquer, porque a lógica do processo deve desfazer por si própria toda negatividade.

E, no entanto, o pensamento letrado não é simples. Em sua própria elucidação do "simples". Ele não repudia o sentimento da transcendência; é também — e fundamentalmente — uma meditação do invisível. Mas, então, que "invisível" é esse que, fora da fratura original da "criação", chega até nós?

---

40 ZM, XIV, p.244; cf. Jacques Gernet, op. cit., p.207-8.
41 NZ, p.462.
42 DSS, VIII, p.570-2.

II

6

O visível e o invisível

O pensamento ocidental da criação não poderia se limitar à função de explicação mitológica, "pré-científica" e insuficientemente racional das origens do universo: a representação do motivo serviu para traduzir certa experiência do absoluto, no encontro do inexprimível, e a evocação dos primórdios do mundo também pode ser lida como uma abertura para a dimensão religiosa da existência. Ora, se o pensamento chinês sobre o processo, ao contrário da tradição religiosa que nos é mais familiar, visa explicitamente a "desdramatizar" nossa consciência da existência, é forçoso reconhecer que ele não é desprovido do sentimento do infinito e do insondável. Ele rechaça categoricamente o estranho e o trágico, mas não todo o mistério. Consequentemente, somos obrigados a reiniciar o percurso, mas orientando a diferença dos modelos de acordo com uma nova perspectiva: que pano de fundo "metafísico" a elucidação do processo requer? Em que sua consciência do invisível e da transcendência difere radicalmente da consciência que o tema da criação veicula em nossa tradição?

A tradição idealista do Ocidente frequentemente opôs o visível e o invisível: um é apenas aparência, o outro é a única realidade.

Ora, na medida em que não se questiona sobre o "ser", o pensamento letrado ignora categoricamente a distinção entre aparência e realidade. Na visão do processo, o visível e o invisível não constituem dois mundos radicalmente separados um do outro – como foram representados pela ontologia ocidental –, mas são intimamente dependentes um do outro com relação ao eixo do devir: de um lado, há o curso do mundo, invisível e contínuo,[a] onipresente, mas não assinalável; de outro, a infinita diversidade de suas *individualizações*, concretas e determinadas,[b] que emanam dele ou se reabsorvem nele.[1] O curso invisível se revela continuamente através de suas manifestações fenomenais e, em troca, estas dão acesso a ele. Interdependência e colaboração: a articulação que une o visível e o invisível só pode ser profundamente modificada a partir da ótica, global e unívoca, do processo.

Duas noções nos serviram até agora para explicar a integralidade do processo: a de *latência* e a de *atualização*. Ora, essas duas noções indicam qual é a relação do visível e do invisível dentro da tradição letrada. A latência caracteriza o *fundo* inesgotável do processo no estágio da não atualização, ao passo que *yin* e *yang*, radicalmente diferentes um do outro em suas determinações recíprocas, ainda não consumaram sua separação para entrar no processo de interação do qual decorre a atualização. A latência contém todo o desenvolvimento possível do processo, mas em estado *latente* e concentrado. Como tal, ela corresponde ao estágio unitário e harmônico da realidade,[c] e, como ela se define pela ausência de atualização singular, só pode se identificar com o próprio *vazio*,

---

1 ZM, III, p.52.

Processo ou criação

em sua totalidade (enquanto *taixu*).[12] Diferentemente do ponto de vista tradicionalmente atribuído ao taoismo, segundo o qual o vazio seria capaz de engendrar a energia material, Wang Fuzhi segue a opinião de Zhang Zai, para quem todo vazio já é energia material, mas em seu estágio de dissolução ou não atualização, e, consequentemente, invisível. Chamamos de "vazio" o que não vemos, mas esse vazio é absolutamente pleno, apesar de não individualizado em manifestações concretas.[3] Nesse sentido, o vazio é o estado fundamental e constante da energia material: plenitude indiferenciada, global e autossuficiente.[4] Esse é o vazio do Céu, vazio de toda atualização fenomenal, mas ocupando ao infinito o mundo, sem deixar interstícios, e animando-o ao capricho de suas atualizações, sem estagnar; esse é também o vazio do Sábio, vazio de toda individualização egoísta nascida da parcialidade do desejo ou do ponto de vista,[f] encarnando perfeitamente em seu foro íntimo a lógica impessoal do processo e propagando sem esforço e ao infinito sua incitação virtuosa.[5]

Essa fecundidade do vazio, aliás, foi objeto de profundas reflexões na tradição chinesa mais antiga (basta lembrarmos, por exemplo, os célebres aforismos de Laozi: o vazio no centro do eixo permite à roda girar; o vazio no interior do vaso permite-lhe conter), e esse é um dos pontos em que o olhar da tradição chinesa, sem distinção de escolas, se revelou o mais penetrante (sem apelar para o misticismo, como fizeram muitos "taoistas" ocidentais). Como o vazio é vazio de toda atualização-individua-

---

2 ZM, I, p.1-2 e 20.

3 ZM, I, p.20.

4 ZM, I, p.3.

5 ZM, XVIII, p.328.

lização singular e determinada, sua plenitude não é rígida, opaca, estagnada, mas dotada de uma potencialidade absoluta – posto que não delimitada.[6] Nunca inerte e sempre alerta; nunca obstruída ou paralisada, mas sempre em perfeita adequação, imediata e espontânea: adequação na simultaneidade no que diz respeito à *vastidão* do Céu que engendra e alimenta ao mesmo tempo todos os existentes sem prejuízo de nenhum; adequação na sucessividade no que se refere à *constância* do Sábio que harmoniosamente se irmana com cada ocasião, apesar dos obstáculos e das mutações. No vazio nada obstrui, tudo "se comunica" (*tong*), sem esforço e sem restrição. O vazio é constantemente capaz de responder, corresponder, adaptar-se.[87] A positividade característica do vazio é sua total disponibilidade; ora, a disponibilidade, em seu próprio princípio, é uma coisa que não "trabalha", portanto não pode gastar-se: ela atua sem agir, é eficaz sem se consumir.

A relação do invisível com o visível, por sua vez, é a da latência com sua atualização. Ora, sabemos que a lógica do processo nos leva a pensar essa transição sem a ingerência de nenhum fator que seja, porque o invisível (da latência) é o *ser constitutivo* do processo e sua atualização-manifestação constitui seu *funcionamento. Ser constitutivo e funcionamento*[b] são indissociáveis um do outro, o que "é inerente" necessariamente "se desenvolve".[i8] A partir da relação de incitação ocorrem as manifestações singulares de existência (noção de *xiang*) que, como tais, são acessíveis aos nossos sentidos. Nenhuma manifestação de existência é estranha à lógica da interação e, no entanto, ao contrário de Shao Yong, Wang Fuzhi

---

6 Id.

7 ZM, XVIII, p.337.

8 ZM, I, p.1.

Processo ou criação

considera que é impossível realizar uma compilação analítica exaustiva do fenomenal.[9] Deixemos à vida a sua infinita diversidade. Contudo, suas atualizações são sempre temporárias: mesmo o sol e a lua, a água e o fogo são atualizações passageiras.[J10] Ao mesmo tempo que a atualização se dissolve, ocorre o retorno ao invisível.[11] Mas, através dessas variações do visível e do invisível, a energia material (*yin* e *yang*), que é a totalidade do real, não sofre aumento nem diminuição. O que retorna à plenitude harmônica e unitária do grande Vazio torna-se novamente disponível para servir a novas atualizações e volta a ser visível por meio de outras individualizações. À semelhança da vida e da morte, o visível e o invisível estão em perfeita continuidade um com o outro. Visível e invisível se oferecem, sobretudo, em uma relação de vaivém permanente: um serve ao outro, um se torna o outro, sem perda e sem ruptura.

Quando a energia universal se condensa, aparece o visível, forma-se uma atualização; quando a energia universal se dissolve, desaparece o visível e a atualização é reabsorvida.[12] O visível é o concreto no sentido em que é sempre produto de uma *concreção*. O que não é objeto de tal atualização permanece invisível, mas esse invisível é relativo: a energia material está sempre presente, mas a um grau tão grande de dispersão e a um grau tão ínfimo de concreção que sua extrema sutilidade[k] escapa à nossa percepção.[13] Do mesmo modo que a capacidade de apreensão de nossa

---

9 ZM, XVIII, p.338-9.

10 ZM, I, p.19.

11 ZM, XVIII, p.339.

12 ZM, I, p.13.

13 Id.

consciência é limitada em relação à grandeza, a capacidade de apreensão de nossos sentidos é limitada em relação à pequenez: o ínfimo escapa da visão, e o estado dissolvido da realidade se torna imperceptível, apesar de sua materialidade. Mas o reconhecimento dessa limitação da capacidade de nossos sentidos não faz o pensamento letrado duvidar do poder de conhecimento destes últimos, como aconteceu com a tradição idealista no Ocidente. Do ponto de vista do conhecer, os sentidos têm validade integral e exclusiva, na medida em que somente eles dão acesso à coerência externa e manifesta das coisas,[14] e a consistência típica do visível, em alternância constante e homogênea com o vazio do invisível, nunca é aparência ilusória, ainda que sua manifestação seja sempre transitória. Mas, uma vez que nossos sentidos não podem ir além do sensível na apreensão do real, é legítimo que nossa consciência reflexiva[l] assuma o lugar de nossa atividade perceptiva. Sentido e consciência se completam, assim como visível e invisível colaboram um com o outro no interior do processo: o homem apreende a fase manifesta do processo através da visão e a fase não manifesta pela reflexão. Mas, na medida em que o manifesto e o não manifesto, cuja sequência é autorregulada, se implicam um ao outro, cada uma das duas fases é necessariamente latente na outra e, portanto, faz parte da reflexão. No estágio do visível, a reflexão apreende a necessidade do desaparecimento e do retorno à latência: esse é o princípio do invisível dentro do manifesto; no estágio do invisível, a reflexão apreende a necessidade de uma interação que conduza a novas concreções perceptíveis – e esse é o princípio do visível dentro do latente. Portanto, é impossível acreditar no nada (opondo a existência à não existência), como

---

14 ZM, I, p.14.

Processo ou criação

fazem os que confiam apenas em sua percepção visual, uma vez que o vazio do invisível é constantemente levado a se manifestar, do mesmo modo que a plenitude do visível é constantemente levada a se reabsorver.[15] Duplo erro: as pessoas comuns que se prendem ao visível e consideram o invisível pura ausência; e os heterodoxos (taoistas e budistas) que desprezam o visível e só atribuem existência real ao invisível.[16] Nem o visível é a única realidade positiva (e, nesse caso, o invisível é nada), nem o invisível é a única realidade autêntica (e, nesse caso, o visível é apenas aparente). A única distinção pertinente é entre *manifesto* e *latente*. O visível é inerente ao invisível e vice-versa: um está presente no outro e ambos se transformam mutuamente.

É o que mostra a estrutura do hexagrama do *Livro das mutações*, tal como é concebida por Wang Fuzhi. No início é um capital de doze linhas, completo e suficiente, seis linhas *yin* e seis linhas *yang* (seis linhas descontínuas e seis linhas contínuas), formado pelos dois primeiros hexagramas, *Qian* e *Kun*, instaurados juntos à frente do processo. Dado que esse capital deve permanecer constante no curso do processo, pois este último não pode nem aumentar nem diminuir por conta própria, é necessário que cada figura hexagramal (seis linhas *yin* ou *yang*), ao representar um momento em particular do processo, possua sempre o mesmo capital de doze linhas (as seis linhas *yin* e as seis linhas *yang*). Única possibilidade lógica: cada hexagrama possui não apenas as seis linhas manifestas que o caracterizam, mas também, em modo latente, as outras seis linhas que lhes correspondem. Pois, para cada uma das figuras, as seis outras linhas do capital de doze que

---

15 Id.
16 ZM, XVIII, p.329.

não se atualizaram não podem ser excluídas – uma vez que não existe um exterior ao processo onde possam ser descartadas – e, por isso, estão implicitamente contidas na figura.[17] Portanto, cada hexagrama possui o mesmo total de doze linhas, seis linhas *yin* e seis linhas *yang*, e estas se repartem diferentemente, mas igualmente, entre o visível e o invisível. Assim, *Qian*, o primeiro hexagrama ☰, contém explicitamente seis linhas *yang* e implicitamente seis linhas de natureza *yin*: ele poder ser descrito "como puro *yang*, mas não sem *yin*" significa que ele contém também o *yin*, mas apenas em latência; da mesma forma, se, por exemplo, o hexagrama *fu* ☷ possui explicitamente cinco linhas *yin* acima de uma linha *yang*, ele contém também implicitamente as seis outras linhas correspondentes (cinco *yang* sobre uma *yin*: hexagrama *gou*). Do mesmo modo que todo real possui ao mesmo tempo um exterior e um interior, um avesso e um direito, o hexagrama é uma estrutura dupla que contém em paridade o manifesto e o latente: sua *parte visível* contém em si o princípio de seu desparecimento; sua *parte invisível* contém em si o princípio de outra manifestação. Fazendo latente e manifesto coexistirem, a estrutura do hexagrama contém a realidade tanto no modo concreto como no do princípio, tanto em sua atualidade manifesta como em sua lógica oculta.[m18] Ora, toda experiência pode ser elucidada globalmente a partir desse modelo: por exemplo, entre o projeto de ontem e a execução de hoje, entre a execução de hoje e sua transformação amanhã ou depois. A execução atual corresponde à posição evidente, o estágio (anterior) de projeto ou a transformação (futura) correspondem à parte de latência que a

---

17 ZM, XIV, p.239; NZ, p.459.
18 WZ, p.1006.

Processo ou criação

completa: é ela que explica a dimensão de gestação, ao mesmo tempo condição e possibilidade, que é a parte imersa de toda emergência fenomenal e serve de fundo a toda ocorrência.

Em relação à série de hexagramas, a bipartição do manifesto e do latente permite que, por simples jogo interno de permutação e inversão, cada hexagrama possa proceder de outro hexagrama e ao mesmo tempo converter-se em outro hexagrama, e que o conjunto possa organizar-se de forma cíclica: cada representação pode se transformar na outra, uma vez que já a contém em si, e essa outra é sempre a atualização de sua própria latência. Essa bipartição também permite que o processo nunca se esgote ao longo dessa transformação contínua, uma vez que apenas seis linhas se atualizam em cada figura, enquanto as outras seis ficam em repouso: a parte do que se manifesta e a parte do que se reabsorve se compensam, o funcionamento é sempre progressivo e atrelado, e o processo se renova espontaneamente. Um dos principais méritos do *Livro das mutações* é que ele consegue integrar o invisível como a outra face do visível em um processo constante de transformação, e essa coexistência simétrica de manifesto e latente é precisamente o que possibilita que o processo funcione como um sistema fechado e regular. Portanto, a estrutura do hexagrama concebida dessa forma é uma representação perfeitamente adequada da realidade, pois consegue representar o conjunto dos fatores, manifestos e latentes, que cooperam concomitantemente no processo através da variação de seus momentos sucessivos, sem separar a manifestação da existência e o devir global que a constitui: o visível como atualização e o invisível como seu fundamento.

O hexagrama do *Livro das mutações* ensina que o invisível não é apenas o que margeia ciclicamente o visível, aquém ou além da atualização passageira, mas existe dentro dele, como seu avesso ou seu duplo. Ora, pela mesma razão, o invisível muda de *status*, e essa mutação está no centro da compreensão chinesa do processo. O invisível não representa somente o grau mínimo da atualização fenomenal, como o estágio em que a energia material está tão dissolvida que escapa à capacidade limitada de nossas faculdades perceptivas, mas representa também a outra dimensão de todo visível, inerente a ele e que o anima.[19]

De um lado, essa dimensão comunitária e harmônica da energia material é necessariamente indeterminável – onipresente e indefinível:[n] o que chamaremos de dimensão de invisível da realidade[o] é insondável[p] e transcende naturalmente toda manifestação fenomenal, circunscrita em sua particularidade. Ela representa, para além de qualquer particularização concreta, o nível de *incondicionado* da realidade: o fundo desindividualizado da existência (como fundo sem fundo) é também o fundo de toda existência e constitui seu horizonte de absoluto. De outro lado, porém, Wang Fuzhi ressalta que essa dimensão de invisível não pode existir fora da energia material (por isso traduzimos a noção de *shen* pelo aspecto de "dimensão"), portanto a dimensão de transcendência do invisível nunca se constituirá em um *ser* "metafísico": nem "ser" nem separado.

Prova disso é que se pode passar sem ruptura nem descontinuidade de uma manifestação visível à sua dimensão de invisível. Consideremos, por exemplo, o caso do Sábio.[20] Ele se elevou ao estágio da sabedoria por acumulação de atos virtuosos, todos tangíveis e manifestos, pelos quais ele mudou objetivamente sua conduta. Mas essa mudança manifesta de seu comportamento individual,

---

19 ZM, IV, p.65.
20 ZM, IV, p.66-7.

Processo ou criação

adquirida com paciência, por meio de ações voluntárias que são como um rastro visível de sua trajetória, é capaz de transformar, por influência global, mas não definível, o comportamento do outro: eficiência sutil demais e progressiva demais para ser perceptível, e que age no outro como uma incitação indireta e infinita, de modo que este se transforma por si mesmo e espontaneamente.[4] Segundo esse esquema, a modificação inicial se mostra ao olhar sem nenhuma dificuldade; ela é intencional e aplicada, singular e limitada, mas sua incidência generalizada é de uma eficiência muito sutil para ser concretamente captável, penetrando o outro difusamente e sem o seu conhecimento, e é tão discretamente assimilável que o outro a sente como se fosse sua:[r] essa dimensão de invisível é semelhante à que está continuamente em ação no mundo através de cada atualização singular. Aliás, comprovamos facilmente que essa dimensão de invisível não é isolável do processo de existência porque a relação que acabamos de evocar também pode ser lida ao inverso. O outro, penetrado pela influência invisível que é difundida pela personalidade do Sábio, verifica a transformação de sua própria conduta por atos de virtude concretos e tangíveis. Esses atos, que são da ordem da atualização visível, remetem à mudança pessoal do Sábio como sua fonte sutil e, através de sua manifestação singular, revelam o princípio de eficiência invisível e permanente da qual emanam. A continuidade essencial do visível e do invisível revela-se através da distinção do *sutil* e do *manifesto*:[5] embora se oponham, os dois termos não constituem dois domínios separados nem pertencem a duas essências distintas. Por mais qualitativamente diferentes que sejam um do outro, um como eficiência infinita e insondável e o outro como manifestação sempre singular e transitória, o visível e o invisível convertem-se um no outro e comunicam-se dentro de um mesmo processo.

François Jullien

Aliás, o pensamento chinês preocupou-se em respeitar rigorosamente a lógica interna que conduz, dentro de uma mesma sequência, do estágio inicial do mais ínfimo e mais sutil ao estágio final do desdobramento e do pleno desenvolvimento. Wang Fuzhi analisa essa lógica com a mais extrema perspicácia no plano da consciência, por uma questão de prevenção moral:[21] o menor pensamento, bom ou mau, que ocorre no nível menos consciente de nosso psiquismo' será necessariamente conduzido, simplesmente pelo fato de existir, a desenvolver-se e manifestar-se. No início, trata-se de um imperceptível, mas este tem tendência a se atualizar e influenciará progressiva e irresistivelmente toda a nossa vida psíquica, até se impor da maneira mais coercitiva, mesmo que não tenhamos ideia da origem desse extravio. A vida da consciência deve ser concebida como um processo, sem surgimento ou desaparecimento repentinos, mas atuando continuamente por tendência e inclinação: toda tendência é conduzida a afirmar-se e não existe esquecimento possível, uma vez que este seria sempre arbitrário e artificial (como se fôssemos capazes de decidir esquecer – contra a aspiração budista do "esquecimento" total no nirvana). Tampouco há absolvição possível e verdadeiro desaparecimento. Logo, a distinção do sutil e do manifesto, do visível e do invisível, remete logicamente à do consciente e do inconsciente, e o latente tem tendência a se tornar patente em consequência de uma propensão interna, inscrita na própria estrutura do desenvolvimento.

Assim, Wang Fuzhi pode representar a estrutura lógica do real a partir desses encadeamentos sucessivos[22] (na esteira de Zhang Zai): primeiro se oferece a nós tudo o que é dotado de aspecto, o

---

21 ZM, IV, p.67-8.
22 ZM, XVIII, p.320.

120

Processo ou criação

que é da ordem do concreto; todo concreto resulta sempre de uma manifestação de existência singular; toda manifestação de existência está sempre ligada a certa concreção de energia material; e a energia material, que é a única realidade, tem como natureza fundamental o vazio – enquanto seu modo de não concreção – do qual resulta sua dimensão de eficiência infinita:[u] enquanto vazio, ela penetra sem nenhum obstáculo na infinidade das manifestações fenomenais; enquanto eficiência infinita, faz advir a realidade material da infinidade das mudanças sem nunca se esgotar. A dimensão de invisível evoca dessa forma o caráter sem fim do processo de transformação do qual emana cada engendramento singular. Disso resulta, do ponto de vista da investigação humana, que através de toda manifestação singular de existência[v] é sempre possível atingir plenamente a dimensão de invisível que se encontra continuamente em ação no mundo. Ou, dito ao inverso, quer se trate dos budistas, que creem na ilusão de uma dissolução total no nirvana, quer dos taoistas, que imaginam que a existência nasce da não existência (como se a criação fosse possível), no fundo o erro é sempre o mesmo: é impossível apreender a natureza inerente ao "Céu", como fundamento do invisível, desprezando a realidade concreta. Pois, por um lado, toda realidade concreta está repleta de invisível e, por outro, o Céu não pode existir separado de seu "funcionamento".

Não é difícil avaliar a que ponto nos distanciamos dos graus do "ser" tais como foram concebidos pela metafísica platônica, que opõe a aparência efêmera e enganadora do visível ao *status* eterno e isolado do invisível. Pois é sempre a mesma reciprocidade entre visível e invisível que revela todo o processo a partir da distinção entre manifesto e oculto, entre o que é o seu *ser constitutivo* e o seu *funcionamento*. Segundo uma expressão antiga: "O *Dao* é manifesto pelo senso de solidariedade [como solidariedade radical entre existentes: *ren*], mas é oculto no funcionamento".[w23] O senso de solidariedade interexistencial que caracteriza todo *ser constitutivo* (tanto do homem como do *Dao*) é oculto originalmente, pois está contido em seu foro íntimo, e o homem cuja consciência esteja em repouso pode até mesmo duvidar que o tenha: esse senso de solidariedade que é próprio da natureza humana se manifesta espontaneamente quando um sentimento de piedade o faz entrar subitamente em movimento (segundo o célebre argumento do *Mêncio*, todo homem manifesta uma reação imediata de piedade, revelando o senso inato de solidariedade radical das existências, ao ver uma criança prestes a cair num poço). O caso do *funcionamento* é o inverso, uma vez que ele ocorre sempre em relação a situações e existentes concretos e, por isso, é naturalmente manifesto; mas *aquilo por que* ocorre o funcionamento nunca é percebido, pois o que se manifesta como funcionamento nunca é "funcionamento" propriamente dito, mas resultado deste, que, como tal, é sempre característico do *ser constitutivo* (e não do funcionamento). Daí a relação cruzada que une essas duas determinações características de todo processo: o senso de solidariedade interexistencial, enquanto ser constitutivo, é "manifesto, mas de maneira sutil",[x] porque emerge do ser constitutivo apenas como indício ou sintoma, quando este é suscitado e posto em movimento; o funcionamento é "oculto ao mesmo tempo que patente",[y] ou seja, oculto em seu funcionamento e patente em seu resultado, enquanto ser constitutivo. Assim, da forma mais geral, nenhuma parte oculta jamais é *isolada* do visível (como "Deus oculto"), mas é sempre

---

23 NZ, p.479.

Processo ou criação

integrada em uma estrutura de correlação e transformação pela própria lógica do processo.

Naturalmente, essa concepção das relações entre visível e invisível foi um fundamento privilegiado na reflexão estética dos chineses. Se agradava tanto à reflexão literária na China – e a Wang Fuzhi em particular[24] – recorrer à imagem do *vento* para evocar o senso poético, é porque esse motivo exprime bem a dimensão de aspiração invisível e infinita do caráter propriamente poético do sentido volatilizado através dessa materialidade sensível que são as imagens e as palavras: o vento é em si mesmo invisível e inapreensível, mas toda a paisagem – até o mais ínfimo ondular da relva ou da folhagem – ganha vida com a sua passagem e o revela. Presença difusa e abrangente, que escapa à apreensão precisa, mas cuja influência é imediatamente sensível e manifesta à subjetividade, ao mesmo tempo que a inunda indefinidamente: os signos do poema, enquanto atualizações singulares do processo poético, são atravessados por essa dimensão de eficiência invisível que os transcende e os faz funcionar. Do mesmo modo, o *branco* do traçado, tão característico da pintura chinesa tradicional, inclui no pleno a dimensão fundamental do vazio e, abrindo a presença puramente fenomenal, opaca e rígida, a sua dimensão de ausência – que a aprofunda e revigora –, ele nos convida à transcendência. Por isso, a pintura chinesa tem tendência a representar a realidade sensível irmanando-se com o movimento interno que a faz ser, enquanto emergência transitória do visível a partir do invisível

---

24 JZ, I, p.1, ou GS (a respeito do poema "Zhao yin", de Zhang Zai); cf. nosso estudo "La lyre ou le vent: une interprétation du lyrisme propre à la tradition chinoise", in: *La Valeur allusive: des catégories originales de l'interprétation poétique dans la tradition chinoise.* École Française d'Extrême-Orient, 1985, p.90 et seq.

e enquanto encarnação da energia universal da qual é concreção momentânea. O vazio do Céu não é separado da representação da paisagem, mas insufla sua vacuidade através da mais ínfima manifestação dessa paisagem, agora disponível a sua virtualidade: o distante não se constrói a partir de um efeito de perspectiva, mas difunde-se por intermédio da proximidade; o horizonte não determina um corte no quadro, mas mistura-se intimamente a cada uma das figurações. O rolo que desenrolamos representa o real em atualização, em processo, sem imobilizá-lo: o objetivo do pintor é pintar o invisível *através* do visível, e todo esboço que deixa o traçado em suspenso capta o real em sua totalidade.

A intuição dessa relação estética entre visível e invisível manifestou-se muito cedo na tradição chinesa, muito antes de a pintura chinesa, tal como a conhecemos hoje, ter se afirmado. Se não representassem essa dimensão de invisível, que valor teriam os *ritos* e a *música*, aos quais a consciência chinesa antiga dava tanto valor? O curso melodioso dos sons, a ordem harmoniosa dos gestos e das posições são processos singulares que correspondem ao processo do mundo e o tornam mais presente para a subjetividade. A frase é antiquíssima: "No domínio do visível há os ritos e a música, no domínio do invisível há o espírito dos vivos e dos mortos".[25] Há correspondência perfeita, comenta Wang Fuzhi, entre o efeito de animação-regulação dos ritos e da música no visível e o efeito de animação-regulação do processo de existência no invisível (conforme o grande ciclo da morte e da vida). Se não remetessem a essa dimensão de invisível, ritos e música seriam pura materialidade, vazios de sentido – "jade e brocado", "sino e tambor". A dimensão de invisível é que suscita a música e os ritos,

---

25 *Liji*, cap. "Yueji"; cf. ZM, IV, p.77.

Processo ou criação

do mesmo modo que os ritos e a música permitem alcançarmos através deles a dimensão de invisível que os anima. Por isso, a linguagem estética prestou-se de maneira muito natural à expressão do pensamento dos letrados chineses: o fato de a representação do visível servir de manifestação ao invisível fazia parte da própria lógica do processo e a encarnava em seu fundamento.

7
Eficiência da limpidez, estagnação na opacidade

Determinar o *status* de realidade do invisível ou do "espírito" (a noção de *shen* na tradição chinesa) nos expõe à seguinte contradição: para que o invisível seja reconhecido como tal e possa afirmar sua identidade, ele deve ser pensado necessariamente por sua diferença com o visível, como seu avesso e contrário, e possuir existência autônoma, como princípio próprio; ao mesmo tempo, porém, esse confronto entre visível e invisível leva a uma ruptura dualista no interior do real que não nos permite atribuir realidade ao invisível se não nos descolarmos radicalmente da experiência sensível e fizermos um ato de fé – e, nesse caso, o invisível só existe para o místico.

Ora, o ponto talvez mais crucial da reflexão de Wang Fuzhi – e, filosoficamente, o mais fecundo – deve-se justamente à sua preocupação, que respeita toda uma tradição do pensamento chinês, em articular logicamente essa dupla exigência no pensamento global e unívoco sobre o Processo: por um lado, o invisível ou o espírito é pensado em paralelo com o visível e *por contraste* com ele, como termo antitético da energia material,[a] e valendo-se do fato de ser diferente dela;[1] eles também podem entrar em conflito aberto: no fundo não há outra escolha moral senão aderir à superioridade axiológica do invisível, fundador e unitário, e como tal incondicionado, ou consagrar-se aos prazeres do sensível, sempre limitados e contingentes. Mas, ao mesmo tempo, o invisível como princípio da atualização (enquanto *li*) existe somente no visível e *não separado* dele,[b] portanto não tem realidade possível senão no processo de transformação contínua ao qual o concreto é submetido: enfatizando esse segundo ponto, Wang Fuzhi evita a dicotomia idealista que justapõe "espírito" e "matéria" e conduz a uma desvalorização ontológica desta última. Quanto ao primeiro ponto, ele permite que Wang Fuzhi afirme *a priori* a legitimidade da moral, assegurando-lhe um fundamento de absoluto que emana da própria estrutura do real e, ao ultrapassar radicalmente os limites da experiência individual, pode servir de ideal à subjetividade. O invisível, ou o espírito, existe de pleno direito e como incondicionado; mas é apenas certa dimensão ou certo nível do processo de engendramento contínuo das existências que, como tal, se impõe à nossa experiência como única realidade. Apenas a lógica do processo, ao opor latência e atualização, evita a contradição, dando a entender que o invisível existe apenas como um estágio da energia material, e ao mesmo tempo se impõe diametralmente a ela na determinação concreta que é própria dela. Desse modo, Wang Fuzhi consegue exprimir com mais rigor a articulação que serviu de núcleo à originalidade do pensamento letrado: abrir a consciência à infinidade do invisível sem o lastro da fé, alicerçar a transcendência da moral sem o apoio de uma construção metafísica ou religiosa. Motivo suficiente

---

1 ZM, I, p.2.

Processo ou criação

para escandalizar os missionários cristãos que desembarcavam na China – e seduzir o pensamento das Luzes.

Em razão da diferença implícita de *yin* e *yang* que o constitui, antes de qualquer atualização e no estágio em que eles estão em harmonia, o fundo de latência do processo é animado pela tendência ascendente ou descendente da limpidez do *yang* e da opacidade do *yin*.[2] Consequentemente, a energia material existe de dois modos: em estado de não concreção no vazio, tão sutilmente difusa que se torna imperceptível, daí a perfeita *limpidez* que lhe permite penetrar o sensível e ser penetrada por ele simultaneamente e sem obstáculos; e em estado de concreção na atualização, condensando-se sempre em uma individualidade sólida e compacta, daí a relativa *opacidade*, que a impede tanto de penetrar outras atualizações concretas como de por elas ser penetrada e cujo caráter condensado cria obstáculo e impedimento.[3] A separação e a exclusão decorrem da própria individualização, característica de toda atualização concreta. A energia material, ao contrário, caracteriza-se em seu estágio de limpidez pela capacidade de transição e comunicação, abrangente e contínua (sentido de *tong*).[4] Nossa noção moderna de *reificação* me parece bastante adequada para exprimir o caráter de inércia necessária que faz par com a relativa estagnação constituída por toda individualização concreta; inversamente, poderíamos exprimir o efeito próprio da limpidez do vazio (como plenitude) recorrendo à *pervasividade* (no sentido do termo inglês *pervasive*) para explicar essa capacidade (própria da indiferenciação do real) de ignorar limites e obstáculos, propagar-se ao infinito nas manifestações fenomenais e

2 ZM, I, p.12.
3 ZM, I, p.15-6.

anímá-las, fazendo-as dialogar e comunicar-se através dela. É precisamente esse estágio ou nível da energia material que, levado ao extremo, constitui a dimensão de "invisível" ou "espírito" do processo:[c] quando a energia constitutiva do real, decantada de todo peso e opacidade, constitui a dimensão de comunhão e solidariedade das existências singulares e, com isso, garante sua interação, fazendo-as responder e corresponder umas às outras: graças a ela, a existência é constantemente animada e o processo incessantemente se renova.

A realidade do homem deve ser concebida através da mesma oposição.[4] A dimensão de invisível ou espírito corresponde nele ao *vazio unitário* da consciência, ao qual se opõe seu ser físico e sensorial, cujo caráter de individualização é necessariamente um fator de limitação e exclusão. Cada sentido tem sua especificidade e esta não é intercambiável, cada um visa à sua satisfação individual, sem considerar a de outrem. Os sentidos se circunscrevem à sua univocidade e cada função do corpo se restringe à sua experiência isolada e particular. A consciência, ao contrário, não sendo objeto de uma individualização particular, confere ao ser individual sua dimensão unitária e comunitária e cumpre a função de transição e comunicação tanto dentro como fora dele: de um lado, ela representa o estágio indiferenciado de nossa capacidade de experiência e conhecimento e, graças a seu caráter eminentemente polivalente, pode alcançar de forma espontânea uma intuição cuja virtualidade não é limitada nem obstruída; de outro lado, ela corresponde à dimensão transindividual da personalidade humana e, portanto, permite que esta ultrapasse espontaneamente os limites de sua individualidade e alcance a dimensão

---

4 ZM, I, p.16-7.

Processo ou criação

de universalidade. Ela é o fator de limpidez e pervasividade que, através da individualização concreta da personalidade, nos permite transpor a particularidade contingente que lhe toca – ou com a qual ela se confronta – e abarcar a totalidade, tanto no espaço como no tempo. Consequentemente, quem é capaz de manter ativa essa dimensão de invisível ou de espírito, sem deixar que sua consciência se reifique pela obstrução das atualizações exteriores que estagnam e obnubilam a atividade dos sentidos, é capaz de ultrapassar as oposições exclusivas e apreender a unidade íntima da realidade – a do eu e do mundo, ou da vida e da morte. Ao transpor o véu constituído pela incompatibilidade do sensível, a consciência se abre para a solidariedade fundamental da existência e associa sua dimensão de invisível à do Processo.

É essencial que o pensamento chinês tenha ido tão longe na identificação da dimensão de invisível, ou de espírito, que representa a consciência com a dimensão de invisível, ou de espírito, que caracteriza o estágio de não atualização de todo real, fora dela.[5] Com toda a certeza foi isso que, de um lado, impediu a tradição chinesa de desenvolver uma filosofia da subjetividade, mas, de outro, possibilitou que ela depurasse a sua visão da condição humana de todo trágico, "desdramatizando" a transição da vida para a morte, na mesma medida em que pôde reduzir ao mínimo a mudança ocasionada por essa transição.[6] Dessa forma, o par nocional legado pela tradição, que associa paralelamente o espírito dos vivos e o espírito dos mortos,[f] pode funcionar com o de *yin* e *yang*, ou com o de "latente" e "manifesto". A dimensão de invisível ou de espírito permanece a mesma, mas ora se torna

---

5 Cf., por exemplo, ZM, VII, p.125.

6 ZM, I, p.18.

manifesta em uma existência humana singular, constituindo a capacidade de consciência própria de um indivíduo, ora se dissocia de sua atualização singular (na morte do indivíduo) e retorna à latência desindividualizada do Processo. Visto que sua capacidade de consciência decorre da dimensão de invisível, o indivíduo conserva em sua existência humana a capacidade de se relacionar com o fundamento transcendente de sua natureza (o "Céu"); em sentido inverso, quando morre, ele passa do *status* manifesto de espírito dos vivos para o *status* inaparente de espírito dos mortos; a passagem pela condição humana marca o espírito e este continua naturalmente em relação de interação com o espírito dos homens que estão vivos – de modo que o "espírito dos ancestrais" ainda pode influenciar sua posteridade. Ficam assim justificadas a devoção ritual aos defuntos, do ponto de vista comunitário, e, do ponto de vista pessoal, a capacidade moral de se elevar ao incondicionado. Mas, além dessa reciprocidade harmoniosa, o mais importante é constatar como o pensamento letrado conseguiu racionalizar e sistematizar o antigo fundo de crenças religiosas da tradição chinesa e fazê-lo servir à sua concepção cosmológico- -moral do processo: a "religião" é depurada de seu aspecto de crença, permanecendo apenas a pura consciência do *elo* que une a individualidade ao que a transcende.

Para os discípulos mais próximos de Confúcio, havia um aspecto, particularmente sutil e primordial, da sabedoria do Mestre ao qual, como eles próprios confessaram, era muito difícil ter acesso (no que se refere ao fundamento da realidade: o "Céu" e a "natureza humana").[7] Ora, esse ponto mais crucial e delicado

_____

7 *Lunyu*, V, §12.

Processo ou criação

do pensamento letrado é interpretado por Wang Fuzhi a partir da noção de *dimensão de eficiência invisível* do Processo, enquanto coerência interna da realidade (noção de *shenli*).[8] Muito provavelmente, portanto, a originalidade do pensamento letrado reside no fato de ele conjugar tão intimamente "imanência" e "transcendência":[*] de um lado, a menor atualização e a menor concretização são produto de uma correspondência e de uma adaptação imediatas e espontâneas, em função tanto da ocasião como da situação, e cada acionamento da energia material é sempre guiado pelo princípio de coerência que ela contém em si;[9] nesse sentido, a eficiência do invisível está constante e necessariamente presente nos acontecimentos (adventos) mais simples e mais cotidianos, ainda que os homens não tenham consciência disso na maioria das vezes. Ao mesmo tempo, porém, essa perpétua imanência da autorregulação, manifesta em toda atualização concreta, é inapreensível pela consciência humana em razão de seu caráter inesgotável e não completamente identificável; e é esse caráter "insondável"[10] que constitui a dimensão de "transcendência" do grande processo da realidade.

Pois, em relação ao plano da realização concreta e pontual que forma o "traço",[j] o nível d'*aquilo pelo que* ocorre a mutação[k] remete

---

8 ZM, I, p.26.

* Esses dois termos poderão sempre – e necessariamente – parecer mais ou menos ambíguos em relação à tradição chinesa; mas a forma como ela se revela a partir deles, conciliando, ou melhor, dissolvendo a oposição que existe entre eles, parece significativa de sua originalidade e, portanto, pode servir pertinentemente à sua descrição.

9 ZM, IV, p.80.

10 *Zhouyi, Xici*, A, §5; NZ, p.483.

a um além infinito que, por princípio, não pode ser totalmente apreendido.[11] Sabemos que a dimensão de invisível do Processo se exerce constantemente, e em toda parte, de forma absolutamente suficiente e sem que sua plenitude seja afetada por isso; também sabemos que, enquanto ela opera de forma totalmente impessoal, sem escolher ou privilegiar nada, ocorre *sponte sua* um acordo infinitamente bem-sucedido e sempre novo do qual decorre o engendramento contínuo da existência e cujo caráter de íntima sutilidade é sempre "maravilhoso".[l] A renovação da vida difere constantemente, conforme a unicidade do momento (sem nunca obedecer a um modelo determinado), e no entanto nunca perde seu objetivo.[12] Portanto, a completa e simultânea universalidade de sua extensão e a extrema e infinitamente adequada *finesse* de seu funcionamento justificam que essa dimensão de eficiência invisível ultrapasse necessariamente nossa capacidade de suputá-la.[m13] A compreensão do Processo não é redutora. Mesmo integrado à ótica absolutamente global de alternância e interação cujo funcionamento de conjunto é evidente, o fenômeno da vida conserva um fundo de mistério, e este deve ser respeitado, na medida em que é a fonte mesma dessa espécie de generosidade, absolutamente impessoal, que caracteriza o Processo.

É isso, aliás, que a prática divinatória do *Livro das mutações*, tal como é interpretada por Wang Fuzhi, leva em conta. Sabemos que o *cinquenta e cinco*, legado pela tradição para servir de número limite, corresponde simbolicamente à totalidade do processo de mutações e representa sua dimensão extrema e global (enquan-

---

11 NZ, p.474-5.

12 ZM, IV, p.80.

13 NZ, p.483.

Processo ou criação

to "Céu" e "Terra" juntos). Ora, apesar de ser capaz de entrar em perfeita harmonia com a lógica do Processo, o Sábio não consegue reproduzir integralmente seu grande funcionamento espontâneo. Por isso, quando manipulamos as cinquenta e cinco varetas de milefólio, distribuídas em cinco montes, para proceder à adivinhação, tiramos uma vareta de cada monte e trabalhamos com apenas cinquenta varetas:[14] as cinco restantes simbolizam a lacuna irredutível que separa o processo do curso do mundo, em suas dimensões últimas e absolutas, e a capacidade do Sábio de alcançá-lo. "Excesso" de um lado, "insuficiência" de outro. Devemos notar, entretanto, que se o limite humano é claro, é apenas sob o ângulo de uma extrapolação de escala e sem afetar ou condenar a validade do funcionamento humano. Embora o infinito do Processo exceda necessariamente a capacidade humana, ele não é incomensurável em relação à consciência que temos dele. A transcendência em questão não é a de um diferente impensável, e a continuidade numérica serve de sinal patente de homogeneidade. Existe apenas uma ordem, e não duas, e uma é o horizonte da outra (o Céu em relação ao homem). Transcendência eminentemente relativa, uma vez que representa apenas uma "absolutização" da imanência: por mais inevitável que seja, não pode conduzir à confissão de um nada humano.

Por isso a consciência letrada da finitude humana não conduz ao abandono da reflexão racional, em proveito de uma conversão religiosa. Longe de angustiar-se por aquilo que ignora, ela alimenta um profundo otimismo em relação à capacidade do homem de sempre levar mais longe o horizonte de seus conhecimentos.[15]

---

14 NZ, p.499-500.
15 SWL, p.1.

O mistério irredutível do invisível é apenas o último e supremo degrau de nossa experiência, no término de nossa paciente elucidação do mundo. O Sábio da tradição letrada, aliás, não alimenta um sentimento trágico da existência porque, apesar dos limites de sua capacidade de conhecimento, tem convicção de poder assimilar perfeitamente em sua consciência a lógica autorreguladora do Processo e, dessa forma, encarná-la integralmente em sua conduta cotidiana. Pois, no estágio da conduta, que também é concebida como processo, o Sábio é capaz de tornar inteiramente imanente nele esse funcionamento infinitamente sutil[n16] que, como tal, transcendia sua capacidade de especulação.[o17] Para isso, basta que ele mantenha sua consciência no nível do invisível ou do espírito,[p18] sem deixá-la à mercê da influência monopolizadora do sensível: ele se comunicará no mesmo plano com a eficiência invisível que atua no mundo e será espontaneamente capaz de prolongá-la. A *vacuidade* indiferenciada da consciência une-se à virtualidade infinita do Céu, a consciência e o Céu compartilham das mesmas qualidades de *limpidez* e *pervasividade*.[19] O Céu supera o homem em seu fundamento de invisível, mas o Sábio consegue ajustar-se perfeitamente a ele em seu funcionamento de espírito: a influência invisível que emana de sua moralidade inscreve-se na pura continuação da eficiência infinita do Processo e toma o seu lugar.

Resta compreendermos melhor em que consiste essa capacidade de eficiência invisível em relação ao próprio contexto do

---

16 NZ, p.504.
17 NZ, p.496.
18 ZM, I, p.17.
19 ZM, I, p.18.

Processo ou criação

processo (processo do mundo ou conduta do Sábio), isto é, qual lógica interna une tão intimamente *incitação* e *regulação* na perspectiva única de um devir espontâneo. Um dos aspectos aos quais a tradição chinesa foi sensível desde muito cedo é a extrema mobilidade, embora invisível (*porque* invisível), da capacidade de espírito: "o espírito não está ligado a nenhum lugar em particular", ele "vai rápido sem se apressar, chega ao destino sem se deslocar".[q20] Pode atravessar de um extremo a outro, assim como simultaneamente irmanar-se. O que opõe o espírito invisível ao físico ou sensível não é o conflito do eterno e do efêmero (do ser e do devir), mas a diferença que separa o que é constantemente móvel, portanto perfeitamente *alerta*,[r] e o que estagna em sua individualização concreta e, portanto, é relativamente *inerte*. O vazio do Céu não estagna por nenhuma atualização fenomenal[s] e por isso seu curso se desenvolve sem fim e tudo é ordenado;[21] do mesmo modo, a consciência do Sábio não estagna pelo advento de um ponto de vista (opinião individual ou desejo egoísta, uma vez que um e outro respondem ao mesmo princípio),[22] e por isso sua clareza é constante e a coerência das coisas não pode lhe escapar. Da não obstrução do curso (curso do mundo ou curso da consciência) por nenhuma individualização (atualização fenomenal ou ponto de vista particular), isto é, do fato da propensão do devir não ser nem tolhida nem impedida, é que decorre a aptidão ou a capacidade. Toda determinação e toda orientação particular perturbam a disponibilidade, obstruem a virtualidade, impedem a eficácia: da "comunicação" nasce a capacidade de incitação (graças

---

20 *Zhouyi, Xici*, A, § 4 e 10.

21 ZM, IV, p.61.

22 Cf. DSS, VI, p.376 et seq.

à possibilidade de interação), e da incitação nasce a capacidade de regulação, que, em troca, permite que não se esgote a incitação em curso.

Todo devir é regulador na medida em que prossegue sem nunca parar, a regulação somente é possível na mobilidade, e é essa capacidade imanente de incitação-regulação que constitui a dimensão de eficiência invisível do Processo.[23] Há esterilidade quando a dimensão de invisível ou de espírito não "passa": disso nasce a reificação (estagnação, extinção). É o que acontece, por exemplo, com as palavras do Sábio quando são apenas repetidas ou citadas e não são mais permeadas pelo "fluido" imanente que as anima ou as faz significar:[24] o enunciado não tem valor em si mesmo (em função de um conteúdo de "verdade" lógica), o sentido tem pertinência apenas em um processo *atual* de incitação e partida do movimento, e só há discurso autêntico na medida em que este deixa passar o "espírito" e o comunica. A tradição letrada rechaça tanto o ponto de vista de uma verdade abstrata (construída para servir de modelo)[*] quanto o ponto de vista de um ser metafísico separado, na medida em que, para ela, o essencial é essa função de *transição* e *animação*. A transição deve se exercer continuamente, o curso do real é a única realidade. O que significa que somente existe real *em curso*, e a dimensão de invisível é como a corrente interna da realidade. Pois ele é uma virtude própria do *curso* (e essa é a única virtude que há): porque somente através dele a totalidade é abarcada e somente dessa apreensão constante da totalidade decorre a imparcialidade (como capacidade de "centralidade": *zhong*). A imparcialidade permite que o processo

---

23 ZM, IV, p.62.
24 Id.

Processo ou criação

não se desvie, não estagne, e deixe acontecer a transição: disso decorre continuamente a vitalidade."[25] A animação reguladora é consequência dessa *centralidade* constante: é na própria medida de sua imparcialidade que é possível tanto o si mesmo existir como fazer existir (sentido de *cheng*:[v] para o Céu como para o Sábio; cf. a tradição do *Zhong Yong*).

A *imparcialidade* da qual se trata aqui deve ser compreendida em seu sentido mais profundo, como o que permite ao curso perpetuar-se ou, mais fundamentalmente, como o que permite à existência advir e renovar-se. Toda parcialidade é uma obstrução à espontaneidade da comunicatividade e reduz a capacidade de existir. O que vale para o processo do mundo vale também para o processo da consciência, e a virtude envolvida é tanto "cosmológica" como "moral" (isto é, "cosmologia" e "moral" são indiferenciáveis nesse caso, o que tradicionalmente significa a noção de *cheng*). Aliás, a antiga reflexão chinesa sobre a natureza da sabedoria enriqueceu profundamente a reflexão nesse domínio. O que distingue o Sábio dos outros homens é que ele não se apega às virtudes – sempre singulares e, portanto, exclusivas –, mas *evolui* em perpétua harmonia com o Processo: ele nunca deixa sua subjetividade estacionar e estagnar em uma orientação qualquer, por melhor que seja; ele mantém sua consciência uniformemente em curso, para reagir como exige a situação do momento.[26] Cada virtude singular, na medida em que resulta em um traço rígido e marcado da personalidade, constitui uma privação em relação à disponibilidade da consciência e pode colocar nossa interioridade em falso em relação à diversidade das circunstâncias: toda virtude

---

25 ZM, XVIII, p.336-7.
26 ZM, IV, p.61.

comete o erro de constituir uma determinação, por mais bem-intencionada que seja. Ser íntegro e não fazer concessões (exemplo de Boyi, segundo o *Mêncio*)[27] ou, ao contrário, ser maleável e prestar-se constantemente a acordos (exemplo de Hui de Liuxia, segundo a mesma tipologia)[w] são qualidades individualizadas que, por sua própria imobilidade, são insuficientes e representam uma esclerose de nosso fundo de humanidade. Uma inflexibilidade prolongada conduz à intransigência, uma maleabilidade prolongada conduz à complacência: o Sábio é aquele que se mostra ora inflexível ora maleável conforme a ocasião. Ele é "oportunista" na acepção absolutamente positiva que se deve dar ao termo, no sentido em que ele não permite que suas virtudes o atrapalhem e pode corresponder perfeitamente aos diversos momentos do processo (segundo o exemplo clássico de Confúcio, ele sabe assumir um encargo quando necessário, do mesmo modo que sabe renunciar a ele). Essa aptidão constante a responder e corresponder constitui a capacidade de invisível, o *shen*, do ponto de vista tanto do Sábio como do mundo. Assim como o fundo de latência do Processo, o Sábio tem todas as virtudes, mas em estado implícito ou latente, e cada uma dessas virtudes, em vez de tentar manifestar-se longamente, em detrimento das demais, atualiza-se apenas quando é necessária. A potencialidade é a condição da polivalência e a sabedoria é uma espécie de disponibilidade moral indefinida e ilimitada. Por isso o Sábio pode conter todas as virtudes sem exceção, como fundo de virtualidade, e ainda assim residir em uma

---

27 *Mencius*, cap.VII, A, § 28, e cap.II, A, §2 e 9; cf. nosso artigo "Aux Origines d'une valorisation possible du statut de l'intellectuel face au pouvoir: la relation du lettré et du prince selon Mencius", *Extrême-Orient – Extrême-Occident*, PUV, Paris-VIII, n.4, p.24.

Processo ou criação

perfeita centralidade, que é a única constante tanto do homem como do Processo.[x][28] Por isso também a personalidade do Sábio parece enfadonha, sem características fortes ou pronunciadas, sem traços expressivos ou marcantes[y] (basta pensarmos na diferença da estatuária chinesa em relação à ocidental):[29] a insipidez é a condição da adaptabilidade, ela é coerente com a não intencionalidade do Processo. A exigência ética em relação à consciência é extraordinariamente simples, portanto desobrigada de preceitos e prescrições, já que consiste exclusivamente em saber permanecer constantemente em devir. É essa pura capacidade de *processividade* (cf. *processive* em inglês) – que é indissociável do curso do processo, mas foge à manifestação – que constitui a dimensão de eficiência invisível no mundo e no homem. Liberado de seu pano de fundo religioso, a dimensão de invisível ou de espírito não é nada mais do que aquilo pelo que o processo se encontra em processo.

Assim, *dimensão de eficiência invisível*[z][30] e *curso das mutações* são indissociáveis um do outro (cf. o binômio *shen/hua*)[a'] e constituem a totalidade do real. A dimensão de invisível ou de espírito é a "virtude" do Céu, a transformação contínua é o "caminho" do Céu; a primeira é o seu ser constitutivo, e a segunda, o seu funcionamento;[31] a primeira corresponde ao nível do fundamento interno e do princípio de coerência, e a segunda, ao nível do

---

28 ZM, IV, p.61.

29 Cf. nosso estudo "Le plaisir du texte: l'expérience chinoise de la saveur littéraire", § IV, "Positivité de la fadeur", in: *La valeur allusive*, op. cit., p.142 et seq.

30 ZM, II, p.30.

31 ZM, IV, p.60.

traço sensível e da atualidade concreta.[b][32] A dimensão de invisível constitui fator de unidade e, portanto, de harmonização (cf. o *taiji* ou *taihe*); o curso das transformações constitui fator de dualidade e, portanto, de diferenciação (cf. *yin* e *yang*). "Penetrar a dimensão de invisível ou de espírito", e ao mesmo tempo "conhecer o curso das mutações",[c] constitui, segundo uma antiga expressão, a perfeição do saber e da capacidade:[33] uma relação eminentemente simples que, no entanto, explica a estrutura do real em sua integralidade.

Mas o paralelismo dessas duas noções – dimensão de invisível e curso das mutações – não pode esconder a diferença de *status* que existe entre elas. Os dois termos não são homogêneos e, como analisa Wang Fuzhi com argúcia, não se pode evocar um e outro da mesma forma. A dimensão de invisível não pode ser apreendida em consequência de um discurso, necessariamente amplo e longo (funcionando sempre por associação e desenvolvimento analógico),[d] e só pode ser assinalada pelo termo mais pleno de sentido e completo, servindo de designação radical, graças à sua própria unicidade (*cheng*, *tian* ou *ren*,[e] pouco importa no fundo, contando que seja o termo decisivo).[34] A estratégia é a inversa em relação ao curso das mutações: a mutação em si não tem um ser singular, que seja próprio dela, portanto só pode ser enunciada por intermédio de suas variações infinitas. Ao contrário da noção de dimensão de invisível ou de espírito, que exige uma evocação concisa, a do curso das mutações exige o desenvolvimento do discurso: por seu efeito de variação, ele pode dar uma ideia da

---

32 ZM, XVII, p.317.
33 *Zhouyi, Xici*, B, § 5; cf. NZ, p.547.
34 ZM, IV, p.63.

Processo ou criação

mutabilidade. Das duas noções, uma é intensiva e a outra é extensiva (uma é a mais intensiva que há, a outra é a mais extensiva que há):[35] encontramos essa mesma relação, no caso da natureza humana, entre a sabedoria interior (da ordem da dimensão de eficiência invisível) e a conduta moral (da ordem do curso em mutação).*[36]* Ora, sabemos que tudo o que está em curso e mutação – conduta humana ou processo do mundo – depende de uma alternância regular, que repousa sobre uma relação de dualidade e paridade ("Céu" e "Terra", *yin* e *yang*, "firme" e "maleável" etc.), enquanto a relação que a dimensão de invisível tem com o curso das mutações é axiologicamente orientada e implica uma diferença de níveis: de um lado, o fenomenal e, de outro, o incondicionado. Resta tentarmos pensar com mais precisão ainda como essas duas relações podem articular-se entre si, isto é, que relação há entre a dualidade atualizante e a unidade animante, a correlatividade e a transcendência, a lei de regulação (por alternância) e o fundo (absoluto) de positividade. Em outras palavras, resta compreendermos como e por que, no pensamento letrado, a "natureza" e a "moral" podem ser uma única coisa e identificar-se.

---

35 ZM, IV, p.75.
36 ZM, IV, p.64.

8

Transcendência e correlatividade
A "natureza" é a "moral"

Além das alternâncias sazonais do vento e da chuva, do trovão ou do orvalho, além até mesmo do curso regular dos astros, no encontro do visível com o invisível, estende-se a "imensidão sem fim do firmamento".[1] Nível mais etéreo do sensível, no limite do perceptível e conduzindo às profundezas do infinito; parte integrante do ciclo da natureza e ao mesmo tempo seu estágio de plenitude incondicionada: assim é o "Céu", fundamento do Processo. No centro do pensamento letrado há uma ambivalência essencial a partir da qual se ordena a sua coerência. De um lado, o Céu é apenas o outro da Terra no âmago da dualidade da qual decorre constantemente o curso do mundo por interação recíproca: radicalmente oposto a ela em suas determinações, mas inseparável dela em seu funcionamento; nesse sentido, a alteridade-correlatividade do Céu e da Terra serve de regra e modelo à série de pares antagonistas e complementares cujo regime de alternância constitui o curso da realidade (*yin* e *yang*, vazio e pleno,

---

1 SWL, p.6.

firme e maleável, movimento e repouso...).[2] De outro lado, e *ao mesmo tempo*, porém, o Céu é o fundamento de toda positividade e, em razão de sua unicidade, identifica-se completamente com a dimensão de eficiência invisível (*shen*), com coerência reguladora (*li*), com a autenticidade realizante (*cheng*):[b3] ao contrário das virtudes singulares,[c] que podemos denominar tanto por seu significado próprio como pelos exemplos concretos que as ilustram,[d] não há ilustração singular dessa positividade intrínseca, e ela só pode ser designada por alusão ou artifício (*cheng* é denominado *autenticidade realizante*, de acordo com a tradição).[4] Positividade absoluta e incondicionada que não oferece nenhum traço sensível e aparece somente como o fundo insondável do Processo, escapando à nossa compreensão e inserindo um horizonte de determinação transcendente no destino humano (o *tianming*).

Afirmando-se em um contexto de respeito e veneração religiosa, o confucionismo da Antiguidade enfrentava o seguinte dilema: ou considerar a transcendência do Céu como uma realidade pessoal e, atribuindo-lhe certa intencionalidade, sentir-se tentado a divinizá-lo até certo ponto (um ponto que permaneceu indeterminado e nunca foi definido dogmaticamente: uma tendência que encontramos intermitentemente nos *Analectos*, de Confúcio, e às vezes no *Mêncio*);[5] ou considerar o Céu apenas no contexto do puro processo regular do curso do mundo e, privando-o de

---

2 ZM, I, p.12.

3 ZM, VII, p.127.

4 ZM, III, p.57.

5 Cf. nosso estudo "Fonder la morale, ou comment légitimer la transcendance de la moralité sans le support du dogme ou de la foi (au travers du *Mencius*)", *Extrême-Orient – Extrême-Occident*, PUV, Paris VIII, n.6, p.64 et seq.

Processo ou criação

uma consciência própria, naturalizá-lo completamente (essa orientação é perceptível em expressões do *Shijing* e é ela que Xunzi radicaliza). Mas, com a radicalização dessa segunda ótica, a moral humana não encontra mais uma forma de inserir-se na ordem do mundo e perde todo fundamento *a priori* em relação à experiência individual, portanto não pode instaurar-se como ideal para a subjetividade e justifica-se apenas em função da necessidade de uma conciliação dos desejos humanos (apenas como regras e mandamentos impostos de fora).

Com relação a essa alternativa, e para resolver a contradição, a tradição letrada posterior tendeu a conservar a ideia de uma transcendência do curso do mundo que pudesse servir de fundamento à idealidade da moral (o Céu, fundador da natureza humana), mas considerou essa transcendência de um ponto de vista estritamente impessoal, como o nível de incondicionado, fonte de toda positividade, que é inerente ao Processo e do qual decorre a capacidade de espontaneidade absolutamente *natural* que incita e regula o Processo: o Céu constitui o ideal de transcendência a que tende e aspira a consciência humana e, ao mesmo tempo, não é nada mais do que a absolutização da imanência inerente à ordem do mundo. De acordo com as antigas simbolizações, a "Terra" é divisão por dois, o "Céu" é união de três em um:[6] ele manifesta através da dualidade atualizante a unidade invisível que anima esta última. Por isso o *"além* do céu"[7] não pode ser alcançado fora do sensível, sem a Terra, num desejo de fuga mística ou religiosa — mas se manifesta plenamente pelo desdobramento do sensível, e em perfeita correlação com a Terra.

---

6 ZM, II, p.30.
7 SWL, p.7.

Já sabemos – e este foi o nosso ponto de partida – que, para que o processo dependa de uma relação interna de interação (e não dependa de nenhuma ingerência exterior), é necessário que haja uma dualidade de instâncias cuja capacidade de correlação exige que elas existam *em paridade*. Isso é simbolizado em particular, segundo a leitura proposta por Wang Fuzhi, pelos dois primeiros hexagramas do *Livro das mutações*: à parte todos os outros (que representam situações singulares), eles existem como pura virtude, absolutamente suficiente e complementar (*Qian*: o Céu; *Kun*: a Terra), da qual todo o curso do processo extrai sua possibilidade:[8] enquanto os outros hexagramas remetem a um momento singular, os dois primeiros são independentes do momento e representam a integralidade da capacidade investida ao longo do processo. Se na realidade concreta não existem individualidades singulares que sejam puro *yang* ou puro *yin*, Yang e Yin (*Qian* e *Kun*, Céu e Terra) estão à frente do processo para explicar a alteridade-complementaridade de fator e funcionamento (*ti* e *yong*) que rege necessariamente toda atualização.[9] A especificidade de cada um não prejudica a correlação, mas, pelo contrário, é sua condição, e são as duas virtudes que se manifestam "naturalmente" e exemplarmente "no nível do Céu e da Terra":[f10] de um lado, a *perseverança de seguir adiante* (relacionada ao curso regular e contínuo do Céu); de outro, a *disponibilidade para moldar-se* (relacionada à capacidade da Terra de acolher a influência benéfica do Céu);[g] a primeira qualidade consiste em nunca parar ou cansar-se; a segunda consiste em nunca ir de encontro ou opor-se.[h11] A

---

8 NZ, p.37.

9 NZ, p.5.

10 NZ, p.461.

11 NZ, p.463.

Processo ou criação

iniciativa é indissociável da receptividade e elas cooperam uma com a outra em cada advento: a primeira capacidade é a do início, a segunda é a do término,[i12] e há uma perfeita simetria entre elas: de um lado, a presciência integral; de outra, a capacidade de realizar totalmente.[j13] Na medida em que são puras e absolutas, essas duas capacidades são exercidas de maneira "fácil" (em relação ao conhecimento) e perfeitamente "simples" (em relação à realização).[k] *Facilidade-simplicidade* são fruto do grau inteiro e extremo de cada uma das capacidades e manifestam-se pelo caráter de perfeita espontaneidade do processo, simultaneamente no espaço e no tempo, como princípio interno e como atualidade.[l] De um lado, todas as transformações são "previstas"; de outro, a realização ocorre "até o fim" e sem se desviar. A facilidade é fonte de atração e adesão; a simplicidade é fonte de proveito e eficácia.[m14] Da capacidade de *Qian* decorre uma firmeza sem fraqueza ou renúncia; da capacidade de *Kun* decorre uma maleabilidade sem ressalvas ou indocilidade: a profundidade da complementaridade é devida à radicalidade da diferença. A adequação é perfeita e constante, e disso resulta que o processo pode seguir seu curso sem esforço ou fadiga, sem ser impedido ou obstruído:[15] uma qualidade não pode se manifestar sem a outra, a Terra não pode existir sem o Céu e vice-versa.

Mas, ao mesmo tempo que essas duas capacidades se exercem em simetria e paridade, o conteúdo de cada uma as orienta em um *sentido hierárquico*: de um lado, iniciativa; de outro, receptividade; de

---

12 NZ, p.461.
13 NZ, p.462.
14 NZ, p.462-3.
15 NZ, p.570.

um lado, aptidão para dirigir; de outro, aptidão para se amoldar. O paralelismo contém uma relação de obediência, a igualdade funcional comporta uma diferença axiológica, a horizontalidade das posições despenca verticalmente. As duas virtudes têm sua perfeição respectiva e são ambas indispensáveis, mas os dois polos constituídos por elas, e dos quais decorre a alternância atualizante do processo, têm uma relação recíproca de superioridade, de um lado, e de inferioridade, de outro. Há um polo positivo e um polo negativo, o Céu está acima e a Terra está abaixo. O pensamento chinês consegue, assim, combinar correlatividade e transcendência, a necessidade da alternância e a legitimidade dos valores. O processo do mundo, ao mesmo tempo que segue seu curso, fundamenta a moralidade.

Pois as duas relações se sobrepõem: *yin* e *yang* de um lado e horizontalmente, como as duas energias materiais constitutivas – em paridade – de toda a realidade; concreção sensível e dimensão de espírito de outro lado e verticalmente,[n] como o que serve de suporte à atualização ou o que lhe dá vida.[16] Que a tendência inerente a *yang* seja o desenvolvimento e a tendência inerente a *yin* seja a concentração[o] confirma a igualdade funcional que existe entre eles e a necessidade de reciprocidade entre eles. No entanto, enquanto a concentração de *yin* conduz à atualização concreta, da qual resulta a *materialidade*, o desenvolvimento de *yang* conduz à propagação constante, da qual resulta a *virtualidade*. Materialização de um lado, pervasividade de outro.[17] O Céu é princípio de limpidez e a Terra, de opacidade. O Céu se propaga por sua eficiência invisível, a Terra responde por sua realização

---

16 ZM, II, p.39 e 43.
17 NZ, p.4-5.

Processo ou criação

sensível.[p18] Em relação à propensão de *yin* à reificação, o fator *yang* corresponde à dimensão de espírito do processo – que incita e regula simultaneamente. Do funcionamento correlativo decorre a orientação axiológica da realidade. No início do *Livro das mutações*, as virtudes inerentes a *Qian* (relacionado ao Céu) são o horizonte da positividade: como virtude de impulso e iniciativa que nada limita ou para; de difusão e propagação através dos existentes, que faz advir e "amadurecer" no ponto certo; de influência e proveito espalhando-se com imparcialidade e em profusão; de retidão e estabilidade, formando perfeitamente todo existente e sem jamais extraviar-se.[q19] Enquanto *Qian* (relacionado ao Céu) favorece os existentes de forma absolutamente geral e completa, "sem que se diga como", a capacidade de *Kun* (relacionado à Terra) favorece "como uma égua":[20] ao mesmo tempo que colabora beneficamente para o desenvolvimento dos existentes, deve amoldar-se à iniciativa de *yang*, na medida em que o fato de exercer-se no nível da limitação da materialização sensível pode levá-lo a extraviar-se da orientação correta. A *égua* caminha ao lado de seu parceiro, mas se regula por ele, emparelha-se com ele e ao mesmo tempo o segue; ela manifesta sua virtude na medida em que demonstra sua dependência. Exemplos típicos da dissimetria: um representa a virtude do Sábio, e o outro, a do "homem de bem" que aspira a imitar o Sábio; um simboliza a firmeza fundamental do foro interior, e o outro, a capacidade secundária de entrar externamente em harmonia com os outros.[21] Primazia de um lado, subordinação de outro. A virtude

---

18 ZM, II, p.43.

19 NZ, p.5-6.

20 NZ, p.32-3.

21 NZ, p.38-9.

é igual em ambos, mas de um lado ela rege e de outro ela obedece. Submissão da natureza emocional à natureza moral,[r] dos sentidos à consciência.[s] Ou, ainda, submissão do vassalo ao senhor, da mulher ao marido.[22] Toda dualidade funciona melhor no interior de si mesma, na medida em que repousa sobre a complementaridade e exclui a rivalidade. A lógica da correlatividade do processo legitima todas as desigualdades. Dá ao ponto de vista da hierarquia uma justificação ideológica que é ao mesmo tempo a mais rigorosa e a mais hábil: a desigualdade das posições não é a melhor condição para a harmoniosa reciprocidade das funções?

Vejamos as implicações de tal paralelismo (dos pontos de vista "metafísico" e ideológico): o visível e o invisível (*xing* e *shen*) têm dentro da ordem do mundo a mesma relação que o feminino e o masculino (*yin* e *yang*) têm na família e na sociedade. A profunda originalidade do pensamento letrado deve-se ao fato de que a lógica do processo conduz ao funcionamento *em pares* da limpidez e da opacidade, do absoluto e do relativo, da dimensão de espírito e da concreção materializante, da capacidade de dar vida e da tendência à atualização. O infinito da transcendência e a individualização do sensível estão constantemente associados.[23] Há ao mesmo tempo desproporção e paridade, as duas ordens pertencem à mesma realidade. Não pode tratar-se de uma associação temporária ou casual, porque a relação de correlação é a própria condição para que os dois fatores possam existir e exercer-se. Não há "bem" e "mal" excluindo-se e condenando-se, mas uma dualidade de capacidades, igualmente necessárias e "virtuosas", que, conforme respeitem ou não a hierarquização

---

22 NZ, p.40 et seq.
23 ZM, II, p.42-3.

Processo ou criação

que há entre elas, permitem que o Processo siga sua lógica ou se desvie dela. O "mal" é apenas um desfuncionamento, o "bem" é apenas a direção do Processo.

Que a iniciativa persevere sem parar; que a receptividade aja sempre em conformidade com ela: assim é a harmonia do Céu e da Terra e assim é a "grande virtude"[t] inerente ao Processo.[24] Disso resulta a renovação constante da existência e seu ordenamento regular. Nem desvio nem confusão.[25] A autorregulação do Processo manifesta sua coerência interna e esta é a fonte de toda positividade: o "Céu" e a "Terra", por sua harmonia perfeita e recíproca, constituem a essência da moralidade."[26] Ou ainda, os valores não são exteriores à ordem da natureza, mas emanam de seu funcionamento. O Processo é também a "Norma".[v]

Ora, o processo do mundo não se contenta em produzir regularmente os existentes: ele os *molda* individualmente de dentro, pela retidão de seu funcionamento."[w27] A positividade do "Céu" é, portanto, inerente à conformação dos existentes, mas apenas o homem, dentre todos os seres individuais, é capaz de se fazer plenamente receptivo à injunção de sua fonte de existência e ativar conscientemente em si mesmo esse fundo de positividade. Este último constitui sua *natureza original* ou intrínseca,[x] como fundo de virtualidades inerente a todo ser humano e, nesse sentido, diferente da diversidade dos naturais e dos talentos[28] (de acordo com

---

24 NZ, p.485-6.
25 ZM, I, p.5.
26 ZM, I, p.22.
27 *Zhouyi*, hexagrama *Qian*.
28 ZM, XVIII, p.327.

a distinção dos dois níveis da natureza humana sistematizada pela tradição neoconfuciana, mas já presente no *Mêncio*). O fato de o homem receber sua natureza da dimensão de invisível do Processo significa que sua natureza se inscreve na continuidade direta[y] da coerência interna do grande funcionamento do mundo e é totalmente harmônica com ela:[29] do funcionamento *yang* (o Céu), o homem herda a capacidade de conhecer e iniciar; do funcionamento *yin* (a Terra), ele herda a capacidade de persistir e realizar. Assim, o "mandato do Céu" (*tianming*) representa o investimento do "Céu" em nossa individualidade.[z] É claro que o Caminho (do Processo) é infinitamente "vasto" e a natureza, em escala individual, é necessariamente "restrita", mas ainda assim a natureza de cada homem veicula através de si toda a positividade inerente à ordem do mundo.[30] O que o *Mêncio* descreve como "primícias" ou "indícios" da moralidade na consciência humana, do modo como se revelam a nós em nossa reação espontânea (de compaixão, por exemplo, diante do espetáculo do existencialmente insuportável), corresponde precisamente à concepção desenvolvida pelo *Livro das mutações* segundo a qual a realidade humana encontra seu alicerce e adquire seus hábitos na capacidade de perfeita processividade que rege o curso do mundo sem se interromper (o que no fundo corresponde à tese da bondade natural do homem no *Mêncio*): nossa natureza tem necessariamente dentro de si a normatividade da natureza, sua propensão interna se harmoniza espontaneamente com o bom funcionamento do Processo. A intuição de uma solidariedade radical das existências constituindo o fundo da consciência humana (como *ren*) é apenas a expressão

---

29 NZ, p.477.
30 NZ, p.478.

Processo ou criação

patente, em nossa individualidade, da dimensão de iniciativa e correlatividade à qual o mundo deve sua existência contínua.[a][31] Portanto, a afirmação do caráter inato dos sentimentos morais no homem (estribando a vocação da subjetividade humana na moralidade) não decorre nem de um ponto de vista metafísico nem do reconhecimento de uma dimensão de invisível no mundo: ela resulta da evidência de que o homem *participa* do Processo, não só passivamente, como qualquer individualização singular, mas também conscientemente, por seu senso (espontâneo) das conveniências e solidariedades que dependem da existência, além do ponto de vista limitado de nossa individualidade. No fundo, a moralidade em nós é puro sentimento da existência, na escala da existência, em sua totalidade:[32] quando nossa capacidade de consciência se liberta do estreitamento a que a conduz o ponto de vista de nossa individualização (enquanto existente singular) e encontra no fundo dela mesma o estágio incondicionado de toda existência, na proporção do Processo.

Assim, a continuidade entre o ponto de vista da *naturalidade* e o da *moralidade* está assegurado. Visto que a nossa natureza nos une à coerência de conjunto do Processo, a tarefa do homem é devolver a essa relação toda a sua consistência, de modo que a sua existência individual se ajuste ao curso do mundo, em sua benfazeja imparcialidade. A única oposição ética pertinente é aquela entre o ponto de vista da individualidade (não só nossos desejos "egoístas", mas também nossas opiniões e concepções pessoais), ao qual pode nos arrastar nossa condição de existente singular, e a perspectiva do Processo em seu conjunto, tanto em sua universalidade como

---

31 NZ, p.13.

32 Cf. nosso estudo "Fonder la morale...", op. cit., p.36 et seq.

em sua imparcialidade (ou seja, em sua centralidade), do modo como temos necessariamente consciência dela, em virtude de nosso enraizamento no Processo. Há, portanto, uma regra moral que é prescrita: "consumar sua natureza",[b][33] como diz o *Mêncio*, significa desenvolver plenamente as inclinações positivas (em conformidade com a coerência do curso do mundo) que cada um de nós possui no fundo de nossa individualidade. Aliás, o grande mérito do Sábio é assumir plenamente a profundidade da relação que o une originalmente ao mundo e *prolongar ativamente* o bom funcionamento do Processo com a sua conduta.[34] Por isso é que uma mesma virtude une o Céu e o homem: a de poder, graças à pureza e retidão de seu curso (curso do mundo e curso da conduta), realizar espontaneamente a transformação sem fim dos existentes (sentido de *cheng* como termo comum ao Céu e ao homem, enquanto autenticidade realizante).[35] Somente a integridade interior é integralidade e permite o funcionamento pleno. O Céu e a Terra engendram e fazem advir os seres individuais, sem parar; graças à sua influência, o Sábio transforma os costumes e as condutas, sem se cansar. O curso do Sábio se identifica tão completamente com o curso do Céu porque, como ele, propaga sua influência benéfica sem ter de agir[c][36] e beneficia todos os existentes, mesmo que não tenham consciência disso.[37] O advento na existência e o advento na moralidade coincidem fundamentalmente na medida em que a virtude (do Céu, do Sábio) não é

---

33 *Mencius*, cap.VII, A, § 1.

34 ZM, III, p.51.

35 SWL, p.2.

36 SWL, p.4.

37 NZ, p.15-6.

nada mais do que a própria lógica da existência (como respeito à coerência do Processo) e não tem outro efeito senão tornar total e completa, tanto dentro como fora de nós, a capacidade de existir. Ao atingir esse estágio, o Sábio une-se ao incondicionado, confunde-se com o "Céu" e participa de sua infinidade.

Duas coisas enchem o coração do homem de admiração e veneração sempre novas, dizia Kant na conclusão da *Razão prática*: "o Céu estrelado acima de mim e a lei moral em mim" (*"der bestirnte Himmel über mir, und das moralische Gesetz in mir"*).[38] Como tal, a frase poderia servir para exprimir o pensamento de um Wang Fuzhi, porque, tanto para um como para o outro, o espetáculo do curso regular do Céu e a intuição da moralidade não são objeto de uma dedução metafísica ou construção do espírito, mas dependem da experiência direta e "estão imediatamente ligadas à consciência de minha existência", como diz Kant. Mas logo surgem as diferenças: segundo Kant, a imensidão regulada do Céu e a moralidade pura da consciência são diametralmente opostas e, ao mesmo tempo, correspondem uma a outra, na medida em que a primeira pertence à ordem do sensível e a outra, à do invisível. Para Wang Fuzhi, essa separação não existe: o Céu representa, no limite do perceptível, a dimensão de aprofundamento invisível do sensível; e a moralidade inerente à individualidade humana situa-se na direta continuidade do processo transcendente do qual ela emana. O curso do Céu é em si mesmo o fundamento de toda virtude, porque encarna, em sua dimensão de invisível ou de espírito, a coerência interna de toda processividade. Na visão kantiana, herdeira de uma longa tradição de idealismo característica do Ocidente, a oposição em questão remete em mim à oposição entre o meu *status* de cria-

---

38 Immanuel Kant, "Conclusão", in: *Crítica da razão prática*.

tura animal – "que deve devolver à Terra a matéria com a qual ela é formada" – e meu *status* de "inteligência", absolutamente independente do mundo sensível e fadada a um destino muito diferente. A disjunção da necessidade e da liberdade, da natureza e da moralidade, tem raízes na da matéria e do espírito. E é aqui, afinal, que está a diferença – e é aqui que devemos reformular a pergunta: qual seria a concepção de "matéria" no pensamento de Wang Fuzhi? E a questão de seu "materialismo" (em oposição à universalidade do idealismo) tem sentido?

9
Pode ser um pensamento materialista?

Sobre esse ponto, as perspectivas mais diferentes se corroboram em uma unanimidade perturbadora. A filosofia secreta dessas perspectivas é um materialismo puro, escreveu Longobardi ao conhecer o pensamento dos letrados chineses contemporâneos de Wang Fuzhi.[1] E mesmo na China, hoje, é a partir da categoria de "materialismo" (*weiwuzhuyi*) que se interpreta a obra desse pensador. Obviamente, a concepção de materialismo não é a mesma para todos: dos missionários cristãos do século XVII aos marxistas chineses contemporâneos, não apenas o julgamento de valor relativo a essa noção difere diametralmente, mas também a referência doutrinal mudou profundamente. Para os missionários cristãos, o termo "materialista", criado recentemente, devia ter um sentido análogo ao dado pelos *Diálogos teológicos* de Henry

---

1 Niccolò Longobardi, op. cit., p.58; sobre esse debate nos séculos XVII-XVIII em torno do caráter "materialista" ou "espiritualista" do pensamento chinês, cf. o estudo de Virgile Pinot, *La Chine et la formation de l'esprit philosophique en France*, Paris, Paul Geuthner, 1932, p.281 et seq.

More (cf. o personagem de Hilobares, "pleno de matéria") ou, menos de meio século depois, pelos de Berkeley, que se inspirou nas tradições (mecanicista) de Descartes e (empirista) de Locke; para os marxistas, a noção de materialismo é a que foi elaborada por Marx e Engels em uma perspectiva histórico-social, baseada na importância determinante dos modos e relações da produção e da *práxis*. Mas sabemos também que esse último ponto de vista contribuiu para que toda a história da filosofia fosse sistematicamente reexaminada como um conflito permanente entre "materialismo" e "idealismo", em que se opõem, em uma "batalha infindável entre os dois campos", segundo a expressão que já se encontra no *Sofista* de Platão,[2] a "raça nascida da Terra" e os "amigos das Formas". Daí a afirmação de certas constantes do pensamento materialista que os chineses contemporâneos são obrigados a considerar que explicam a história do pensamento não só do Ocidente como também da China, definindo ao mesmo tempo o contexto geral e o sentido necessário da reinterpretação legítima da própria tradição chinesa.

Por um lado, isso satisfaz a exigência de diálogo, não apenas entre épocas, mas também entre culturas; sem esse diálogo, os diversos discursos do pensamento humano não se comunicariam entre si, e, se isso acontecesse, a possibilidade de reflexão filosófica se extinguiria – e para que um ocidental leria Wang Fuzhi hoje? Ao mesmo tempo, porém, se usar retrospectivamente noções filosóficas em uma tradição já exige prudência (é o caso da noção de "materialismo" em relação ao pensamento antigo no Ocidente), tanto mais o exige transferir articulações inteiras de uma cultura para outra, recorrendo-se ao produto conceitual de uma história

---

2 Platão, *Sofista*, 246 a-c.

Processo ou criação

(a da filosofia ocidental) para decodificar e interpretar uma história que foi elaborada sem relação com ela (não apenas no plano da história, mas também no da língua e das estruturas antropológicas). As petições de princípio têm pouca importância no que diz respeito a esse debate. É inútil, portanto, nos precipitarmos para definir a questão em nome de generalidades mais ou menos aceitas; é melhor tentarmos aproveitar o caso exemplar fornecido por uma leitura particular, a de Wang Fuzhi, para refletirmos concretamente sobre ela, deixando de lado nossos dogmatismos. A questão do "materialismo" de Wang Fuzhi merecerá legitimamente um exame mais preciso.

E, primeiramente, qual a concepção de "matéria" no pensamento de Wang Fuzhi (uma vez que foi desse conceito que o materialismo ocidental extraiu a afirmação de sua especificidade)? Se seguirmos a terminologia da tradição chinesa, *yin* e *yang* ocupam, segundo Wang Fuzhi, a totalidade do vazio sem que nada exista fora deles e sem nenhum interstício entre eles.[3] Dois aspectos principais nos levam a interpretar a realidade absolutamente universal de *yin-yang* como "material": em primeiro lugar, seu caráter de energia, já que *yin* e *yang*, enquanto sopros primordiais, estão espontaneamente em movimento,[a] subindo ou descendo; em segundo lugar, o fato de que esses sopros não são desprovidos de concreção (que é tão sutil que chega a ser imperceptível),[4] e que de sua interação recíproca resulta a concreção[b] que constitui a opacidade sensível de todo existente individualizado. Assim, *yin* e *yang* são constantes em si mesmos

---

3 ZM, I, p.11.
4 ZM, I, p.13.

e em suas determinações – absolutamente eternos, nem criados nem transitórios, capazes de nem crescer nem de decrescer (como a *materies aeterna* do atomismo antigo). De um lado, Wang Fuzhi afirma categoricamente (e desde as suas primeiras obras, o *Zhouyi waizhuan*) a indestrutibilidade da matéria e, de outro, considera que a realidade do Céu (como princípio) deve ser pensada a partir da noção de *energia material*.[5] E assim como para Lucrécio tudo se realiza sem intervenção dos deuses e sem plano definido, para Wang Fuzhi decorre das evoluções espontâneas da energia "material" uma espécie de grande mistura que não depende de intenção ou escolha particular:[6] conforme haja ou não acordo mútuo do momento e da posição em relação ao curso geral do processo, resulta o caráter superior (o homem, a inteligência) ou inferior (a animalidade, a estupidez) da atualização em questão.[7] Aliás, para Wang Fuzhi, que toda existência seja produto apenas da interação de *yin* e *yang* é duplamente comprovado pelo fato de que todos os existentes são fundamentalmente iguais uns aos outros, ao mesmo tempo que sempre – e necessariamente – são ligeiramente diferentes uns dos outros:[8] de um lado, dependem do mesmo processo de existência, e disso decorre a homogeneidade do conjunto; de outro, derivam de uma ocasião singular dentro do curso evolutivo do processo que, como tal, é única e confere especificidade. Assim, a particularização da existência em individualizações deve-se à relativa estagnação das energias materiais em uma atualização temporária: cada existente conserva por um tempo maior ou menor as

---

5 DSS, X, p.718 et seq.
6 ZM, I, p.21.
7 ZM, I, p.22; cf. também DSS, X, p.660.
8 ZM, I, p.26.

Processo ou criação

características que o constituem e é precisamente essa permanência relativa que lhe permite existir: a atualização deve seu advento ao movimento, e ao repouso ela deve sua subsistência como tal, com uma certa identidade.[9] Do mesmo modo, a concepção de Wang Fuzhi a respeito da dissolução das atualizações concretas aproxima-o de nossas concepções materialistas: *yin* e *yang* retornam aos estágios indiferenciados deles mesmos e a lei do mundo é o metabolismo deste último.

Portanto, não admira que, em sua interpretação da natureza, Wang Fuzhi, assim como seu mestre Zhang Zai, dê grande importância à concepção de uma origem interna do movimento das coisas[8] e conceba os diversos fenômenos astronômicos e meteorológicos recorrendo apenas aos princípios da "natureza": *yin* e *yang*.[10] Sabemos que a tendência espontânea de *yin* é a concentração, e a de *yang*, a dispersão. Assim, *yin* envolve *yang* em uma concentração até que *yang* – não podendo permanecer muito tempo em repouso – se dispersa novamente: quando *yang* não é mais capaz de permanecer estagnado em *yin*, este é obrigado a cair como chuva; *yin*, quando se alivia dessa efusão, aspira a subir e é recebido na expansão de *yang*: os vapores se elevam da terra e a névoa se dissipa. Os astros do céu são *yin* no interior de *yang*, os ventos e o trovão são *yang* no interior de *yin*. Mesmo as manifestações mais repentinas e mais violentas da natureza dependem de um acúmulo progressivo entre *yin* e *yang* e normalmente se justificam pela intervenção dos elementos naturais.[11] Como em Lucrécio e em todos os materialistas ocidentais, a explicação da natureza dis-

---

9 ZM, I, p.20.

10 ZM, II, p.39-40.

11 ZM, II, p.42.

sipa o pavor humano e torna o mundo inteligível. Pois, desde os pensadores pré-socráticos e antes de a possibilidade histórica da ciência afirmar-se, a confiança racionalista e científica se exprimia pondo em cena tais princípios "físicos". Mas havia apenas os princípios, faltavam a análise e a verificação experimental. Esse, aliás, é o sentido das críticas que Wang Fuzhi fez excepcionalmente ao seu mestre Zhang Zai: se tudo no funcionamento da natureza corresponde a princípios, restringir-se a explicações de princípio para investigar o real leva à perda da realidade.[12] Wang Fuzhi, íntimo dos meios científicos de sua época e, em particular, dos naturalistas,[13] enfatiza de maneira muito consciente as exigências empiristas do conhecimento. Negação dos *a priori* e preocupação com a verificação: é preciso partir dos fatos.

Poderíamos aprofundar ainda mais a identificação do pensamento de Wang Fuzhi com as concepções do materialismo ocidental, considerando que, à sua maneira, ele enfatizou também o papel determinante do *material* em relação às produções da consciência (segundo a concepção de materialismo que se impôs a partir de *A ideologia alemã*: "Não é a consciência que determina a vida, mas a vida que determina a consciência", e essa vida deve ser explicada a partir de suas "pressuposições reais", isto é, a produção pelos homens de seus meios de existência e as relações sociais e políticas que decorrem disso). Essas formulações, por mais modernas que pareçam, talvez não deixem transparecer a problemática que é *efetivamente* a de Wang Fuzhi: há, de um lado, o que é da ordem

---

12 ZM, II, p.36.

13 Cf., por exemplo, Ji Wenfu, *Wang Chuanshan xueshu luncong* [Estudos sobre Wang Fuzhi], Pequim, Shenghuo Dushu Xinzhi Sanlian Shudian, reed. 1978, p.42 et seq.

Processo ou criação

da ferramenta e do instrumento (o "recipiente", *qi*) e, de outro, o modo de servir-se deles e o "caminho" decorrente (o *dao*).[114] A tradição costuma idealizar o que é da ordem do Caminho (o *Dao*, a sabedoria) em detrimento do instrumento; mas, na realidade, é o *Dao* que *depende do instrumento*, o inverso não é verdadeiro. Foi sempre certo estado da civilização material que permitiu certo desenvolvimento dos modos de viver e pensar. Sem o arco, não existe o *dao* do arqueiro; sem carroça nem cavalos, não há o *dao* do cocheiro. Do mesmo modo, nos tempos mais antigos, não podia existir o *dao* da moral e dos ritos que prevaleceu subsequentemente; na época dos Han e dos Tang, não podia existir o *dao* que existe hoje. O "acima do concreto" existe somente em relação ao concreto e sob a sua dependência:[j] aquele evolui em harmonia com este e, logicamente, não pode ter o *status* idealizado de eternidade que recebeu tantas vezes (de Dong Zhongshu a Zhu Xi). Todas as faculdades e virtudes do homem também são necessariamente dependentes do concreto (*xing*), e apenas o Sábio é plenamente capaz de realizar suas atividades nesse nível:[k] em vez de fazer sonhar fantasiosamente com o *Dao*, com o Caminho, o estágio supremo (da sabedoria) resume-se logicamente à capacidade de gerir bem o "instrumental"[115] – e nisso reside a realidade do *Dao* enquanto domínio próprio do *espiritual*. O "materialismo" de Wang Fuzhi, portanto, não diz respeito única e exclusivamente à esfera da "física", mas influencia necessariamente a concepção da ética e do destino humanos. Se Wang Fuzhi não é "revolucionário" (porque concebe o processo no sentido da harmonia), em todo caso, como ressaltam seus comentadores chineses, sua concepção

---

14 WZ, p.963.
15 WZ, p.964; cf. XZ, p.88.

de um *Dao* moral e social, que evolui em conformidade com a evolução da realidade concreta, abre caminho para o pensamento contestador, ou até mesmo revolucionário, da China moderna: Tan Sitong, um dos principais pensadores da renovação política do fim do século XIX, já havia reconhecido Wang Fuzhi como o grande precursor.[16]

Aliás, a analogia objetiva entre as concepções do materialismo moderno e o pensamento de um Wang Fuzhi parece mais marcante porque está ligada à própria noção de "processo". Esta última está no centro da reflexão de Wang Fuzhi, mas também é essencial na teoria marxista. A "grande ideia fundamental" de Marx e Engels, ao recuperarem a dialética hegeliana e dela extrairem um "núcleo racional", poderia muito bem servir de comentário ao pensamento de Wang Fuzhi: "O mundo não deve ser considerado um complexo de coisas acabadas, mas um complexo de processos em que as coisas aparentemente estáveis [...] passam por uma mudança ininterrupta de devir e decadência [...]".[17] Muito antes de os comentadores chineses de hoje (e "inspirando-os"), Mao Tsé-tung já havia assinalado a inclinação tradicional da cultura chinesa para a visão "dialética".[18] Obviamente, tive de cortar em duas a célebre citação, pois "faltam" dois aspectos ao pensamento de Wang Fuzhi em comparação com a formulação de *Ludwig Feuerbach e o fim da filosofia clássica alemã*: a ideia de que os conceitos são os "reflexos intelectuais" das coisas "em nosso cérebro" (a tradição letrada não

---

16 Cf. Chen Dianyun, "*Dao* et *qi* chez Wang Fuzhi", in Xiao Shafu (ed.), op. cit., p.172.

17 Friedrich Engels, *Ludwig Feuerbach et la fin de la philosophie classique allemande*, IV.

18 *Da contradição*, § 1.

Processo ou criação

se dedicou ao desenvolvimento de uma teoria do conhecimento) e a ideia de que, "finalmente, apesar de todos os aparentes acasos e todos os retrocessos momentâneos, sucede um desenvolvimento progressivo" (a visão chinesa de uma evolução incessante não é orientada pela afirmação teleológica de um progresso). Não obstante, nós, por nossa vez, também poderíamos extrair um certo "núcleo" – agora, de identidade – entre uma concepção e outra. Ao mesmo tempo ideia de *processo* e ideia de *totalidade*: não somente o princípio do "caráter movente e transitório de todas as coisas, oposto ao caráter eternal que a metafísica das essências atribui às coisas e às determinações", como diz Olivier Bloch sobre a dialética marxista,[19] mas também a ideia de que "os próprios processos são conjuntos tomados em um movimento de conjunto, mais reais do que os elementos que a análise tem de isolar para compreendê-los melhor, mas que o ponto de vista dialético deve restabelecer em suas conexões" – em vez de "mantê-los em seu isolamento e justapô-los em sua independência e exterioridade, como faz a metafísica e, em sua esteira, o materialismo tradicional, que sob essa perspectiva é denominado 'mecanicista'". Foi a partir dessa concepção que o marxismo pôde adotar a ideia hegeliana de contradição, em que cada elemento não é jamais "ele mesmo", mas é sempre tomado em relação ao outro, donde decorre o desenvolvimento e a transcendência de cada estado das coisas. Nos termos de Wang Fuzhi, todas as manifestações fenomenais de existência,''' nascidas da interação de *yin* e *yang*, dividem-se em pares de contrários'' que necessariamente se opõem e têm entre si uma relação de antagonismo.[20] A diferença de destino da contradição entre o

---

19 Olivier Bloch, *Le Matérialisme*, Paris, PUF, coll. Que sais-je?, p.89.
20 ZM, I, p.24.

pensamento marxista e o chinês deve-se ao fato de que, em Wang Fuzhi, dada sua concepção de autorregulação do Processo, "não há razão para que a contradição seja definitivamente antagonista[p] – uma vez que esta se reabsorve por si mesma por dissolução na unidade primordial.[q] Nenhum sinal da teoria da negação e do "desenvolvimento em saltos" que o marxismo contrapôs ao caráter – evolucionista quando muito – do "materialismo naturalista". Em contrapartida, a noção de relações antagonistas serve, tanto aqui como no pensamento marxista, para se conceber não só os fenômenos da natureza, mas também a relação que o homem entretém com o mundo fora dele:[r] uma vez que, para Wang Fuzhi, o curso das transformações do mundo e as experiências afetivas a que nossa natureza é submetida seguem a mesma lógica:[21] o "ódio" e o "amor"[s] são a expressão subjetiva do curso incessante dos antagonismos, ou sua resolução, e, portanto, manifestam-se de modo absolutamente necessário e contínuo, enquanto ele durar. E, tratando desse modo de "amor" e "ódio", Wang Fuzhi distingue-se nitidamente daquilo que a historiografia considerou muitas vezes o pensamento "pré-materialista" dos "físicos" antigos (como Empédocles), uma vez que nele os fatores amor e ódio não intervêm como potências ativas (produzindo associação ou dissociação dos elementos), mas são simplesmente resultado do funcionamento do processo, em seu curso mais objetivo.[t] Sendo assim, somos obrigados a reconhecer que, em comparação com a história do materialismo ocidental, a inteligência chinesa do processo merece ser destacada por seu alto grau de coerência e elaboração.

---

21 Id.

Processo ou criação

Por outro lado, quando os missionários cristãos tratam o pensamento dos letrados chineses contemporâneos de Wang Fuzhi de "materialista", é essencialmente pelo fato de que, como diz um missionário, o pensamento letrado nunca teve "substância espiritual distinta da material".[22] Para a fé cristã, assim como para a metafísica platônica antes dela, a alma é uma substância radicalmente diferente do corpo. Ora, para Wang Fuzhi, que nesse caso é fiel às concepções chinesas mais comuns, a separação é bem menos nítida. Em comparação com os animais, o "ser constitutivo" do homem é infinitamente mais alerta e perspicaz, e sua capacidade de "funcionamento" é mais ampla,[u23] mas ele não é essencialmente diferente deles. Tradicionalmente, há uma oposição entre duas formas de "alma":[v] ligadas durante a vida, elas se separam após a morte; mas ambas dependem igualmente da energia universal (o *qi*), e a diferença de destino dessas almas após a morte não é fundamental. Quando dão lugar à existência individualizada, o fator *yang* constitui o sopro e o fator *yin* constitui o corpo.[w24] Se existe sopro separado da constituição física, a "alma" superior vagueia em todas as direções sem animar nenhum ser singular; em compensação, se a constituição física é privada de seu sopro vital, o que resta é apenas um aglomerado inanimado: o fenômeno da vida resulta não apenas da associação, mas também do equilíbrio harmonioso — fruto da regulação do processo de existência — entre esses dois fatores. Quando morre o indivíduo, o sopro se une às "trevas",[x] do mesmo modo que a fumaça se ergue acima do fogo, e a realidade física se une à terra, assim como a

---

22 Apud Jacques Gernet, op. cit., p.47.

23 ZM, V, p.85-6.

24 WZ, p.979.

madeira que é consumida pelo fogo vira pó.[25] Obviamente, esses lugares de retorno têm existência própria – as trevas têm a sua constância e a terra tem a sua realidade –, o que permitirá que a vida se renove. Mas não existe imortalidade da alma individual como foi apresentada pelo "belo risco" platônico ou cuja crença foi imposta pelo dogma cristão. Wang Fuzhi e o pensamento letrado vão naturalmente ao encontro da tradição dos que, no Ocidente, escolheram restringir a esperança humana à existência terrena. Tradição muitas vezes maldita, e mesmo condenada à clandestinidade, enquanto durou a supremacia do idealismo no Ocidente, a tradição letrada na China a viveu como uma evidência – sem sombra de culpa ou dúvida.

Com o propósito de investigar o teor "materialista" do pensamento de Wang Fuzhi, consideramos até aqui apenas a relação "horizontal" de *yin* e *yang*, da qual resulta a atualização sem fim dos existentes. No entanto, sabemos que outra relação, de eixo vertical, cruza essa primeira, opondo o invisível ou o espírito ao estágio da concreção fenomenal e transitória (*shen* e *xing*). A vida não é concebida somente no nível da relação cíclica de interação e alternância: ela é também uma espécie de delegação – ou intimação – que nos une ao fundamento de insondável do Processo.[26] Que o "Céu" seja considerado a fonte de toda positividade significa que, através do processo, emana uma capacidade sem fim e sem descanso que permite que a existência prospere e se realize constantemente: o advento contínuo da vida é em si mesmo a expressão de uma generosidade objetiva e absoluta. Assim, a vida

---

25 WZ, p.980.
26 ZM, XVIII, p.322.

não se restringe a um puro fenômeno de atualização temporária, mas é permeada de outra dimensão: a expressão "mandato do Céu" (*tianming*) não tem em Wang Fuzhi o sentido nitidamente religioso que tinha no confucionismo antigo, mas conserva a ideia de uma atribuição vital que, por si mesma, dá valor e sentido ao fato de existir. Cada existência humana tem a "missão" de existir: não em razão de uma ordem divina, mas pela injunção que a anima diretamente a partir da dimensão de conjunto do Processo. O puro fato de existir é em si mesmo absolutamente positivo, porque é espontaneamente orientado para a sua realização e integralidade. Para a tradição letrada, a vida é percebida essencialmente como virtualidade. Daí seus dois níveis de leitura: enquanto "natureza original",[y] enraizando-se no fundo indiferenciado de toda atualização e tirando dele a obrigação interior de desenvolvimento – ilimitado e, portanto, igual para todos (toda existência humana possui a mesma vocação para a existência); e enquanto atualização singular, sujeita às mudanças e variações do curso das atualizações (no nível de *qi*) e marcada externamente pela contingência do destino reservado para ela[z] (o Sábio costuma ser desprezado, ou até mesmo maltratado).[27] Como tal, a vida procede de uma dubla determinação: como acaso (do ponto de vista da trajetória individual) e como "destino" (como realização de si mesmo pela moralidade).

Apesar de Wang Fuzhi insistir que a dimensão de eficiência invisível (*shen*), de coerência interna (*li*), depende da energia material (*qi*) e é absolutamente indissociável dela, os dois aspectos comumente se opõem, a ponto de constituírem com seu conflito a única alternativa ética. Às vezes, como Zhang Zai, Wang Fuzhi

---

27 ZM, XVIII, p.329-30.

se sente tentado a apontar a distância que separa verticalmente o estágio do invisível do estágio do sensível. O Céu é o fundo comum do qual emanam toda existência e toda transformação, e a Terra é apenas a primeira de suas atualizações:[28] a hierarquização da relação é conduzida ao extremo e a paridade das instâncias (sobre a qual repousa a correlatividade necessária a todo advento de existência) se torna duvidosa.[a] Se Wang Fuzhi não reconhecesse paralelamente – como é obrigado pela lógica do processo – a virtude da Terra diante do Céu (como fator de realização por concreção), ele acabaria descambando em uma separação dualista.[b] Encontramos a mesma ambiguidade em relação ao *status* dos desejos que, embora se justifiquem pela lógica de incitação mútua essencial ao desenvolvimento do processo, podem se apresentar como o obstáculo que impede a emanação dos princípios.[29] Ponto de tensão na reflexão. Ambiguidade que chega à beira da contradição. Enquanto a lógica do processo implica que a dimensão de eficiência invisível e o fator de atualização sensível caminhem de mãos dadas e sejam considerados igualmente necessários, a ênfase na orientação moral da relação pode levar à acentuação da desvalorização do sensível (ele é a "escória" ou resíduo da dimensão de espírito).[30] Embora o pensamento de Wang Fuzhi seja menos propenso ao ascetismo – ao contrário da maioria de seus predecessores neoconfucianos, que foram influenciados pela condenação budista do apego sensível –, ainda assim ele é constantemente conduzido a valorizar, por sua perspectiva ética, a aspiração da consciência ao incondicionado.

---

28 ZM, II, p.34.

29 ZM, VII, p.129.

30 ZM, I, p.26.

Processo ou criação

Pensamento do absoluto e senso íntimo da unidade que, mesmo inscrevendo-se legitimamente na coerência do processo, distanciam o pensamento de Wang Fuzhi das perspectivas e ambições que são tradicionalmente as do materialismo no Ocidente: ele, que rejeita a preocupação com a transcendência e nega-se a considerar o invisível (o infinito) de outro modo que não seja como um simples dado da ciência.

Mas, dirão alguns, isso não pode pôr em dúvida a pertinência da noção de materialismo do ponto de vista da tradição chinesa, em geral, e do pensamento de Wang Fuzhi, em particular. Como lembra com toda a razão Olivier Bloch, "a ideia de materialismo puro é, na melhor das hipóteses, uma abstração":[31] em uma obra filosófica há sempre um emaranhado de elementos diversos em que uns têm tendência idealista e outros são de tendência materialista. Aliás, o que os comentadores chineses de Wang Fuzhi costumam fazer hoje é desemaranhá-los:[32] a concepção de *yin-yang* é fundamentalmente materialista ("materialismo elementar", uma vez que é não científico nem pré-marxista), e o que se refere às noções de "eficiência invisível" ou "mandato celeste" constituiria um resto tardio de idealismo nesse pensamento globalmente "progressista". No Ocidente, com relação ao estoicismo, por exemplo, não se falou de visão ao mesmo tempo "teológica" e "cosmológica" e – "por mais estranha que pareça a expressão" – de um certo "materialismo espiritualista"?[33] Em função de uma

---

31 Olivier Bloch, op. cit., p.30.

32 Por exemplo, Ji Wenfu, op. cit., p.47 et seq.

33 Jean Brun, *Le Stoïcisme*, Paris, PUF, coll. Que sais-je?, p.50; já é nesse sentido, que para ele era o "sentido correto", que Leibniz tentava

François Jullien

lógica que, em resumo, não deixa de lembrar o passado confuciano: divinizar a natureza, ou melhor, "naturalizar Deus".

A questão, porém, não é tão simples. Tanto que, no fundo, é impossível determinar que consciência o pensamento de um Wang Fuzhi pode oferecer do que foi tradicionalmente concebido pela filosofia ocidental como "matéria" (*hulé/materia*: o termo remonta a Aristóteles). Pois fomos nós que, segundo o uso vigente na sinologia ocidental e ao fim de exclusões e comparações sucessivas, escolhemos "energia material" como "equivalente" para exprimir em nosso universo filosófico a noção chinesa de "sopro" (o *qi*: *yin* e *yang*).[34] *Mutatis mutandis*, como diz tão profundamente a expressão usual: o próprio princípio desse desemaranhamento é possível, a ponto de tornar factível a transposição? O menor dos males seria ver o termo chinês ganhando implicações e propósitos novos, pois a rigor poderíamos abstraí-los. Mas ainda sentimos que há um resíduo de sentido que, na ausência de relação de filiação e parentesco, não apenas resiste à transferência, como fatalmente excede qualquer adequação e torna impossível a assimilação: o equivalente proposto, embora não seja "falso", continua a ser uma imitação exterior, que falha ao tentar captar a lógica interna da noção, e, assim, continua estranho não apenas à constelação de sentidos e valores à qual ela pertence, mas também, e ainda mais seriamente, à capacidade de *representação* (interna) que é exclusivamente dela – pela qual os chineses pensaram e a qual os fez pensar. Não nos referimos à simples constatação, tantas vezes repetida, da

---

interpretar – contrariando as teses do velho Longobardi – a "teologia natural" dos chineses.

34 Cf., por exemplo, *Reflections on Things at Hand*. Trad. Wing-Tsit Chan, Nova York, Columbia University Press, 1967, p.360, verbete "*Chi*".

Processo ou criação

"impossibilidade" da tradução: o que está em questão é o próprio *condicionamento* do trabalho e das possibilidades do pensamento.

Pois é precisamente em função dessa representação própria da noção que pode vir à tona e operar um certo sentido "filosófico" – fundamental – em chinês cuja transposição em termos ocidentais nos bloqueia radicalmente (isto é, na raiz de sua lógica): tudo é "matéria" (enquanto "energia material", *qi*), mesmo a dimensão de "espírito" (*shen*), que, no entanto, é simétrica a ela e pode opor--se categoricamente a ela (fazendo par com ela); ao mesmo tempo, porém, só há verdadeira materialidade concreta, dotada de peso e opacidade (*zhi*), no último estágio da atualização. Portanto, é possível um efeito de sentido (dentro da noção de *qi*) que torne não somente viável, como também coerente uma coexistência perfeita e uma integração total (da "matéria" e do "espírito") – ao mesmo tempo como colaboração unificadora (no processo de existência) e tensão antagonista (valorizada pela escolha moral): efeito cuja própria impossibilidade no pensamento ocidental levou à clivagem – tão fecunda em termos filosóficos – entre "materialismo" e "idealismo". Assim, não só o corte nocional é outro, como funciona de modo diferente. Além disso, colocar explicitamente a questão do *status* da matéria, como fez a filosofia ocidental, somente teve sentido no Ocidente em relação a nossa interrogação geral – a mais radical para nós (porque comanda todas as outras) – sobre as relações entre o "ser" e o "pensamento". Ora, o que atrapalha a avaliação do teor "materialista" no pensamento de Wang Fuzhi é que essa interrogação nunca foi pensada como tal nos primórdios da tradição chinesa (ela só começou a surgir explicitamente após a introdução do budismo na China, muitos séculos mais tarde). Não por "esquecimento" ou "inconsciência" (como tachou Hegel), mas simplesmente porque a abordagem do real era orientada de maneira diferente. É, portanto, o *modo* inicial do pensamento que difere: o "real" não interroga a "consciência" a partir da categoria do "ser" (como no confronto ocidental entre ser e pensamento) – em chinês o próprio termo "ser" não existe como tal –, mas como curso e "funcionamento" (cf. o simbolismo usual do "caminho", do *Dao*). Assim, o advento de um ponto de vista materialista corresponde a certo viés (ou formulação) do questionamento do pensamento que, por mais universal e legítimo que nos pareça, nunca se impôs na tradição chinesa antiga – nunca *teve* de se impor. Ora, toda identificação é ambígua, toda analogia é simples aparência, se a comparação não consegue fazer coincidir efetivamente as lógicas inerentes a uma e outra tradição.

A questão do *vazio*, tema histórico do materialismo ocidental, pode servir de exemplo. Sabemos que a partir da oposição exclusiva do "ser" e do "não ser", tal como a herdamos de Parmênides, o atomismo antigo opôs ao "ser" dos corpos esse "não ser" da ausência de corpo que é o "vazio": este não tem menos realidade do que os corpos em si, mas sua realidade é toda de negação, como o lugar (infinito) que os separa e no qual eles se movem. Ora, se o pensamento chinês refletiu tão amplamente sobre a realidade do vazio, e em particular Wang Fuzhi, é em razão de uma orientação absolutamente diversa: do ponto de vista de sua eficácia, por sua total disponibilidade, enquanto fundo de latência do qual emanam as atualizações e no qual ocorre sua reabsorção. Não há disjunção entre o "vazio" e os "corpos", mas o pleno (dos corpos) advém a partir do vazio e é constantemente animado através dele. Não conseguindo justificar-se em seus respectivos fundamentos, essa comparação não tem nenhum efeito teórico, e o paralelo, mal é identificado, dissipa-se por si mesmo. A comparação é impossível.

Processo ou criação

Não obstante, a questão é complexa e deve ser retomada. Pois o budismo, quando foi introduzido na China, em geral misturado a noções de origem taoista, trouxe com ele certa concepção das relações da "consciência" e do "real" que pode corresponder em muitos aspectos – e *logicamente* – ao que a tradição ocidental concebeu como "idealismo" (talvez historicamente também, pois a Índia já é "Ocidente": existe a categoria do "indo-europeu" na prática). Ora, apesar de Wang Fuzhi se inspirar o mais diretamente possível na tradição do confucionismo antigo – conjugando principalmente a tradição do *Livro das mutações* com a do *Mêncio* – e, portanto, não se interrogar fundamentalmente segundo o *viés* que fecundou o advento do materialismo no Ocidente (e do idealismo: o problema das relações do "ser" e do "pensamento"), ao reagir às correntes heterodoxas (taoismo e budismo) que, segundo a tradição neoconfuciana, desastradamente desvirtuaram o pensamento chinês, ele acaba assumindo naturalmente posições que, por seu nítido *anti-idealismo*, são logicamente materialistas. Assim, mesmo que para Wang Fuzhi (e para a tradição chinesa antiga) não seja a partir do problema do conhecimento que se articula originalmente a reflexão, diante das noções budistas – que formularam essa interrogação de maneira clara, estabelecendo que o objeto do conhecimento é o produto da capacidade subjetiva de conhecer[35] – ele é levado a fazer uma inversão sistemática cujo sentido coincide rigorosamente com a posição que, através das diferenças de época e contexto, caracterizou a importante opção pelo materialismo no Ocidente: a primazia do objetivo sobre o subjetivo, do ser sobre o pensamento, da natureza sobre o espírito. "Inversão" anti-idealista sem sombra de dúvida, como

---

35 Cf., por exemplo, Fang Ke, op. cit., p.180 et seq.

destacam abundantemente os comentadores chineses, a partir de um texto invulgar, mas notável[36] — ainda que pareça que, enquanto busca na tradição chinesa categorias equivalentes às categorias budistas de "objeto (do conhecimento)" e "capacidade (de conhecer)", Wang Fuzhi retorne a oposições (ser constitutivo/funcionamento, reflexão (moral)/condição (social), o si mesmo/os outros existentes, o homem ampliando o Caminho/o Caminho não ampliando a consciência do homem) que atenuam ou até dissipam a questão do conhecimento no interior de uma relação muito mais polivalente: a de *interioridade* e *exterioridade*,[d'] e, correspondendo efetivamente a tipos de oposição usuais na China, levem a uma perspectiva que é muito mais a da moralidade.[e']

Portanto, a posição de Wang Fuzhi se revela materialista sobretudo ao entrar em contato com uma tradição "exterior" que ela rejeita (exterioridade relativa do taoismo diante do fundo da cultura letrada, exterioridade radical e completa do budismo importado da Índia na China). O que não significa que a tradição letrada deva ser considerada, sistematicamente e em si mesma, *implicitamente* materialista (uma vez que sua orientação inicial é essencialmente estranha a essa problemática). O que quero dizer é que, embora em si mesma (considerando-se nossa maneira de articular a interrogação filosófica) a noção de materialismo não seja plenamente significativa em relação à tradição chinesa (ela é ambígua em relação às perspectivas desse pensamento: por exemplo, em razão da distância radical que persiste entre o pensamento chinês a respeito do "sopro" (*qi*) e a concepção ocidental da "matéria"), a noção de materialismo, quando oposta à de idealismo e fazendo par com ela, alcança um grau maior de abstração (em relação ao seu

---

36 *Shangshu yinyi*, "Zhaogao wuyi", cf. comentário in: XZ, p.98.

Processo ou criação

enraizamento na cultura ocidental) que permite que ela ultrapasse sua referência conceitual inicial, caracterizando certo ato ou certa escolha do espírito e estabelecendo a partir dele, através das mais diversas civilizações, uma comunidade de propósito e compromisso. O que nos leva a pensar talvez que, à parte as diferenças de implantação histórica, materialismo e idealismo não são dois conceitos iguais nos primórdios, tanto em suas capacidades como em suas posições respectivas, e que caberia ao idealismo – por seu próprio teor – ser o mais "universal" dos dois, ao passo que o materialismo adquire universalidade apenas em relação a si mesmo. O que é certo, porém, é que é em sua determinação negativa que a noção de materialismo encontra sua justificação transcultural mais ampla e mais rigorosa em relação ao pensamento chinês, e o de Wang Fuzhi em particular: por negação do dualismo e em reação à metafísica. Como crítica de toda separação, como desmistificação de toda fuga.

10

Coerência e continuidade
Negação da ruptura metafísica
e da fuga idealista

Wang Fuzhi é "materialista", portanto, sobretudo por negar consciente e obstinadamente a fuga do real constituída pelo idealismo. E, no entanto, ele viveu uma das épocas mais conturbadas da história da China: as grandes revoltas populares do fim do período Ming, o colapso da dinastia, a invasão dos exércitos sino-manchus, a vitória de um poder estrangeiro. No mesmo ano (1644), Pequim caiu sob os ataques dos insurgentes, o imperador da China se enforcou no alto da Colina do Carvão, os invasores do Nordeste impuseram seu domínio. A China de Wang Fuzhi é gêmea da Atenas de Epicuro, vivendo a desgraça da liberdade perdida na sucessão de guerras e revoltas; e da Roma de Lucrécio, fadada a ditaduras, complôs e repressões. Na China, o materialismo também se inspirava em uma reação corajosa aos tempos conturbados – como a que Paul Nizan evoca a propósito da nossa Antiguidade?[1] Corrupção e hipocrisia de uns nos meios cortesãos, covardes demais para defender uma ordem coerente da civilização;

---

1 Paul Nizan, *Les Matérialistes de l'Antiquité*, Paris, Maspero, [s.d.], p.10 e 36.

violência e barbárie de outros, condenando o país ao caos e às carnificinas. Wang Fuzhi não ficou indiferente: na primeira queda de Pequim, ele compôs cem rimas para manifestar sua "dor" e sua "indignação" (*beifenshi*) e fará acréscimos ao poema várias vezes seguidas, à medida que os eventos trágicos se sucediam.[2] Mas Wang Fuzhi é um resistente: mesmo após a vitória dos exércitos manchus, ele continuou a lutar durante anos ao lado dos que, embora condenados a recuar cada vez mais para o Sul, ainda tentavam defender o poder chinês (sob a dinastia dos "Ming do Sul", até 1662). Wang Fuzhi teve de viver na clandestinidade, exilar-se em povoados estrangeiros, refugiar-se nas montanhas mais isoladas. Mesmo após a morte do último representante Ming, ele se negou a reconhecer o usurpador e a usar a trança, símbolo da humilhante submissão dos letrados. Como se recusou também a virar monge (como sugeriu seu amigo Fang Yizhi): tanto fugir da insuportável realidade através das esperanças da fé budista como buscar refúgio em suas comunidades (o que fizeram muitos letrados chineses em busca de uma saída histórica e metafísica para a sua difícil condição). Wang Fuzhi permaneceu um letrado clandestino e, em sua solidão assumida, tentou repensar, a partir dos fundamentos da cultura chinesa, o caminho da coerência, que é a única realidade. Pensar simultaneamente, e sem separação, a lógica do curso da natureza, a legitimidade da moral e a harmonia da sociedade. Ser capaz de influenciar concretamente o curso da História e participar dela, entrando ao mesmo tempo em harmonia com a Totalidade, segundo a lógica de um mesmo processo.

---

2 Cf., por exemplo, o artigo de Fang Hao, "Wang Chuanshan xiansheng shengping ji sixiang" ["A vida de Wang Fuzhi e seu pensamento"], in: Xiao Tianshi, *Chuanshan xueshu yanjiu ji* [Investigações sobre Wang Fuzhi], Taiwan, Ziyou Chubansbe, 1972, p.69 et seq.

Processo ou criação

A crítica de Wang Fuzhi à fuga da realidade do mundo e da História – a que convida o budismo ainda mais sistematicamente do que o taoismo – está firmemente ancorada, portanto, em um compromisso humano (seguindo a tradição do movimento Donglin, do fim do período Ming) que Wang Fuzhi não só viveu com determinação, como também tentou explicar filosoficamente. Em função da seguinte interrogação: diante da desesperança do presente, que *saída* temos que não seja nem fuga nem renúncia? Pois a fuga do concreto[a] pregada pela religião budista é duplamente chocante: pela falsificação do real decorrente dela e pelo proveito que ela tira disso. Em nível individual, pregando uma iluminação imediata da consciência que exclui o esforço contínuo e dedicado, ela desestimula a aplicação à conduta (valor de *xue*) e, portanto, a formação moral progressiva e paciente do indivíduo.[3] Em nível coletivo, descrevendo a vida como uma ilusão e o mundo como um objeto de repulsa, ela conduz à ignorância das relações humanas fundamentais e ao desconhecimento das realidades concretas, donde resultam necessariamente convulsão e desordem na sociedade. Mas tais doutrinas não são somente obras contra-naturais, que exploram os efeitos da elucubração dos discursos e desencaminham condutas.[4] Seus autores se aproveitam delas: a preciosidade dos templos atraem as pessoas sensíveis às riquezas, a evocação do inferno impressiona os espíritos fracos, a teoria da recompensa angaria doações e esmolas – e eles podem viver comodamente, sem precisar trabalhar.[5] A China se desencaminhou por má influência dessas correntes, pois elas não só prosperaram e

---

3 ZM, XVIII, p.332.

4 ZM, XVIII, p.334.

5 Id.

François Jullien

estenderam sua influência, como corromperam a tradição letrada: inspirando-se na valorização dos budistas do inefável e do êxtase, em detrimento da eficácia do discurso[b] e do processo contínuo da consciência,[c] em seu desprezo da percepção sensível e do conhecimento concreto,[d6] o célebre Wang Yangming misturou o misticismo budista às concepções confucianas e perverteu estas últimas. A decadência do fim do período Ming e a convulsão dos tempos presentes devem-se a uma desordem da sociedade que surgiu de um *desinteresse* ideológico pela *realidade* e, consequentemente, pela moralidade. Existem visões erradas do mundo que levam à sua ruína e têm de ser denunciadas. O confucionismo, embora vise a alcançar o "Céu", o absoluto ou o incondicionado tanto quanto o budismo, não renuncia ao humano. Budismo e confucionismo excluem-se mutuamente, e a semelhança entre algumas de suas regras morais mais comuns não esconde uma diferença radical tanto na motivação inicial da doutrina quanto em seu resultado:[7] de um lado, o budismo nasce do desejo individual de evitar o sofrimento (e não de um amplo sentimento de solicitude pela comunidade dos homens, como o confucionismo); de outro, ele tende a uma libertação total no nirvana – que é irrealizável em seu próprio princípio. Esse ideal de fuga do concreto não só é nocivo à comunidade humana, não apenas é chocante, como também é ilusório.

De certo modo, é uma impossibilidade dupla. Uma impossibilidade "prática", visto que o homem, da mesma forma que todo existente, tem necessariamente uma relação de incitação recíproca

---

6 ZM, XVIII, p.332.
7 ZM, XVIII, p.334.

Processo ou criação

com o mundo fenomenal que o rodeia[8] – e ele poderia se abstrair dessa relação sem impedir o mundo sensível de existir sem ele? É uma impossibilidade teórica, visto que o projeto de alcançar a realidade abstraindo-se do sensível contraria tanto a natureza da realidade quanto a natureza do sensível. O erro dos budistas é considerar apenas os movimentos de ida e vinda que constituem o mundo fenomenal, sem se dar conta de onde vem um e onde vai dar o outro.[9] Eles percebem apenas a sequência incessante de adventos e desaparecimentos e acreditam que disso podem concluir a vacuidade do mundo fenomenal e apontá-lo como produto ilusório de nossa subjetividade: se o que advém na existência depois desaparece completamente da existência, então essa existência não passa de aparência enganadora e a realidade autêntica só é possível fora e separada da existência; e nossas percepções (assim como os objetos dessas percepções) são necessariamente a causa de todos os nossos males, porque nos prendem e nos submetem ao que é desprovido de realidade e, assim, obstruem nossa intuição do absoluto.[10] Não há objetividade dos fenômenos (nem Céu e Terra); as transformações sem fim da existência são pura ilusão,[g] e o vazio (*sunyata*, *kong*) é a única realidade.

Ora, essa radicalização do antagonismo contém sua própria refutação: não apenas no nível da existência, porque leva à *cisão* da experiência, à oposição do mundo a ele mesmo e à valorização de um aspecto por exclusão do outro; mas também no nível da lógica, porque tal radicalização não consegue explicar o caráter próprio da existência quando se reconhece que esta é transitória e

---

8 ZM, XVIII, p.333.
9 ZM, I, p.10.
10 ZM, IV, p.66.

que só dá acesso à realidade por disjunção da experiência comum. A única solução para tornar o real inteligível e coerente é estabelecer uma relação de continuidade entre o visível e o invisível, em vez de opor um ao outro: compreender que aquilo que desaparece de nossa percepção depois de se oferecer aos nossos sentidos não desaparece da realidade, ainda que se torne imperceptível e, em sua dissolução, fique temporariamente oculto. O erro das pessoas comuns é atribuir existência somente ao visível e ignorar o invisível; o erro dos budistas é hipostasiar o invisível separando o visível de seu fundamento. No entanto, esse segundo erro tem o mesmo motivo do primeiro, embora seu resultado seja o inverso: é que, no fundo, e por mais paradoxal que pareça, os budistas apegam-se ao que percebem, ao testemunho dos sentidos, e concebem o encadeamento causal no âmbito restrito da experiência sensível.[11] São como aqueles insetos que vivem apenas um verão e, por isso, não conseguem acreditar na existência do gelo, já que este se forma apenas no inverno; ou como aqueles cegos que, não conseguindo perceber o que há no exterior, deduzem que este não existe.[12] Ora, o verdadeiro encadeamento constitutivo da realidade ocorre simultaneamente no visível e no invisível, não segundo um princípio de oposição (existência e não existência), mas segundo um princípio de alternância (manifesto e latente). Caímos logicamente no seguinte argumento: o erro dos budistas é ignorar a lógica do processo' que é a única que pode conferir à realidade – visível e invisível – coerência e homogeneidade.

É o princípio de *coerência*, portanto, que se encontra no fundo do pensamento letrado. Nos dois sentidos do termo: porque

---

11 ZM, I, p.10-1.
12 ZM, VII, p.130, e XIV, p.240.

Processo ou criação

somente a sua visão do mundo mantém os diversos aspectos da experiência e da realidade em relação de aderência e correlatividade; e no sentido lógico, porque somente o pensamento do processo exclui disjunção e contradição. A que se opõe precisamente o ato de ruptura e divisão que dá origem à metafísica: quando a "natureza" verdadeira é separada do sensível[j] e a realidade existe apenas em um além deste mundo. Corte metafísico que o budismo radicalizou, mas que também se encontra no pensamento letrado quando este concebe a "Origem suprema", independentemente de *yin* e *yang*, ou o Princípio regulador da realidade, independentemente da energia material:[k] como se um princípio de ordem fosse isolável do concreto e pudesse existir à parte ou antes dele (ponto de vista atribuído a Zhu Xi). Pois, embora o "Céu" possa ser considerado o Princípio da ordem,[l] essa identificação só é possível se esse princípio for concebido como estritamente inerente ao desenvolvimento da energia material e, portanto, indissociável dela.[13] Um dos aspectos mais insistentes do pensamento de Wang Fuzhi é a importância que ele dá a essa *interdependência*: é impossível apreender um "vazio" original fora da "existência" atual, uma "natureza" real fora do "sensível", um "princípio" abstrato fora do "concreto", uma "eficiência invisível"[l] fora do "curso das mutações". Do mesmo modo que, sem dimensão de eficiência invisível, as mutações não poderiam advir, sem curso concreto das mutações, a dimensão de invisível não teria onde "residir".[m14] O que significa mais uma vez que devemos reconhecer que não há natureza fundamental ou ser constitutivo que não dependa inteiramente de seu funcionamento (*ti* e *yong*): o próprio Céu é pura

---

13 DSS, X, p.660 et seq.; cf. XZ, p.82.
14 ZM, IV, p.80.

vacuidade e sem ser constitutivo próprio, porque é o funcionamento do mundo em seu conjunto que constitui a sua realidade.[n15] Portanto, nem *dualismo*, uma vez que o sensível e o invisível existem correlativamente e são absolutamente indissociáveis; nem *idealismo*, uma vez que não há nada além desse processo correlativo do sensível e do invisível: não há necessidade de "renunciar" ao plano da atualização concreta, tampouco de "transcender" a globalidade do processo.[o16] A transcendência é sempre imanente, não existe um puro além.

O caráter anti-idealista da posição de Wang Fuzhi é muito claro, na medida em que ele próprio é muito consciente do fato de que se manifesta em reação a toda uma corrente do pensamento chinês. Corrente "heterodoxa", sem dúvida, mas que data de muitos séculos antes e cuja filiação através das outras é facilmente detectável. Laozi, pai fundador do taoismo, abriu o caminho situando o *Dao* no "vazio", independentemente do concreto; Wang Bi seguiu seus passos, preconizando que o "inefável" fosse apreendido além da representação fenomenal e renunciando-se a ela; os budistas, por sua vez, deram peso a essa orientação estabelecendo o ideal da humanidade no nirvana.[17] A própria tradição letrada foi contaminada por esses desvirtuamentos (Li Ao e Zhang Jiucheng influenciados pelo budismo; Wang Bi e He Yan influenciados pelo taoismo; Wang Anshi e Lü Huiqing influenciados por ambos...).[18] O que a levou a desenvolver cada vez mais, sobretudo a partir de Zhu Xi, uma teoria do inato[p] que vai de encontro à ideia de

---

15 ZM, VII, p.131.
16 ZM, IV, p.80
17 WZ, p.964-5.
18 ZM, I, p.11.

Processo ou criação

um desenvolvimento progressivo dos conhecimentos e de um acúmulo de experiências como único caminho para se alcançar o saber objetivo da realidade; ora, se os Sábios são venerados por seu saber "inato", eles são rebaixados ao nível dos animais e isso só serve para mistificar a humanidade.[19] Portanto, há de fato uma história do *idealismo* na China (mesmo que o tal *-ismo* não exista em chinês) e é em oposição a ela que o pensamento do processo é obrigado a mostrar tanto rigor e especificidade.

Entre o ponto de vista budista e o ponto de vista letrado, as visões de mundo diferem sobretudo pelo caráter oposto das abordagens: a diferença que se manifesta nas representações é, no fundo, consequência da divergência inicial de um certo ato do espírito. O que caracteriza o idealismo budista é a descontinuidade essencial que se manifesta na experiência: entre a percepção do mundo fenomenal e a intuição do absoluto, entre o eu de agregados e o eu do Buda, há uma ruptura e um *salto* ("transposição" dos graus intermediários).[20] Ao contrário, a abordagem confuciana é um aprofundamento sem ruptura que possibilita irmos continuamente do simples contato existencial até o fundo oculto das coisas:[21] dos fenômenos esparsos que se oferecem à nossa percepção[22] até o fundamento comum de toda existência, das reações espontâneas de nossa subjetividade (de compaixão ou indignação) até o princípio interno de nossa verdadeira natureza (como senso íntimo das solidariedades). Da alternância de dia e noite ao pensamento do Processo. A reflexão letrada parte da

---

19 DSS, VII, p.457-60; cf. XZ, p.116.
20 ZM, I, p.11.
21 ZM, VII, p.121.
22 Id.; NZ, p.569-70.

evidência mais comum para elucidá-la. A lógica confuciana – que nunca foi explicitamente teorizada, mas está sempre presente – procede gradualmente, do mais imediato ao mais distante, por extensão, desenvolvimento, ampliação:[t] tanto do ponto de vista do conhecimento como da moralidade, a lei do confucionismo é a progressividade; e o absoluto da transcendência nada mais é do que a absoluta radicalização, a infinita totalização, do que é imanente em cada advento, a cada instante. Se o singular não pode ser em si mesmo todo o absoluto, como é na intuição do *zen* (*chan* em chinês; cf. "cortar a lenha e carregar a água" como a perfeição do *Dao*), ele segue o caminho da totalidade e conduz até ela. O erro dos budistas é não reconhecer a importância das mediações e, portanto, desprezar a análise concreta (em proveito da expectativa de uma iluminação) por incapacidade de levá-la até o fim. Assim, ao apreender o fenomenal, eles concebem o "funcionamento" apenas no nível dos existentes individuais e singulares, porque não são capazes de ampliar a consciência de todos esses funcionamentos diversos à escala do mundo inteiro, como o grande funcionamento do mundo,[u] o do Processo.[23] A consciência dos budistas é engolida pela indeterminação do vazio e eles são incapazes de retomar o raciocínio em relação ao concreto:[24] querendo "apreender diretamente a vacuidade do invisível", acabam encurralados por essa noção pura de "vazio" e não se dão conta de que o vazio absoluto de toda atualização é ao mesmo tempo o fundamento de toda atualização,[v] isto é, a "extremidade" do Vazio é necessariamente o ponto de partida do Processo.[25] De sua parte, o pensamento confuciano

---

23 ZM, VII, p.131.

24 ZM, VII, p.132.

25 ZM, VII, p.130-1.

Processo ou criação

"retorna" à "fonte" através da diversidade das "correntes". Uma versão usual e significativa do mesmo motivo é: temos de descer os ramos para chegar à cepa.[w26] A cepa é o *Dao* único e fundador, as extremidades dos galhos são as manifestações fenomenais do Processo. A imagem reúne em uma mesma continuidade os dois níveis de uma única realidade: um é manifesto e o outro é oculto, um é diverso e o outro é radical – mas a *transição* entre os dois é possível. Assim, a lógica da imagem nos leva muito longe daquela que serviu comumente para representar o ato idealista: o desdobramento da coisa e seu reflexo. Para o pensamento letrado, nada é "aparência", tudo é derivado.

Em consequência, o inteligível não se opõe ao sensível, mas prolonga-o e aprofunda-o. A percepção dos sentidos não pode ser ilusória ou enganadora, uma vez que não há atualização concreta que não derive do Processo e, portanto, não seja expressão dele.[x27] Condenando o corpo e os sentidos sob o pretexto de que são uma fonte inesgotável de *karma* negativo, os budistas ignoram que mesmo o que há de mais humilde no homem é, em seu funcionamento próprio, a manifestação de sua "natureza celeste":[y] o alimento e o sexo também são expressão da lógica inerente à realidade (enquanto *li*).[28] Mas a percepção dos sentidos é limitada (porque é restrita ao estágio sensível e transitório das coisas), e a consciência precisa tomar o lugar deles para apreender o que é imperceptível e chegar à compreensão global do Processo. Portanto, de um lado, o ponto de partida de todo conhecimento é necessariamente o sensível, porque somente a atividade dos senti-

---

26 ZM, VII, p.126.
27 ZM, VII, p.125.
28 ZM, XVIII, p.324.

dos pode unir a interioridade humana à exterioridade do mundo e colocá-la em contato com ele:[29] erram fundamentalmente não só os budistas ao desprezar os sentidos e o concreto, mas também todos os que, na própria tradição letrada e por influência dos budistas (de Lu Xiangshan a Wang Yangming), querem libertar o homem de sua capacidade de percepção para que chegue mais livremente à intuição.[30] No entanto, seria igualmente nefasto deixar a consciência se afundar no sensível: é preciso transcendê-lo para chegar ao seu princípio invisível – aqui, "princípio" (*li*) não significa apenas a lei de ordenação das coisas e seu modelo de funcionamento, mas aquilo de que se originam e procedem as coisas. Na lógica do processo, a norma é também a fonte (o fundamento), o princípio da regulação das coisas é também o de seu advento. Como o princípio é sempre inerente às coisas, é legítimo que a percepção sensível, ao nos colocar em contato com a manifestação das coisas, também nos coloque no caminho de sua verdadeira apreensão. Mas também é legítimo que, chegando ao estágio do princípio, possamos captar a realidade de um ponto de vista uno e global, sem sermos obrigados a considerar, por intermédio da observação, o detalhe minucioso e enfadonho de suas atualizações: inventário que nunca será exaustivo, posto que é infinito; já o princípio revela o real de uma só vez, tanto em sua radicalidade como em sua possibilidade.[31]

Portanto, entre o visível e o invisível há um estágio intermediário, e por isso capital, ao qual a tradição confuciana deu muito relevo: o do *fino* ou *sutil*,[ç] que faz a transição entre o caráter

---

29 ZM, XVIII, p.325.
30 ZM, VII, p.132.
31 ZM, VII, p.126.

Processo ou criação

necessariamente rudimentar da apreensão perceptiva (no nível do "traço" sensível) e o estágio puro do invisível, além dele. Do ponto de vista do curso dos fenômenos, por exemplo, como estágio inicial da atualização, quando *yin* e *yang* estão em harmonia na latência, mas não há ainda a separação da qual procederá a interação;[32] do ponto de vista do curso da consciência também, quando se esboça uma orientação que somente posteriormente se tornará realmente sensível e manifesta. Estágio de *indício* (em relação ao modo de funcionamento) ou de *primícias* (em relação à atualização futura), tanto mais precioso por relacionar a análise do real a partir da percepção (da qual ele decorre) e a dimensão de eficiência invisível ou de espírito (à qual ele conduz).[33] Nesse estágio de sutileza das coisas, o sensível se comunica com o invisível e dá acesso a ele. Os dois níveis do real se unem, ao invés de opor-se. Momento estrategicamente decisivo, porque é ele que nos permite volver, sem ruptura, do contato da percepção ao fundamento oculto da realidade: o invisível do princípio está além do visível, mas não é separado dele. Ele está no *fim* do visível e, como não implica *salto*, não é objeto de "misticismo".

É essa função de mediação e transição em relação ao fundamento invisível do Processo que pai e mãe desempenham em relação a cada existência individual. Os pais são os sucessores essenciais pelos quais se propaga e se concretiza a capacidade de fazer existir e crescer, que é a do Céu e da Terra em relação ao mundo inteiro.[34] Não compreenderemos o apego obstinado da tradição

---

32 ZM, II, p.37.

33 NZ, p.546.

34 ZM, XVII, p.313-5.

confuciana ao que se convencionou chamar de "culto aos ancestrais", ou "devoção filial", se concebermos essas "peculiaridades" antropológicas, que frequentemente pareceram excessivas ou até mesmo ridículas aos ocidentais (mas resistem no mais moderno Extremo Oriente), sem levar em consideração a importância que a lógica confuciana dá à ideia de *continuidade*, sem salto nem ruptura (do que decorre, inversamente, o idealismo metafísico). A tradição religiosa, presa às representações da criação, nos habituou a conceber em dois planos absolutamente distintos o nascimento do corpo (que depende do processo natural da geração) e a vida da alma (que está diretamente relacionada a Deus e é exterior à natureza): obviamente a posição do tomismo em relação a essa questão é diferente da do dualismo platônico ou cartesiano, mas também ressalta com muita nitidez a estrita impossibilidade de se passar *de plano*, isto é, sem ruptura ontológica entre a ordem da matéria (viva ou não) e a do pensamento: é preciso que haja necessariamente um "empurrãozinho" da transcendência (Sertillanges), o que constitui precisamente, em relação à pura transformação da geração, o aporte "criador" da divindade.[35] Na visão confuciana, ao contrário, a positividade inerente ao Processo é totalmente imanente à atividade do nascimento (geração e formação) que é própria dos pais. Pois eles não só transmitem a vida biológica e possibilitam que ela se desenvolva, mas também educam e fazem amadurecer a personalidade moral do filho, e, graças a isso, o filho pode fazer desabrochar as disposições de sua natureza e realizar-se plenamente. Através de pai e mãe, a capacidade humana se "comunica" plenamente como a do Céu e

---

35 Antonin Dalmace Sertillanges, op. cit., p.116 et seq.

Processo ou criação

da Terra e são ambas homogêneas, sem diferença ou separação:[36] eles a encarnam totalmente e a "veiculam" inteiramente.[a]

É fácil imaginar, nessas condições, o escândalo que causou entre os letrados chineses a pregação budista de rejeição da vida familiar: a ponto de o budismo ter sido obrigado a fazer muitas concessões e adequações para conseguir penetrar na China e difundir-se. No início da era Song, em reação ao pensamento budista, os pensadores neoconfucianos tentaram restabelecer uma continuidade entre os níveis do "Céu" e do humano (considerando a natureza do homem uma emanação da ordem inerente ao "Céu"); no entanto, esclarece Wang Fuzhi, ainda influenciados pelos modos budistas de pensar, eles cometeram o erro de deixar de lado o papel fundamental que os pais, enquanto intermediários, cumprem nessa delegação vital: como se pudéssemos nos relacionar diretamente com o princípio fundador de nossa existência, com o limite supremo do Processo, sem passar por nossos pais, que em relação a nós são a personificação do Processo.[37] Porque "pai" e "mãe" não são apenas metáforas para denotar a solicitude benevolente que o Céu e a Terra demonstram em relação a cada existente singular: o papel do Céu em relação a mim (a capacidade de *Qian*) é o meu pai que o representa ao me gerar; a função da Terra em relação a mim (a capacidade de *Kun*) é a minha mãe que a cumpre ao me conceber.[b][38] Obviamente, há diferença de níveis entre os dois: o nível do sopro em relação ao Céu e à Terra e o nível da materialidade física em relação ao pai e à mãe;[c] e há uma diferença de graus na transformação subsequente: de um lado, animação;

---

36 ZM, XVII, p.314.
37 ZM, XVII, p.313-4.
38 SWL, p.4; ZM, XVII, p.318.

de outro, desenvolvimento.[d][39] No entanto, essa diferença, que corresponde à hierarquização axiológica da personalidade humana, não leva a uma ruptura dualista, porque pai e mãe "prolongam" e "completam",[e] com sua função própria, a obra do Céu e da Terra (como instâncias fundadoras) em relação ao universo. É através de meus pais que me vinculo à vida e são as qualidades deles[f] que devo imitar para me tornar semelhante à positividade do Processo.[40] Uma vez que a solicitude dos pais em relação ao filho tem a mesma essência da manifestada pelo processo do mundo em relação aos existentes, é legítimo que, respeitando a pessoa de meus pais, eu preste homenagem ao princípio de minha existência, e que, através da individualidade deles, e reverenciando-a, eu tenha acesso à dimensão de eficiência invisível. Servindo a meus pais (junto de mim), sirvo ao Céu em sua infinidade.[g][41] Através do apego que tem a seus pais, o homem pode volver, sem ruptura, da sensação imediata de sua existência ao fundamento oculto da realidade. Se, na tradição confuciana, a virtude filial é o próprio fundamento da moralidade, é porque ela já contém em si a relação do homem com a transcendência e é sua manifestação privilegiada.[42] A pessoa dos pais é uma mediação necessária com o "Céu", com o incondicionado. Aqui, também, é impossível "saltar".[43] A relação de filiação é a expressão concreta da continuidade (negação da descontinuidade) e, graças a ela, a transcendência não pode constituir-se como um ser à parte, hipostasiado.

---

39 NZ, p.552.
40 ZM, XVII, p.317.
41 NZ, p.553.
42 ZM, XVII, p.319.
43 ZM, XVII, p.314.

Processo ou criação

Quer se trate do empirismo vulgar das pessoas "superficiais", que se apegam exclusivamente ao concreto e consideram que é nada tudo que não seja da ordem da percepção sensível; quer se trate, no outro extremo, da "divagação" e do "delírio" (metafísicos) dos que se desvinculam da realidade sensível e a ignoram completamente, o erro é o mesmo:[44] rejeitar um ou outro (o sensível ou o invisível), isto é, não saber apreender o real em sua coerência de conjunto nem aprofundá-lo em sua continuidade. Ora, a *coerência* que mantém indissociavelmente ligados os níveis mais opostos da realidade é o princípio de toda realidade (enquanto *li*): visto que somente ela torna o real efetivamente *viável* (isto é, capaz de funcionar) e capaz de existir.

A *ilusão* metafísica aparece sempre que há uma cisão nessa correlatividade fundamental. O que acontece necessariamente na história do neoconfucionismo quando a origem do processo é separada do curso do processo (em Zhou Dunyi, que eleva a Origem Suprema a uma entidade transcendente – e Zhang Zai reage), ou quando o princípio abstrato é dissociado de sua atualização material (nos irmãos Cheng e Zhu Xi, que dão *status* de absoluto ao "princípio" – e, antes de Wang Fuzhi, já reagem de uma forma ou de outra Ye Shi, Chen Liang e Wang Tingxiang). A cisao na correlação acarreta um desequilíbrio na relação – um dos dois aspectos *supera* o outro, é privilegiado em detrimento do outro e serve de objeto de idealização. Isso acontece quando são dissociados um mínimo que seja o ser constitutivo e seu funcionamento, o vazio e o pleno, a dimensão de invisível e a manifestação fenomenal, o caminho e o instrumento:[b] o "Ser", o "Vazio", o "Invisível" ou o "Caminho" (o *Dao*) são hipostasiados. Da perda da correlati-

---

44 ZM, I, p.15.

vidade nasce a postulação de um absoluto. Ora, Wang Fuzhi leva a exigência das inversões dialéticas ao extremo: se temos o costume de pensar que o Céu é o *Dao* e o homem é o instrumento, temos de nos dar conta também de que "o homem é *Dao* e o Céu é instrumento".[45] Mas qual a amplitude da alteração não admitida no sentido de cada um dos termos, da formulação prévia à inversão? Isto é, até que ponto o rigor da inversão dialética pode conduzir Wang Fuzhi a posições ideológicas novas, ou até revolucionárias (de acordo com a interpretação a que se inclinam hoje muitos comentadores chineses)? Ou então, em que medida o efeito da inversão supera em si mesmo a consciência de seu autor (e só adquire sentido através de nossas próprias projeções ideológicas)? O que é certo, em todo caso, é que o ponto de vista letrado nos esclarece fundamentalmente sobre a lógica interna do advento de toda entidade metafísica – e, assim, nos faz refletir de fora sobre a origem de nossa própria interrogação filosófica: como a noção de "ser" é *possível*, ou de onde vem o "ser" do "ente"? A partir da perspectiva chinesa, e explorando-a em relação a nossa tradição: do próprio fato da separação que ocorre no interior da correlação deriva a possibilidade de "ser", em sentido ontológico, visto que o aspecto da dualidade que se privilegia, não existindo mais simplesmente na medida de seu funcionamento dentro da relação (com o seu parceiro), existe fora da relação e, portanto, necessariamente como "ser" (uma vez que é *independente*: "ser" opõe-se a "curso" ou "função", assim como "metafísica" opõe-se a "processo"); o que o justifica duplamente como entidade metafísica, ao mesmo tempo como "além" e como "essência".

---

45 SWL, p.5.

Processo ou criação

A negação da *ilusão metafísica* não implica que as diferenças, ou as oposições, sejam ignoradas. Mas, aqui, o que caracteriza o não idealismo da concepção letrada é que a percepção do antagonismo nunca é dissociada da intuição paralela da interdependência fundamental que une um aspecto ao outro. O erro dos desiludidos do sensível, tanto taoistas como budistas, é que eles se prendem a oposições categóricas, puramente antitéticas, e não se dão conta de que tais categorias também se comunicam fundamentalmente entre si.[46] Não entendendo que seja lógico e legítimo que tenha necessariamente caráter de "existência" (fenomenal) o que eles idealizam como não existência (o absoluto da natureza), ou que seja necessariamente pleno (do sensível) o vazio a que aspiram (como nirvana), assim como é lógico e legítimo que toda existência (fenomenal) seja também não existência e todo pleno (do sensível) seja também constantemente vazio de si mesmo, eles não conseguem reconhecer o caráter realmente pleno do "pleno", o caráter realmente existente da "existência", e são fatalmente conduzidos a negar o pleno como insuficientemente inequívoco e a existência como ilusão: a não existência (verdadeira) somente poderá residir fora da existência (atualizada),' a natureza (fundamental) somente poderá ser uma espécie de "fragmento solitário", "dissociado de seu parceiro" e "perdido no infinito".'[47] Mas, na verdade, é porque o "pleno" é também sempre vazio, e a atualização é também sempre "desatualização", que o pleno não obstrui e a atualização não é permanente: a natureza é impositiva, mas não é rígida, a realidade é ao mesmo tempo determinada e dis-

46 ZM, VII, p.125.
47 ZM, XVIII, p.324; cf. também DSS, X, p.660.

ponível, o processo é viável e a vida é possível.[48] A análise de Wang Fuzhi, elevada a um grau superior de generalidade com a ajuda dos conceitos ocidentais – o que ela permite plenamente nesse caso –, prova que, apesar de "idealismo" opor-se a "empirismo" em suas opções manifestas, o primeiro é consequência lógica do segundo: é a estreiteza de nossa apreensão da experiência, presa ao sensível e incapaz de discernir a interdependência, que nos faz cair no idealismo.

Podemos avaliar como pode ser equivocado, nesse caso, o costume de "traduzir" a noção ocidental de metafísica pela antiga expressão chinesa "acima do concreto" (em relação a "abaixo do concreto": *dao* e *qi*). No entanto, aparentemente, a lógica da formulação é a mesma: o que vem depois (*meta*) em relação ao que vem antes, como o que está acima (*shang*) em relação ao que está abaixo (*xia*). Mas, na tradição chinesa, a própria concepção do Processo implica que essa representação espacial, que pode sugerir uma separação entre dois domínios distintos e independentes, só tem sentido em relação a referências temporais, em função do eixo comum do devir: o "acima" é também o *antes* (em relação à atualização fenomenal)[k] e o "abaixo" é também o *depois* (uma vez realizada a atualização),[l] portanto não pode haver fronteira entre os dois aspectos.[49] Um é também o outro, um se tornará o outro, há uma transição natural entre os dois. Como dois estágios de uma mesma realidade (quer se trate do curso da consciência, quer do curso do Processo).[m][50] Em seu paralelismo, a expressão chinesa é totalmente centrada na noção de concreto, ou melhor,

---

48 ZM, XVIII, p.323.

49 NZ, p.522.

50 NZ, p.524.

Processo ou criação

de "concretização" (*xing*), a partir da qual se desenvolve uma dupla possibilidade, aparece um duplo jogo (expresso em suas duas vertentes pela mesma "palavra vazia": *er*),[n] para cima e para baixo, antes e depois, que é o do real em sua dupla dimensão, ao mesmo tempo visível e invisível. Enquanto a noção de metafísica revela uma realidade não apenas separada, mas imóvel e estática – o ser eterno, imutável, absoluto –, a expressão chinesa só tem sentido em uma perspectiva dinâmica e esse sentido é animado por uma dupla aspiração, em vez de ser constituído por uma dupla definição: "a partir da concretização: subindo"; "a partir da concretização: descendo"; e é na própria construção da expressão que se lê a indissociabilidade dos dois aspectos.

Mas isso nos conduz, pela mesma razão, a prosseguir a reflexão levando em consideração essa nova perspectiva, a das restrições impostas por cada língua e, ao mesmo tempo, as possibilidades das quais são fecundas: passar do plano da elaboração teórica para o de seus fundamentos antropológicos, passar da representação filosófica do processo para o do seu condicionamento linguístico, e conceber os próprios princípios de sua "coerência" no nível do puro efeito de sentido.

III

11
A expressão linguística do processo

O condicionamento linguístico em questão não deve ser entendido em um sentido ingenuamente determinista. Desconfio dessas deduções apressadas – às quais o orientalismo se sente tentado – que, a partir de certa particularidade observada no idioma, concluem imediatamente que há uma originalidade na visão do mundo e uma especificidade nas "estruturas" do pensamento. Assim, não é porque a função de sujeito é menos explícita no chinês que ela é logicamente menos presente e leva necessariamente à famosa discrição do eu (ou "ausência de subjetividade") com a qual caracterizamos com tanto prazer os "orientais": tanto mais pode o sujeito se afirmar quanto menos evidente seja, permanecer oculto na frase e influenciar o texto de forma alusiva. Não sendo linguista, evito especulações de conjunto sobre as relações entre a língua e o pensamento; como simples leitor de Wang Fuzhi, contento-me em sublinhar efeitos próprios que indicam uma conivência, em minha opinião notável, entre o funcionamento do discurso e a lógica do processo. É outra maneira de analisar esta última para tentar compreendê-la melhor, não apenas por reconstrução problemática, mas lendo-a em seu texto, abordando-a em sua literalidade.

A "dificuldade" do chinês para servir de língua filosófica (segundo o nosso próprio uso) foi atribuída muitas vezes ao fato de que o ideograma, por formar um bloco autônomo e definitivo, não se presta à evidenciação de um *valor conceitual abstrato* (a que se prestam tão comodamente o artigo neutro do grego ou os sufixos do francês). Mas talvez essa dificuldade seja apenas relativa, porque, desde o fim da Antiguidade, a língua chinesa, formada nos debates de ideias (sobretudo em Xunzi), também produziu marcadores de universalidade na forma do "tudo o que".[a] O último capítulo do *Zhengmeng* de Zhang Zai, que comenta Wang Fuzhi, começa com o seguinte encadeamento: "tudo que é dotado de aspecto[b] é concreto; tudo que é concreto[c] é fenômeno; tudo que é fenômeno[d] é energia material",[1] e o caráter de abstração da frase, por sua absoluta generalidade, fica incontestavelmente marcado. A meu ver, a dificuldade parece residir – e posso senti-la sempre que tento traduzir – sobretudo no fato de que nenhum dos termos empregados é definido em si mesmo e só posso deduzir sua orientação em relação ao outro termo ao qual ele se refere. Assim, o termo que traduzo aqui por "fenômeno" (*xiang*) só adquire essa orientação de sentido em relação à noção de "concreto" (*you*, que, por sua vez, só adquire esse sentido em relação ao termo ao qual está associado: "dotado de aspecto") ou em relação à noção de "energia material" (*qi*, que, por sua vez, adquire esse sentido por oposição a *li*, princípio, ou *shen*, dimensão de espírito). Pois, em Wang Fuzhi, o mesmo termo *xiang* (traduzido aqui por "fenômeno") pode significar tanto "configuração implícita"[2] (em relação ao "Céu" e em oposição à "manifestação atualizadora",

---

1 ZM, XVIII, p.320.
2 ZM, II, p.29.

Processo ou criação

que caracteriza a Terra, e à "natureza individual", que caracteriza o homem[6] (em um uso mais antigo, *xiang* designa também as "representações celestes", *tian-xiang*))[3] como "manifestação fenomenal da energia material"[4] (em relação à energia material, *qi*; cf. o exemplo citado anteriormente), "realidade sensível e transitória do mundo exterior"[5] (em relação à "consciência fundamental" ou à "dimensão de espírito"),[7] "representação concreta" (em relação à denominação abstrata, *ming*; segundo a oposição tradicional entre a representação hexagramal, a palavra e o sentido)[8] etc.

É óbvio que, também na tradição ocidental (e, poderíamos generalizar sem medo, em todas as tradições), as noções filosóficas têm em um mesmo pensamento uma diversidade evidente de sentidos, dependendo da diversidade de seu emprego, e é esse jogo que permite que o pensamento filosófico se dialetize (no sentido platônico do termo) e funcione: por exemplo, em relação ao tema da criação, se estudo a noção de "imitação" (*mimésis*) em Platão, constato forçosamente que ela funciona em níveis muito diversos segundo o momento específico do diálogo e da intenção da argumentação: tanto para distinguir os diferentes tipos de "poesia" como para definir o *status* das artes em geral, ou o *status* de todo discurso e toda produção, inclusive a do mundo (como no *Timeu*). Toda noção trabalha com as noções que se associam a ela e define-se em relação a elas. A meu ver, a diferença parece residir no fato de que, na expressão chinesa do pensamento, os termos funcionam conceitualmente menos a partir deles mesmos, em função de uma semântica própria, do que por correlação com

---

3 ZM, II, p.42.

4 ZM, IV, p.65.

5 ZM, VII, p.123.

outro termo, em função de uma rede de associações, e como parte ativa de uma dualidade. Mesmo a noção de "Céu", termo único por excelência e pedra angular do pensamento letrado, não pode servir de conceito em si e por si e mal se constitui como noção, pois é sobretudo uma virtualidade indefinida de sentido, um fundo inesgotável de conotações e ressonâncias, um centro vazio, mas fecundo em implicações (daquela rica eficácia do vazio a que se deve sua disponibilidade essencial), e, portanto, somente tem uso conceitual a partir do termo que está correlacionado a ela, que a tira de sua polivalência e a orienta funcionalmente. Exemplos:

"Céu" em relação à "Terra" (*di*) → uma das duas instâncias do processo; iniciativa perseverante em relação à disponibilidade de moldar-se; cf. hexagrama *Qian*;

em relação ao "homem" (*ren*) → princípio de transcendência e fundamento da natureza humana com que o Sábio se identifica;

em relação ao "caminho" (*dao*) → curso regular das estações e engendramento sem fim dos existentes;

em relação à "ordem inerente" (*li*) → princípio de coerência das coisas e natureza intrínseca destas;

em relação ao "sopro" (energia material: *qi*) → céu atmosférico, realidade material do mundo em seu estado de não concreção (como latência e vazio original);

etc.

Duas observações são obrigatórias: se nesse caso falo de "orientação conceitual", é porque não posso pôr em dúvida a capacidade conceitual do chinês, uma vez que constato que, em cada uma dessas relações, há realmente um funcionamento conceitual que permite ao pensamento chinês conceber distintamente e operar;

Processo ou criação

por outro lado, a orientação conceitual surge somente por relação com outro termo e formando um sistema com ele. Encontramos aqui um aspecto fundamental do que nos parece ser a lógica do processo: nada existe isolada ou individualmente, seja na ordem do conceito ou na da realidade; ou, ainda, a conceituação só é possível a partir da relação e em consequência da interação das representações. Um funciona somente em relação ao outro, é a relação que é constitutiva e existe intrinsecamente por si mesma. O que significa que é através do *binômio*, a partir do duplo jogo de oposição e associação, que surge o valor operatório eficaz e determinante. A conceituação chinesa procede, portanto, por correlação, "à semelhança" de tudo que já foi assinalado a respeito da concepção do processo.

A expressão da própria noção de "processo" em Wang Fuzhi é um exemplo disso, pois não existe um termo único no chinês clássico que possa corresponder ao nosso conceito. De um lado, o semantismo do processo impregna todo o texto e lhe confere homogeneidade: as noções de "curso", "fluxo", "funcionamento", "não repouso", "mudança", "devir por substituição"[b] etc. De outro lado, uma dupla correlação capta-o de maneira exemplar: a de *Céu* e *Caminho*[i] (o Céu como ser constitutivo e o Caminho como seu funcionamento (*ti* e *yong*));[6] e a de *dimensão de espírito e transformação concreta*[j] (o espírito animando e regulando a transformação e esta encarnando constantemente o espírito). Os dois binômios pertencem a dois campos semânticos diferentes, mas correspondem logicamente um ao outro:[7]

---

6 ZM, III, p.57-8.

7 ZM, IV, p.60.

François Jullien

$$\text{"processo"} \begin{cases} \text{virtude do Céu} & \text{dimensão de espírito (o invisível)} \\ \quad\updownarrow \quad = & \quad\quad\updownarrow \\ \text{caminho do Céu} & \text{transformação concreta} \end{cases}$$

$$\text{cf.} \begin{cases} \text{ser constitutivo} \\ \quad\updownarrow \\ \text{funcionamento} \end{cases}$$

Em cada uma dessas correlações, os termos somente têm sentido em relação um ao outro e não podem definir-se como entidade separada: não se pode conceber Céu sem Caminho nem Caminho sem Céu, dimensão de espírito sem transformação concreta nem transformação concreta sem dimensão de espírito, ser constitutivo sem funcionamento nem funcionamento sem ser constitutivo. O texto de Wang Fuzhi é, de ponta a ponta, um vasto dispositivo que põe essas interações em marcha, que põe essas reciprocidades em operação. Pois o que é funcional é precisamente essa interdependência constitutiva, isto é, o próprio fato da *correlação* (por isso todas essas expressões se harmonizam perfeitamente, apesar das diferenças semânticas), e é ela que serve em si mesma, através de todos esses binômios equivalentes, de conceituação do "processo". Quanto à nossa noção de "processo", ela é irremediavelmente estática em sua individualidade semântica (ela desperta a ideia de "processo" por uma imagem distante: *procedere*, avançar), enquanto nas conceituações tradicionais utilizadas por Wang Fuzhi – Céu ⟳ Caminho, dimensão de espírito ⟳ transformação concreta (ser constitutivo ⟳ funcionamento) – esse "processo" está sempre em curso e nunca para de funcionar.

Esse princípio de conceituação por correlação vai ao encontro de um dos aspectos mais característicos da língua chinesa, tanto

Processo ou criação

por sua diversidade como por sua duração: o *paralelismo* (é ele que estrutura a poesia regular (*lüshi*) e deu origem a um certo tipo de prosa: a prosa paralela ou *piantiwen*); ora, esses efeitos de paralelismo (semânticos e sintáticos) se impõem fortemente na expressão de Wang Fuzhi. Recordamos que o pensamento do processo repousa, em seu princípio, sobre a concepção de uma dualidade de instâncias (*yin e yang*, Terra e Céu etc.) opostas em sua determinação e complementares em seu funcionamento (portanto em paridade), da qual nasce um jogo constante de interação que é constitutivo da realidade. É, portanto, o paralelismo que constitui logicamente nesse pensamento a tensão semântica mais fundamental e mais ordinária, seu regime corrente e regular. Por exemplo, do ponto de vista do substantivo (na medida em que essa distinção de funções faz sentido em chinês):

yin/yang	interior/exterior
Terra/Céu	ritos/música
Qian/Kun	humanidade/equidade
dia/noite	natureza original/atualização concreta
repouso/movimento	ordem imanente/energia material
	etc.

Do ponto de vista do adjetivo:

alto/baixo	límpido/opaco
quente/frio	masculino/feminino
firme/maleável	diferente/igual
pesado/leve	constante/cambiante
vazio/pleno	latente/manifesto
	etc.

Do ponto de vista do verbo:

ir/vir	passar através/ser obstruído
entrar/sair	aspirar/expirar
contrair/estender	abrir/fechar
ceder/vencer	avançar/recuar
aumentar/diminuir	afundar-se/elevar-se
	etc.

Quando entram em funcionamento na frase, esses pares de opostos dão origem ao sistema do texto, geram a inteligência do processo. O que resulta, por exemplo e em tradução literal (dividida em parágrafos para realçar o paralelismo):

O que é leve emerge,
o que é pesado submerge,
aproximando-se do alto: subir,
aproximando-se do baixo: descer,
em movimento e tendendo a ir é o movimento,
em movimento e tendendo a parar é o repouso:
tais são os princípios do dinamismo inerente à energia material
    no estágio da união harmoniosa de *yin-yang*,
constituindo o caráter intrínseco de suas disposições,
assim como o homem possui uma natureza fundamental.
Latência:
tal é o fundamento da harmonia não dissociada;
interação:
tal é a inclinação da necessidade.
Vencer ou ceder
depende do mais ou do menos de cada lado,

Processo ou criação

aproveitando a ocasião-posição,

ora vazio, ora pleno:

no momento de vencer é expansão;

no momento de ceder é contração:

Vencer-ceder, contração-expansão,

decair ou prosperar, morrer ou viver: o ponto de partida

de todos esses fenômenos são os princípios do movimento,

o que significa que tudo o que se manifesta espontaneamente:

    [no nível de] Céu e Terra, homens e coisas, [quer se trate de]

    diminuir ou crescer, morrer ou viver,

depende sempre dos princípios inerentes à Suprema Harmonia.

(*Zhengmeng*, p.1)

Na constituição da frase, o paralelismo realça não apenas o efeito de interação e reciprocidade, mas também a relação de analogia que une os diferentes aspectos da realidade e permite que eles cooperem entre si. Sempre como exemplo, em tradução literal (no início do capítulo "Shenhua"):

O grande vazio não é obstruído no nível das atualizações: donde
    clareza global e ordem-classe não perturbadas;

o homem de bem não é obstruído no nível das intenções: donde
    clareza constante e ação-princípio não desviados.[8]

Céu, Sábio: as duas frases são perfeitamente simétricas e se correspondem palavra por palavra. Ora, a função de analogia, tão comum na relação complementar do Céu e da Terra, tem uma implicação particularmente decisiva no que diz respeito à relação

---

8 ZM, IV, p.61.

entre o Céu e o homem, uma vez que é ela que gera a capacidade de o homem colaborar com o Céu, ou de se identificar com ele, quando se realiza plenamente:

> O Céu, graças à dimensão de espírito, conduz a energia material:
> as estações seguem seu curso e os existentes advêm;
> o homem, graças à dimensão de espírito, incita os existentes individuais:
> os costumes mudam e os usos se transformam.[9]

Energia material // existentes individuais, ciclo regular das estações // boa ordem das nações etc.: é típico da expressão paralela conferir uma dimensão dupla à frase pelo fato de ela ser lida não apenas linearmente, convergindo para a sua progressão individual à medida que se desenvolve, mas também transversalmente, abrindo-se e reagindo à frase que lhe corresponde. Ela é lida por interferência e paradigmaticamente, e não apenas por relação interna, em seu desenvolvimento sintagmático próprio, ou melhor, seu desenvolvimento depende constantemente, em seu próprio advento, da outra expressão. A lógica da correlação atua na organização do discurso como atuou antes na formação dos conceitos: tudo que é evocado individualmente no desenrolar da frase é percebido globalmente – interativamente – em relação a um parceiro e nunca isolado. Assim, o jogo de paralelismo que atua na expressão mantém constantemente associadas as diferentes faces do real, aprofunda a simples continuidade discursiva em uma continuidade estrutural e reproduz o efeito de coerência que é essencial para o processo.

---

9 ZM, IV, p.62.

Processo ou criação

De modo mais geral, e em maior escala, a expressão paralela determina o andamento usual da frase e dá ritmo ao pensamento:

A sabedoria é o que permite que se consiga explorar completamente a dimensão de espírito (*shen*),
a equidade é o que permite que se consiga tornar a transformação positiva (*hua*):
a consumação da sabedoria,
o aperfeiçoamento da equidade:
clareza global fim-começo,
sem ter de examinar as coisas (em detalhes):
seguindo o curso das ocasiões, situar-se sempre no centro delas e sem que haja modelos a instaurar.
Basta encarnar em sua pureza a inteira virtude do *yin-yang*,
a partir daí pode ser *yin*,
pode ser *yang*,
pode ser *yang*, ao mesmo tempo que *yin*,
pode ser *yin*, ao mesmo tempo que *yang*,
do mesmo modo que a primavera é suave, mas tem chuva fria,
o outono é rigoroso, mas tem vento tépido,
não há necessidade de esperar conhecer [para alcançar] a sabedoria,
não há necessidade de procurar harmonizar-se [para alcançar] a equidade.[10]

Jogo de interação, paralelismo, correlações: temos a impressão de que, expondo sua concepção do processo, Wang Fuzhi apenas desenvolve o movimento natural da frase chinesa – explicitar o

---

10 ZM, IV, p.64.

François Jullien

funcionamento lógico da língua, interpretar sua maneira singular de articular a realidade. A prova inversa seria dada pela nítida dificuldade que experimentamos ao tentar "passar" para o chinês uma articulação tão radicalmente diferente como a do *cogito*. Mas o que se disse sobre a tranquila confiança de Descartes na universalidade de seu pensamento, baseado na universalidade do bom senso e da razão, e independentemente de sua expressão, vale igualmente para Wang Fuzhi, isto é, para todo letrado chinês, porque ele vivencia sua língua como uma evidência confirmada por séculos de civilização (que não teve sequer a experiência de uma diversidade de línguas culturais como a que teve o Ocidente clássico, dividido entre línguas antigas e modernas), e, associando intimamente a centralidade e a perenidade de sua língua com as de sua civilização, ele nem desconfia que seja possível uma relativização, ou mesmo uma comparação: o contato com o sânscrito não teve esse papel, salvo em alguns pontos específicos (como certos aspectos da prosódia), de tal forma o mundo dos ideogramas e da caligrafia constitui uma totalidade fechada e autossuficiente, de tal forma o letrado confunde-se com esse instrumento único, até mesmo em seu *status* social e político, e de tal forma sua consciência coincide com o universo de sua língua e adere a ele. Sabemos que a inquietação moderna chamou nossa atenção para o enraizamento do pensamento no idioma: para o fato de o pensamento ser em primeiro lugar um comentário da língua, para o fato de o trabalho de reflexão dever-se acima de tudo à exploração de seus recursos. Não porque o filósofo queira sempre "dissecar" o seu campo, como disse Heidegger, mas simplesmente porque ele pensa por meio dela; sendo assim, em que medida a lógica do pensamento letrado, desenvolvendo sua intuição do processo, não se confunde com a lógica inerente à língua chinesa (ou é confirmada por ela)? E a obra

Processo ou criação

de Wang Fuzhi, apesar de tão polêmica em tantos aspectos, não oferece à civilização dos letrados o nítido espelho de sua unanimidade?

A gramática chinesa não é insensível às possibilidades de enunciação do processo. O fato de a função verbal não se prestar à conjugação e não marcar morfologicamente a relação com a pessoa ou com o tempo contribui para lhe dar puro valor de processividade ("traduzido" por nosso infinitivo), assim como a não distinção entre voz passiva e voz ativa reduz a ênfase explícita em um sujeito agente (autor e criador) em relação ao que aparece necessariamente como pura passividade do objeto de sua ação (ou criação). "Em todo texto chinês", diz Jacques Gernet, "há um tom geral de impessoalidade. A ação da natureza, como é concebida pelos chineses, é impessoal e imparcial. O Céu age sem intenção (*wu xin*)."[11] Quando Platão narra a criação do mundo no *Timeu*, o texto se organiza a partir das relações de causa e propósito expressas por um arsenal de preposições (*diá* + acusativo; *eneka* + genitivo; *epí* + acusativo). Por exemplo: "Quanto à voz e à audição, nosso raciocínio será sempre o mesmo: os deuses nos fizeram presente deles pelos mesmos motivos e para os mesmos fins".[12] Ora, na língua de Wang Fuzhi, as "palavras vazias" (*xuzi*) que servem para fazer as ligações lógicas realçam as relações de *implicação* e *encadeamento*: seja a partícula *ze*[k] no sentido de "isso acarreta aquilo" (por exemplo "limpidez implica (*ze*) atualização"),[13] seja a partícula *yi*[l] como expressão de consequência (por exemplo, "em repouso, de modo que se forma o concreto"[14] ou "perma-

---

11 Jacques Gernet, op. cit., p.332.

12 *Timeu*, 47c.

13 ZM, I, p.15.

14 ZM, I, p.19.

necer na dimensão de espírito, de modo que a energia material é dirigida"),[15] a atenção se concentra mais na relação de antecedente e consequente do que na procura de uma origem ou na evidenciação de uma finalidade: de um lado, o ponto de vista é o da construção abstrata e da explicação lógica; de outro, é o do desenrolar contínuo e da coerência do funcionamento.

Uma partícula em especial tem um papel decisivo nesse contexto, e cujo sentido merece ser esclarecido (*er*).[m] Ela pode exprimir uma simples concordância (isso ao mesmo tempo que aquilo: por exemplo, "conformar-se *e* não opor-se",[16] "o homem vive *e* (*ao mesmo tempo*) está em relação de interação com os outros existentes")[17] ou o desenvolvimento de uma mesma lógica (isso e, em consequência, aquilo: "nascer *e* prosperar",[18] "dispersar-se *e* (*em consequência*) retornar ao vazio").[19] Mas ela também pode exprimir, mais especificamente, a coexistência de aspectos opostos (isso, mas ao mesmo tempo aquilo: "isso pode ser *yin*, mas (*ao mesmo tempo*) pode ser *yang*",[20] "folhas e ramos secam, *mas* raízes e tronco vicejam"),[21] ou mesmo, o que é ainda mais crucial do ponto de vista da lógica do processo, a inversão da tendência e a conversão de um em outro (disso para o seu contrário: "o frio acaba *e* começa o calor, o calor acaba *e* começa o frio",[22] "o repouso (levado) ao extremo *e* começa o movimento, o movimento (le-

15 ZM, I, p.28.
16 ZM, I, p.5.
17 ZM, I, p.2.
18 ZM, I, p.26.
19 ZM, I, p.5.
20 ZM, IV, p.64.
21 ZM, I, p.7.
22 ZM, I, p.19.

Processo ou criação

vado) ao extremo *e* começa o repouso").[23] A partícula exprime o puro fato da transição, seja no sentido de um desenvolvimento do mesmo:

> quando há concentração, *há transição (er)* para a atualização (quando há dispersão, *há transição (er)* e retorno ao grande vazio),[24]

seja no sentido de uma transformação no outro e de uma inversão por alternância:

> quando há concentração, *há transição (er)* para a dispersão (quando há dispersão, *há transição (er)* e retorno à concentração).[25]

Em ambos os casos, a mesma partícula mostra a realidade em curso, isto é, *evoluindo*: por exemplo, na expressão antiga "oculto *e* manifesto",[n26] a partícula não significa apenas "mas" ("oculto, *mas* manifesto"), o que levaria a uma oposição paradoxal cuja lógica é totalmente estranha ao confucionismo, mas, sim: "oculto, *mas tornando-se* manifesto", o que exprime a coexistência dos contrários de um ponto de vista não estático e sim dinâmico, segundo a perspectiva de um devir por substituição. Verdadeira "palavra vazia" dentro da proposição enunciadora do processo, ela representa o "jogo" próprio desta última (no sentido de jogo necessário para que haja um bom funcionamento): no termo ocidental "metafísica", a preposição grega *meta*, "além", estabele-

---

23 ZM, I, p.2.
24 ZM, I, p.8.
25 ZM, I, p.7.
26 NZ, p.480.

François Jullien

ce a separação dos dois domínios, definitivamente distintos; na expressão chinesa antiga dada como seu equivalente: "atualização – *er* – acima" / "atualização – *er* – abaixo", a mesma partícula *er* em torno da qual giram as duas expressões paralelas exprime uma relação ativa de correlação e, ao mesmo tempo, de oposição (os dois aspectos precisam se unir para poder se separar, comenta Wang Fuzhi),[27] e cada um dos dois aspectos permanece em interação com o outro e advém através dele. A realidade é apreendida em seu devir, e é essa perspectiva que encontramos no fundo do pensamento chinês mais antigo: a que ganhou forma no *Livro das mutações* e serve de modelo teórico a Wang Fuzhi.

---

27 WZ, p.965.

12

Um modelo para pensar o devir (fornecido pela interpretação do Livro das mutações*)*

Mais do que qualquer outro texto fundador da civilização chinesa, crônica e coletânea de documentos, antologia de poemas e rituais, O livro das mutações (*Zhouyi* ou *Yi Jing*), a partir de um sistema de representação por linhas destinado à adivinhação, é que fornece a esse pensamento os principais aspectos constitutivos de sua visão do mundo e da realidade. No crepúsculo de sua vida, Confúcio tinha tanto prazer em consultar o velho tratado que "os cordões que atavam o livro se rasgaram três vezes".[1] Devemos, portanto, voltar a ele, e de maneira mais central ainda. Pois, além da lição dos fatos, da inauguração dos ritos e da evocação exemplar das emoções, O livro das mutações — que "fala do Céu e da Terra, de *yin* e *yang*" e explora o devir em seus princípios mais recônditos — constitui o quadro principal da grande tabulação canônica e serve de "filosofia primeira" para a reflexão letrada. É ele que é tradicionalmente incumbido de explicar o mistério do mundo em seu fundamento de invisível, e é a ele que os pensadores neoconfucianos recorrem naturalmente (a partir do século XI) quando

---

1 Sima Qian, *Shiji*, "Kongzi shijia".

tentam sistematizar sua própria concepção dos princípios do universo e da realidade, em reação às posições da metafísica budista. A série de figuras hexagramais formadas pela oposição de linhas contínuas e descontínuas (— e --) fornece uma representação concreta do curso do Processo; as diversas camadas de comentários que foram sucessivamente acrescentadas ao conjunto de hexagramas durante a Antiguidade fornecem as representações básicas que permitem pensar e formular sua coerência. O próprio Wang Fuzhi distingue nitidamente um estado anterior do texto, composto apenas pelas figuras elementares (obra de Fu Xi, inventor dos primeiros trigramas) e ainda próximo das origens da adivinhação, com função puramente prática, e o estado posterior do mesmo texto (resultante da reflexão do rei Wen), quando a noção de devir por alternância e substituição (sentido de *yi*)[a] adquire consistência teórica e serve de fundamento à compreensão do lugar do homem no universo, de sua natureza original e vocação moral (noção de *xingming*).[b2] Mas Wang Fuzhi não dissocia um aspecto do outro, pois é essencial para ele que seja uma mesma lógica que conduza a sequência simbólica dos primeiros trigramas à concepção arquetípica de um curso do mundo, pensado em sua generalidade. Considerado em sua totalidade (representações e comentários), o texto do *Livro das mutações* está no centro da reflexão de Wang Fuzhi (como já estava na de Zhang Zai): foi ele quem o comentou com mais abundância (desde o *Comentário exterior* (*Waizhuan*), sua primeira grande obra, até o *Comentário interior* (*Neizhuan*), no qual ele trabalha até a velhice), e é a partir do modelo que ele fornece

---

2 NZ, p.3-4; sobre sua concepção das sucessivas etapas da formação do *Livro das mutações*, assim como dos respectivos papéis de seus diferentes componentes, cf. Xiao Hanming, op. cit., cap. I e II.

Processo ou criação

que Wang Fuzhi pensa e articula as diversas relações fundadoras: estrutura e transformação, sistema e variação, manifestação concreta e dimensão de invisível.

O primeiro aspecto original da interpretação de Wang Fuzhi do *Livro das mutações* já é nosso conhecido: a distinção entre os dois primeiros hexagramas, considerados em paridade um com outro (*Qian* e *Kun*, Céu e Terra), e o conjunto dos outros (do terceiro hexagrama, *zhun*,[3] ao sexagésimo quarto, *weiji*[4]) que são variação daqueles. À frente do Processo, os dois primeiros hexagramas, opostos e complementares, representam o capital absolutamente total e suficiente da realidade (seis linhas *yin* e seis linhas *yang*, ☰ e ☰, isto é, toda a positividade inerente ao Processo) e as outras figuras, procedendo por substituição das linhas, revelam a mutação contínua. Assim, o entrelaçamento de *yin* e *yang* culmina com os hexagramas *chi chi* ䷾ e *weiji* ䷿ (os dois últimos); a vitória de *yin* sobre *yang* (e vice-versa) com os hexagramas *fu* ䷗ e *kou* ䷫, *guai*[5] ䷪ e *bo*[6] ䷖; a manifestação absolutamente pura de *yin* e *yang* com os hexagramas *Qian* ䷀ e *Kun* ䷁, os dois primeiros, os fundadores do Processo.[7] Estágio de extrema radicalização ou absolutização (seis linhas *yin* em face de seis linhas *yang*): eles são como os dois batentes de uma mesma porta (veja-os representados no ideograma *men* 門, a porta com os dois batentes) que servem de moldura e "entrada" por onde flui o Processo. No estágio extremo dos dois primeiros hexagramas, tomados à parte

---

3 Na nomenclatura de Richard Wilhelm (op. cit.): *chun*. (N. T.)
4 Na nomenclatura de Richard Wilhelm (op. cit.): *wei chi*. (N. T.)
5 Na nomenclatura de Richard Wilhelm (op. cit.): *kuai*. (N. T.)
6 Na nomenclatura de Richard Wilhelm (op. cit.): *po*. (N. T.)
7 WZ, p.991.

e um em conjunto com o outro, o Processo é considerado em seu ser constitutivo (*ti*); no caso dos outros hexagramas, o Processo é considerado em seu funcionamento (*yong*).[8] Mas sabemos que esses dois aspectos são absolutamente indissociáveis, posto que são a mesma realidade: o que *O livro das mutações* nos mostra através do hexagrama, isto é, de cada hexagrama, é uma mesma e única estrutura em perpétua transformação. Aliás, Wang Fuzhi tendeu a interpretar com o máximo rigor a lógica interna que, de caso de figura em caso de figura, constitui o princípio dessa transformação: seja por inversão das linhas (por exemplo, entre *meng* ䷃ e *ge* ䷰); seja por permutação entre alto e baixo (por exemplo, entre *meng* ䷃ e *zhun* ䷂.[c] O primeiro modo de transformação corresponde à oposição de "latente" e "manifesto", o segundo à alternância de "ida" e "vinda" (ou "expansão"" e "retração"); esses dois modos sozinhos dão conta da coerência inerente à transformação, como substituição dentro de um conjunto fechado, tanto no nível da operação como no de seu significado. Devemos chamar a atenção ainda para outro princípio de interpretação do *Livro das mutações* muito enfatizado por Wang Fuzhi: cada hexagrama que sucede a outro contém sempre o mesmo número constante e total de linhas, sem aumento nem diminuição (seis *yin* e seis *yang*, todo o capital do processo), porém umas são manifestas (as que caracterizam o hexagrama) e outras são latentes (disso decorre a capacidade de transformação).[9]

Dessa forma, *O livro das mutações* fornece todo o sistema da realidade: de um lado, porque é capaz de explicar a mais extrema complexidade (a do concreto:[d] a multiplicidade dos casos de fi-

---

8 NZ, p.3-4.
9 WZ, p.991.

Processo ou criação

gura representados por cada um dos hexagramas e a diversidade dos casos de transição de um para o outro), com a mais extrema simplicidade (a dos princípios: as duas virtudes opostas "Céu" e "Terra": apenas seis linhas *yin* e seis linhas *yang*);[10] de outro, porque mantém ativa e operante, no curso das mutações, a interdependência que é essencial à realidade: do mesmo modo que cada hexagrama contém implicitamente as seis outras linhas que constituem seu inverso e pode se converter nele, toda manifestação singular de existência possui em si o outro oculto dela mesma e funciona correlativamente com ele. Esse é o caso exemplar dos dois primeiros trigramas: "trovão" e "vento" (*zhen* ☳ e *xun* ☴); "sol" e "lua", "quente" e "frio" (*li* ☲ e *kan* ☵); "masculino" e "feminino" (*gen* ☶ e *dui* ☱).[11] Todo o real é naturalmente emparelhado (procede sempre do cruzamento e da interação de *yin* e *yang*) e extrai disso a lógica de seu desenvolvimento. Esse sistema, portanto, é necessariamente o de um processo sem fim: na estrutura transformacional constituída pela série de hexagramas, começo e fim encadeiam-se e engendram-se mutuamente, sem que o fim seja o término absoluto nem o começo seja o princípio primeiro. Sem que possa haver extinção ou criação (nem morte nem nascimento reais).[12] É o primeiro ensinamento do hexagrama: a necessidade de transformação contínua está inscrita na própria estrutura das coisas, e a estrutura somente é possível em transformação (*ti* e *yong*). Estrutura e transformação são os dois aspectos indissociáveis de uma mesma realidade – isto é, de toda a realidade, e por isso a realidade existe como realidade.

---

10 WZ, p.920.

11 WZ, p.919.

12 NZ, p.471.

François Jullien

Não basta que o sistema de interpretação fornecido pelo *Livro das mutações* seja funcional: ele deve ser *exaustivo*. Ele só é realmente funcional na medida em que é constantemente válido, sempre completo. Essa exigência de exaustividade está presente em todos os níveis. É explorada já no próprio hexagrama, em suas diversas gradações: em seu estágio mais elementar, par e ímpar, linha descontínua e linha contínua (-- e —) simbolizam, em si mesmos e por alternância, os princípios de toda a realidade, *yin* e *yang*, Terra e Céu; no último estágio de seu desenvolvimento (par e ímpar multiplicados por dois, porque a realidade é sempre dual: as seis linhas do hexagrama), os diversos estágios que compõem a figura reproduzem simbolicamente e de modo global as instâncias constitutivas da realidade:[f13]

> *Linhas 5 e 6:* o Céu sob os seus dois aspectos: *yin* e *yang*.
>
> *Linhas 3 e 4:* o Homem sob os seus dois aspectos: "humanidade" e "equidade".
>
> *Linhas 1 e 2:* a Terra sob os seus dois aspectos: "firme" e "maleável".

De acordo com essa formalização simbólica – três instâncias (apenas as três) apresentando-se em seus dois aspectos opostos e complementares –, o hexagrama é uma totalidade. É formado de duas metades que se completam (linhas 1 a 3: parte inferior (*zhen*); linhas 4 a 6: a parte superior (*hui*)): seu equilíbrio se reparte regularmente da base ao cume. As linhas se emparelham sistematicamente duas a duas, seja por proximidade (1 e 2, 3 e 4, 5 e 6), sustentando-se mutuamente, seja por consonância à distância[g] "e

---

13 NZ, p.466-7.

Processo ou criação

analogia entre uma parte e outra (1 e 4, 2 e 5, 3 e 6). O hexagrama também contém uma lógica de associação por contiguidade e de desenvolvimento por similaridade[14] (cf. "metáfora" e "metonímia", segundo o órganon ocidental). O hexagrama é dotado de uma exemplaridade completa, serve de modelo reduzido a toda a realidade, é o diagrama da integralidade.

Acontece o mesmo com a sequência de hexagramas, considerados em série: em par, *Qian* e *Kun* (Céu e Terra) constituem a totalidade; em oito, os (oito primeiros) trigramas formam um conjunto sistemático e completo (Céu e Terra, Trovão e Vento, Sol (quente) e Lua (frio), Masculino e Feminino); no estágio completo das sessenta e quatro figuras, o conjunto serve de modelo a toda a diversidade do concreto. A partir das manipulações implicadas, podemos levar mais longe o simbolismo da exaustividade: a soma do número 216 (número obtido a partir de *yang*) e do número 144 (número obtido a partir de *yin*) dá 360 e corresponde aos dias do ano; o número de varetas de milefólio usadas na operação (11.520) corresponde à soma dos "dez mil seres", número simbólico da totalidade.[15] Mas os detalhes desse simbolismo têm pouca importância. Significam apenas que o funcionamento empregado pelo *Livro das mutações* deve ser capaz de apreender a diversidade infinita das transformações do mundo, por mais diferentes e heterogêneas que sejam, sem deixar escapar nada.[16] Não foge a esse quadro nem mesmo a extrema confusão em que se afundam os períodos de declínio, quando o mundo

---

14 NZ, p.502-3.

15 Id.

16 NZ, p.555.

perde coerência e a desordem prevalece[17] – e ela acaba reabsorvida. O hexagrama é o conceito mais abrangente que se pode imaginar, sua estrutura transformacional vale para todo o processo.

Mas, para que a capacidade transformacional do sistema continue a funcionar plenamente, não podemos reduzi-lo a um modelo único (unívoco e predeterminado). O que quer dizer que o sistema operatório do hexagrama só é pertinente *se não é codificado*. Ele não é o padrão ao qual deve obedecer a transformação. Pois, se queremos que o pensamento do processo possa elucidar a realidade, esse processo não pode ser concebido de forma estereotipada, mas deve ter sempre, em si mesmo, um lugar para a diferença, para o extravio, para a novidade. Guiado pela intuição dos antigos comentadores do *Livro das mutações*, Wang Fuzhi pensa mais profundamente a relação que une sistema e variação, exaustividade e variabilidade.[b] O modelo só tem valor se preserva a capacidade de representação da vida; o pensamento do processo só tem sentido se a necessidade do conjunto e a singularidade do momento, a previsibilidade lógica e a indeterminação do concreto se encontrarem e se determinarem através dele.

Por isso é fundamental que a estrutura do hexagrama seja polivalente, do mesmo modo que é determinada.[i] Polivalência, por exemplo, da posição referente ao "homem", que, ao mesmo tempo que corresponde especificamente às duas linhas do meio (uma vez que, de todos os existentes, o homem é o único que possui o próprio caminho entre o Céu e a Terra), também pode se confundir com as linhas superiores e inferiores do hexagrama (uma vez que o homem, do mesmo modo que todos os outros

---

17 NZ, p.556.

Processo ou criação

existentes, origina-se necessariamente do Céu e da Terra), evo-luindo no conjunto das seis linhas.[18] Polivalência também da função de *centro*, já que o hexagrama possui não um centro único (entre as linhas 3 e 4), mas dois centros paralelos (as linhas 2 e 5). Isso significa sutilmente, em relação à lógica do processo, que na atualização definitiva não há mais um centro perceptível, porque tudo é individualização autônoma e singular;[j] já no está-gio anterior à atualização, não há nada que possa constituir um centro, porque, no nível da latência, tudo participa da comunhão essencial.[k19] Se formos ainda mais fundo: se houvesse apenas um centro, a estrutura estagnaria, não haveria mutação sem fim, pois é na medida em que há coexistência de dois centros rivais que a estrutura não estagna e está continuamente em transformação[l] (a dualidade dos centros é tão necessária à lógica do processo quanto a dualidade das instâncias). A centralidade nunca é determina-da previamente: é uma variável que depende da ocasião. O que também se traduz necessariamente no plano ético: todo extremo pode ser um termo médio constitutivo da moralidade (tanto a dor como a alegria, tanto envolver-se como retirar-se), desde que corresponda ao que é exigido pela situação do momento. Não se acomodar às meias-medidas (não se atrever nem a avançar nem a recuar, nem a fazer nem a não fazer), mas, ao contrário, ser capaz de fazer tanto uma coisa como a outra, mas sempre em função da ocasião. No oposto da platitude da média, Wang Fuzhi se insurge contra todos os que, na tradição chinesa, interpretaram a *aurea mediocritas* no sentido da timidez.[20] A verdadeira centralidade é o

---

18 WZ, p.1002.
19 WZ, p.1003.
20 Id.

contrário da equidistância estática (o que seria um centro único do hexagrama) e manifesta-se quando a radicalização do extremo permite alcançar a unidade:[m] haver *dois centros* possíveis e concomitantes significa que podemos nos irmanar com o real variando entre um polo e outro, sem renunciar à imparcialidade; que o processo do mundo pode sempre "ir até o fundo da realidade das coisas",[21] isto é, até o fundo de seus mutações, e nem por isso perder a constância e a equidade que o fazem existir indefinidamente como processo.

O mesmo acontece com a sequência de hexagramas: ela não obedece a uma ordem regular. A ordem de apresentação usual dos hexagramas é apenas uma comodidade. Wang Fuzhi se opõe em particular aos sistemas de interpretação que consistem em conceber essa sequência segundo uma lógica de progressão constante e predeterminada (como a de Jing Fang, por exemplo: *Qian* ䷀, depois *gou*[22] ䷫, depois *dun*[23] ䷠ etc.).[24] Tais esquemas matam os recursos inesgotáveis dos hexagramas, reduzindo a iniciativa própria da realidade. Na verdade, apesar de o processo obedecer a uma ordem geral imprevisível, ele é uma variabilidade particular do concreto.[n] Acontece o mesmo na ordem da natureza, em que, apesar do ciclo constante das estações, na transição de uma estação para outra sempre ocorrem flutuações; acontece o mesmo com cada existente singular, que, embora deva evoluir inevitavelmente

---

21 WZ, p.1004.

22 Na nomenclatura de Richard Wilhelm (op. cit.): *kou*. (N. T.)

23 Na nomenclatura de Richard Wilhelm (op. cit.): *tung jên*. (N. T.)

24 NZ, p.561; sobre a questão dos diferentes modos de classificação dos hexagramas, assim como a crítica de Wang Fuzhi à tradição do *Xuguazhuan* retomada por Cheng Yi, cf. Xiao Hanming, op. cit., p.39 et seq.

Processo ou criação

do vigor da juventude ao declínio da velhice, tanto pode adoecer no auge da vida como pode gozar de boa saúde na velhice. Ora, é precisamente essa desordem concreta, não redutível às grandes evoluções de conjunto, que *O livro das mutações* tenta apreender. Segundo duas coordenadas: o momento e a posição.° Cada hexagrama obtido a partir de determinadas manipulações oferece a imagem de uma situação em particular, que deve ser interpretada em sua evolução a partir das linhas constitutivas (*yin* ou *yang*) e em relação às posições que elas ocupam. A adequação não pode ser preestabelecida, *in abstracto*, mas deve ser decifrada em função da tendência de conjunto do hexagrama e da conveniência de cada linha: assim, tal posição dentro do hexagrama, que normalmente corresponde a tal posição social, pode ter um significado diferente em função da tendência e da configuração; de modo geral, a linha inicial, na base do hexagrama, é a mais difícil de interpretar, ao passo que a interpretação da linha superior é particularmente fácil, porque ela deriva nitidamente da linha que a precede e representa a realização que se esperava da inclinação.[25] Fazer intervir a estrutura transformacional do hexagrama visa a esclarecer, sempre de forma necessariamente individual e momentânea, o que existe de indeterminado na transformação: o *conformismo* do Sábio, no sentido profundo e estrito do termo, consiste precisamente em saber adaptar a constância dos princípios à singularidade das ocasiões (avaliando todas as suas circunstâncias),ᵖ o que permite preservar a pertinência desses princípios e promover sua eficácia. Portanto, não se trata de tentar assimilar o efeito de desordem codificando o funcionamento do hexagrama, mas, ao contrário, de fazer a estrutura do hexagrama

---

25 NZ, p.564.

servir para elucidar de forma mais precisa e perspicaz a inclinação particular do processo iniciado. As modelizações prévias não são totalmente possíveis, os esquemas preestabelecidos acabam estagnados. Para servir efetivamente de representação exploratória do processo, o sistema do hexagrama deve mostrar *disponibilidade* e *exaustividade*. Ou melhor, não há realmente combinatória, mas complexidade: o pensamento do processo somente tem sentido na medida em que o grande princípio regulatório da alternância consegue articular-se com o improviso característico da existência. Disso resulta a unicidade das consonâncias. A realidade é como uma melodia: ela cria harmonia a partir de suas variações – e sem se limitar à ordem preestabelecida das notas.[26]

Mas que tipo de "livro" é *O livro das mutações*? É um livro composto não só de palavras ("julgamentos" e comentários), como também de representações figuradas (os hexagramas que são objeto dele); não só de representações figuradas, como também de manipulações (as operações realizadas com as varetas de milefólio das quais resulta o hexagrama apropriado). A transformação é objeto não só de enunciados, como também de esquemas e intervenções. Livro tanto "prático" (que se deve praticar) quanto teórico: livro para ser interpretado, representado, manipulado (ou na ordem inversa). *Texto* único, em que nenhuma camada, como recorda Wang Fuzhi, pode ser negligenciada.[27] De fato, antes de se manifestar como sentido, o processo funciona como uma estrutura e, para apreendê-la, *O livro das mutações* não pode funcionar apenas no nível do enunciado, mas deve pôr em marcha

---

26 WZ, p.1013.
27 NZ, p.520-1.

Processo ou criação

um *dispositivo operatório* múltiplo que possa imitar completamente de dentro o dinamismo inerente à realidade.

Entre as manipulações e as interpretações, o que está no centro desse dispositivo hermenêutico é a representação do hexagrama (*xiang*).[28] Tudo pode ser subsumido por meio dessa representação: tanto o advento quanto o desaparecimento dos existentes, a alternância de ordem e desordem no mundo, o caráter adequado ou não das ações ou empreendimentos.[29] Sabemos que a tradição chinesa duvida da universalidade dos conceitos lógicos (os que são estabelecidos pelo discurso). Ora, o hexagrama não é operatório enquanto representação intelectual (necessariamente abstrata e codificada), mas como uma pura estrutura transformacional que serve de diagrama à realidade: cada linha constitutiva evidencia[30] a mutação em curso, permitindo que os fatores de movimento envolvidos sejam identificados.[31] O hexagrama, portanto, é o único conceito adequado ao processo, uma vez que, no corte que ele oferece, a situação está sempre em evolução e em globalidade: por isso a sequência de hexagramas permite apreender, através das *modificações* da representação *concreta*, a *eficiência invisível* em atividade no interior do processo.[32] Porque se os sessenta e quatro hexagramas e seus trezentos e oitenta e quatro modos de mutação mostram a extrema diversidade das transformações (as transformações levadas ao seu extremo)[5] e permitem que se vá ao cerne das flutuações sem fim do concreto, seu funcionamento

---

28 NZ, p.540-1.

29 NZ, p.488.

30 NZ, p.541.

31 NZ, p.524.

32 ZM, IV, p.75-6.

depende apenas do efeito de permutação e inversão, de ida e vinda das seis linhas *yin* e das seis linhas *yang*: "extrema facilidade" e "perfeita simplicidade" operam através da complexidade do mundo e revelam a dimensão de espírito efetivamente em ação no interior do hexagrama, de forma invisível, permitindo continuamente a transição de uma atualização para outra (sem estagnação nem obstrução).[t] Assim, podemos considerar que *O livro das mutações* "acompanha" o processo do universo [u33] e serve de "revelação" perfeita à realidade:[v] através do jogo interno da representação concreta, é todo o invisível que se deixa captar.[w34]

Wang Fuzhi considera que há historicamente dois erros opostos no método usado para interpretar *O livro das mutações*. Os letrados do período Han se fixaram obstinadamente nas representações concretas[x] e, empenhando-se em críticas forçadas, se perderam em combinações artificiais e complicadas.[35] A reação representada por Wang Bi (século III), que consistia em deixar de lado as representações concretas (os hexagramas) e dar atenção apenas ao seu significado de invisível além delas, levou à concepção de uma dimensão de invisível separada do sensível, e sem sustentáculo possível. Uns se perderam na charada, outros descambaram na metafísica. Especulações inúteis, de um lado e de outro, que derivam de uma mesma ignorância da correlatividade. As combinações de linhas e números não têm sentido fora de sua dimensão de espírito; por outro lado, a dimensão de espírito que as anima se manifesta inteiramente através delas (e, portanto, não pode se constituir como entidade inefável fora delas).

---

33 NZ, p.470.
34 ZM, XIV, p.247.
35 WZ, p.975-6.

Processo ou criação

Os diferentes estágios do texto funcionam em conjunto,[5] e esse é justamente um dos ensinamentos mais importantes do *Livro das mutações*: através da indissociabilidade das representações hexagramais e de seu significado de invisível é sublinhada e confirmada a indissociabilidade do fenomenal e do espírito.

Embora o funcionamento do *Livro das mutações* vise à "revelação" do Processo,[36] avaliamos como esse "livro" difere dos livros das religiões "reveladas". No entanto, acreditamos descobrir de ambos os lados a mesma relação entre a representação figurada (hexagrama ou discurso) e o seu além de "espírito", e comparamos, do ponto de vista do objeto, a função do *mûthos* (como nossas civilizações a conheceram) e a representação hexagramal do *Livro das mutações* (sobretudo porque na China, ao contrário das grandes culturas antigas, o mito não tem um papel estruturador relevante).[37] De ambos os lados, há um sentido profundo que está "oculto",[a] o do mistério do universo e da vida, e compete ao texto elucidá-lo. No entanto, enquanto as representações metafóricas do mito grego ou da alegoria cristã supostamente contêm uma "mensagem" de verdade no fundo delas mesmas, as representações hexagramais do *Livro das mutações* têm o propósito de apreender, através da ordenação das linhas, o dinamismo inerente à realidade. De um lado, o ser da transcendência em um fundo de eternidade; de outro, o bom andamento do curso do mundo em sua lógica interna e em sua continuidade. Enquanto a representação mítica vai necessariamente na direção de uma teologização do mundo (de Platão a Próclo e Plotino), a

---

36 NZ, p.503.

37 Cf. nosso estudo in: *La Valeur allusive*, op. cit., p.245-6.

representação metafórica própria da tradição chinesa elimina a possibilidade de interpretação teológica da realidade. O que é analisado em relação à divergência dos funcionamentos "simbólicos" envolvidos. Toda a tradição grega, que se interessa pela interpretação filosófica dos mitos, ressalta a necessidade de transcender o caráter fictício, fabulador, da narrativa mítica para vislumbrar a verdade que se oculta em seu interior; do mesmo modo, toda a teologia cristã das Escrituras opõe ao exterior da letra o *interior* do sentido místico que ele envolve ou esconde (cf. as representações tradicionais do *integumentum* ou do *involucrum*, que estão ligados ao revestimento e ao envoltório): o resultado é uma oposição conflitante de níveis, no interior do signo figurativo, entre aparência e realidade, entre ilusão e verdade, que suscita a perspicácia de nossa inteligência na medida em que está ligada a uma dialética da representação que lança mão do nosso desejo (*quae plus latent plus placent*: Próclo observa que os mitos que oferecem uma visão grotesca ou vergonhosa da divindade – teomaquia, adultério, castração... – são logicamente mais profundos, porque nos instigam a considerar uma transcendência mais pura). Ora, a famosa metáfora do véu que atravessa a concepção ocidental do mito ou da alegoria (concebidos como um "enigma": *ainitesthai* é o verbo usado) é espantosamente ausente do contexto chinês: enquanto a tradição exegética do mito ou da alegoria está relacionada a um princípio de valorização da ocultação (que revela tanto mais pelo efeito de toldamento; cf. a tradição do *epikrupsis*) e da ficção como representação profunda, é notável que, na tradição do *Livro das mutações*, a representação metafórica consiga fazer espontaneamente o papel de conector entre a deficiência do discurso e o inefável da intuição, sem que o espírito tenha de se voltar contra a figuração da imagem (a figuração do hexagrama

Processo ou criação

nunca se transforma em aparência ou ficção) e sem que sejamos conduzidos a renunciar ao plano da representação para ter acesso ao da contemplação: a representação sensível não se aproveita de um efeito de paradoxo (que projeta o pensamento para longe dela) e *contém* implicitamente o invisível através dela. Verificamos mais uma vez, mas nesse caso em relação à sua origem (*O livro das mutações*), a extrema originalidade do pensamento letrado que, por se fundamentar no pensamento do processo, tem acesso a uma intuição da transcendência sem recorrer à metafísica ou à fé. Nada emana de uma Palavra; tudo repousa desde o princípio em uma simples combinação de linhas. O pensamento do devir não leva o homem a ansiar por uma fuga, concebendo o mundo da eternidade, mas a irmanar-se perfeitamente com o fundamento de invisível através de seu advento concreto: para analisar esse curso do devir da maneira mais *penetrante* possível e, portanto, ter a capacidade prática de controlá-lo.

13
Da análise do devir ao seu domínio

Seja através das manipulações, das representações hexagramais, dos julgamentos ou dos comentários, o objetivo do *Livro das mutações* é sempre o mesmo: esclarecer metodicamente a lógica inerente ao processo em curso. A primeira articulação implicada é a da *mutação* e da *continuidade*: transformação *ou* transição, engendramento do outro ou amadurecimento de si mesmo.[a] As duas noções são opostas e complementares, e todo devir obedece necessariamente à alternância:[1] *transformação-regulação*, de um lado, resultando em uma nova configuração;[b] *promoção-continuação*, de outro, conduzindo ao pleno desenvolvimento a configuração já esboçada.[c] Enquanto a mutação procede da interação dos fatores (constitutivos do processo) e conduz ao reequilíbrio da relação entre eles,[d] a continuação corresponde ao fortalecimento desses fatores e cada um se desenvolve por assimilação[e] até o máximo de suas possibilidades. No primeiro caso, há interpenetração recíproca de um fator com o outro;[f] no segundo, há associação de

---

1 NZ, p.523-4.

um fator com ele mesmo.[2] No primeiro caso, a evolução introduz ruptura e inversão; no segundo, a evolução se traduz em transição (gradual) e prolongamento. O ciclo das estações é um exemplo claro.[3] Do inverno para a primavera (do frio para o calor) e do verão para o outono (do calor para o frio), há transformação por inversão: duas vezes ao ano, um fator desaparece progressivamente e outro toma o seu lugar; da primavera para o verão (cada vez mais quente) e do outono para o inverno (cada vez mais frio), há acentuação e intensificação de um mesmo fator: duas vezes ao ano, um dos fatores se fortalece até o extremo de sua radicalização. Um momento implica o outro, as estações se sucedem e ao mesmo tempo se opõem, o ciclo é regular.

A alternância reguladora do processo[b] opõe "engendramento externo" e "realização interna",[4] uma distinção funcionalmente equivalente à da mudança qualitativa ou quantitativa, conforme os termos que nos são familiares.[5] No primeiro caso, a mudança é uma virada que reorienta completamente o processo; no segundo, ela opera uma transição gradual na orientação adotada. Mas toda radicalização do mesmo conduz ao seu esgotamento, toda tendência que alcança seu paroxismo leva a um impasse: da intensificação do mesmo nasce a necessidade de renovação por mutação. Do mesmo modo, toda tendência que nasce tende a se afirmar, tudo que se instaura quer perseverar em seu ser e se desenvolver: a nova orientação tende a desenvolver-se continuamente no mesmo sentido, até atingir a sua plena maturidade.[j] Na série de hexagramas do *Livro das mutações*, os que são classificados

---

2 NZ, p.506.
3 NZ, p.517.
4 WZ, p.943.
5 Fang Ke, op. cit., p.104.

como os dois últimos (*jiji* e *weiji*) representam o "ponto extremo da mudança"[k] (as linhas opostas — três linhas *yin* e três linhas *yang* — alternam-se em perfeita ordem e apresentam-se intimamente imbricadas na figura ䷾ e ䷿), enquanto o quadragésimo terceiro e o quadragésimo quarto hexagramas (*guai* ䷪ e *gou* ䷫), bem como o vigésimo terceiro e o vigésimo quarto (*bo* ䷖ e *fu* ䷗), representam o "apogeu da continuação"[l] (a mesma linha que está no topo de um encontra-se na base do outro e a sequência é dada pela contiguidade).[6] Sabedoria, portanto, é manter o espírito focado nas mutações necessárias[m] (dar-se conta do caráter inevitável das mutações e tê-lo em mente mesmo na continuação) para enfrentar cada nova mutação com a mais perfeita serenidade; e simultaneamente manter o espírito focado na continuidade do conjunto[n] (dar-se conta da dependência recíproca dos contrários e tê-la em mente mesmo na transformação) a fim de perceber constantemente a unidade harmônica que resulta da alternância dos momentos opostos.[7] Em outras palavras, para perceber não importa em que momento, seja no do amadurecimento do mesmo, seja no da transformação pelo outro, que um pode se comunicar com o outro,[o] e graças a isso a transição pode realizar-se e a continuidade pode desenrolar-se.

Portanto, se, em um primeiro sentido, mutação e continuidade (*bian-tong*) funcionam como duas noções complementares e correlativas (ora há mutação, ora há continuidade), em um sentido mais geral a continuidade representa o aspecto global e constante do processo e o aspecto de mutação é apenas uma variação deste último: há sempre transição e comunicação, mesmo na mutação,

---

6 NZ, p.513-4.

7 ZM, III, p.55.

já que a mutação nunca é gratuita e arbitrária e visa a restabelecer a continuação necessária quando o prolongamento de determinada tendência conduz o processo à obstrução.[8] Do mesmo modo que o repouso é o outro do movimento e somente pode ser compreendido em relação ao movimento, como o que permite que este se renove, a mutação, ao mesmo tempo que introduz uma ruptura na continuidade, é o que permite que a continuidade de conjunto seja capaz de perseverar e, como única saída para o impasse criado pela fixação, representa a conversão necessária ao prosseguimento do dinamismo e da vitalidade. A história na China foi escrita comumente de acordo com o seguinte modelo: a mutação não é muito pensada em relação a si mesma e sim em relação a uma lógica da continuação; não é valorizada como ruptura, mas com um intuito de transmissão (a tradição). A transformação é simplesmente regulatória, a efervescência da revolução é impossível, a harmonia é o ideal do processo.

O processo existe em dois estágios de si mesmo: no estágio da plena atualização, como resultado e manifestação, e no estágio anterior a este, quando a transformação existe apenas em estado de princípio ou propensão e o processo já começou, mas ainda não se manifestou.[9] Algo se iniciou, mas ainda é embrionário; algo vai acontecer e seria muito valioso poder prevê-lo. Portanto, entre a pura latência e a completa atualização existe um estágio intermediário que requer nossa atenção porque permite tanto previsão como correção. Embora a evolução do processo não possa ser sistematizada (de acordo com um modelo predeterminado), ela

---

8 NZ, p.514.
9 NZ, p.472.

Processo ou criação

pode ser identificada, analisada e, portanto, em certa medida, modificada.[10] Daí a importância que os comentários do *Livro das mutações* dão a essa noção de estágio inicial,[p] já que é através dela que o homem pode efetivamente apreender o devir em curso e controlá-lo.

Uma vez que todo processo está sempre em busca de continuação, justamente por intermédio de suas mutações, e não entra em jogo nenhuma intenção transcendente, Providência ou gênio do mal, é legítimo que o homem possa analisar as tendências em ação, as interações em curso, sem ter de esperar o último estágio da manifestação,[q] e disso possa deduzir as inclinações futuras:[11] a partir das coerências já manifestadas e retornando ao condicionamento anterior dessas evidências,[r] evidenciar sua necessidade lógica[s] e disso deduzir suas implicações futuras.[12] É para isso que serve na prática a grande combinatória de hexagramas: na medida em que consegue imitar e reproduzir, por meio das manipulações e substituições, os modos de dinamismo inerentes ao devir, é legítimo que ela permita que seja detectado e analisado, a partir das configurações obtidas e em relação a cada uma das linhas, qual é o sentido da situação iniciada e em que ela pode resultar. Investigando a tendência no estágio do ínfimo ou do sutil,[t] conhecendo-a no momento anterior a sua atualização e manifestação,[13] o homem tem acesso ao princípio constante da regulação e, associando-se ao invisível, pode penetrar a dimensão de espírito que é eficiente no processo e determina o curso pos-

---

10 NZ, p.562.
11 NZ, p.551.
12 NZ, p.556.
13 NZ, p.508-10.

terior do concreto."[14] O curso das coisas passa continuamente do invisível à sua manifestação visível; em sentido inverso, o Sábio vai do visível ao seu fundamento de invisível e pode se antecipar ao visível que está por vir.[15] Colocando-se na raiz do devir, o Sábio não precisa esperar o evento para reagir; ele nunca é encurralado ou desafiado, e administra o real à sua maneira, pois este último ainda se encontra no estágio da disponibilidade.

Previsão e *antecipação*, mas não adivinhação. Não transe profético, mas reflexão. Quando o visível e o invisível são concebidos em descontinuidade entre si, o homem somente consegue transpor momentaneamente os limites de sua inserção presente e transgredir a temporalidade por uma crise séria e em consequência de uma desordem intensa de sua personalidade. Graças à confusão de suas faculdades ordinárias, uma função se exacerba exageradamente – o "olho-palavra" – e, em delírio, evoca a verdade. Ora, o Sábio é a perfeita antítese do xamã. Para ele, a previsão do futuro é resultado de uma observação perspicaz, minuciosa, exigente, da coerência do presente. Depois de examinar profundamente o real,"[16] o Sábio se comunica espontaneamente com a dimensão de espírito que o anima[17] e comunga com ela.[18] É compreendendo o concreto que se apreende o invisível: é legítimo que, ao capturar o real em suas primícias menos perceptíveis, no estágio de puro esboço, eu consiga não apenas revelar seu curso futuro, mas também influenciá-lo e corrigi-lo.

---

14 ZM, IV, p.72.
15 NZ, p.505-6.
16 NZ, p.509.
17 NZ, p.518-9.
18 NZ, p.503, 509.

Processo ou criação

Essa capacidade de prever e *corrigir* tem uma aplicação fundamental no curso da consciência e na vida moral. Pois quem concebe a vida da consciência como um processo particular só pode conceber a negatividade moral como um extravio (em relação à retidão e à normalidade do curso), tão mais sério e perigoso quanto mais firme e capaz de desviar a consciência de seu bom funcionamento. Quanto mais o homem se desencaminha, mais ele cava o próprio buraco; quanto mais uma época se desvia, mais ela cava a própria ruína; e, no entanto, o resultado mais nefasto é apenas a consequência natural de um primeiro desvio inicial. No começo, o desvio é ínfimo e passa despercebido, mas a tendência afirma-se progressivamente, a inclinação adquire consistência, a propensão torna-se imperativa, até dominar e determinar completamente a conduta. Há, portanto, um rigor lógico – e, por consequência, inevitável – nesse processo de amplificação e descaminho progressivo: daí a necessidade de corrigir o extravio o mais cedo possível, enquanto ainda é suficientemente sutil para ser maleável e, não tendo ainda se arraigado ou desenvolvido, pode ser facilmente reabsorvido.[19] Se, no nível da conduta, a oposição entre bem e mal torna-se patente e manifesta, a primeira clivagem, a demarcação original,[20] da qual vão decorrer resultados tão manifestamente contrários, são em si mesmas particularmente sutis e exigem que o discernimento dos princípios morais que nos regem seja levado o mais longe possível, ao estágio da mais extrema sutileza,[21] ao nível de suas puras primícias,[w22]

---

19 ZM, IV, p.76.
20 NZ, p.468-9; SWL, p.7.
21 ZM, IV, p.78.
22 ZM, IV, p.76.

para que nos situemos sempre na própria origem da regulação[x] e estejamos sempre em plena "centralidade" (em relação ao curso posterior do Processo). Essa atenção para com o imperceptível[y][23] como prefiguração do extravio exige que precaução e circunspeção sejam elevadas a atitude ética: a moralidade confuciana insiste na obrigação de estarmos sempre vigilantes ao menor sinal, a qualquer prenúncio negativo, a fim de retificarmos a orientação que adotamos antes que seja tarde demais. O Sábio se preocupa tanto com o seu foro íntimo quanto com o curso do mundo, fora dele. *O livro das mutações*, os hexagramas e os comentários são apenas um amplo dispositivo, um grande mecanismo, concebido para detectar a tempo a negatividade da tendência, alertar para os perigos do caminho que iniciamos, prevenir o erro e o arrependimento.[24] É o que significa exemplarmente a interpretação do hexagrama *fu*, tal como Wang Fuzhi a explicita recuperando o ensinamento de Confúcio:[25] uma linha *yang* na base de cinco linhas *yin* ☷, no centro do repouso mais absoluto, desponta o movimento. É nesse estágio que se deve intervir, assim não haverá arrependimento. O lema é: "Quem não retorna de (muito) longe não tem do que se arrepender".

O pensamento confuciano não é um pensamento da *reparação*: é impossível "esquecer" o erro e libertar-se dele com uma iluminação ou um perdão beatífico, como afirma ilusoriamente a fé budista, já que toda tendência, por mais discreta que seja em sua origem, possui uma existência real e faz parte da realidade; em contrapartida, quem corrige o erro a tempo e retorna à retidão

---

23 NZ, p.469.

24 NZ, p.569.

25 NZ, p.552.

Processo ou criação

pode fazer desaparecer completamente as consequências desse erro e viver sem peso nem culpa. A confiança dos confucianos só começa a se desesperar no último estágio da decadência, quando não há mais remédio possível. Segundo a historiografia tradicional, o rei Wen, fundador da nova dinastia Chou, queria socorrer a dinastia anterior e salvar seu soberano da ruína a que a imoralidade o condenava. Depois, convencido da inutilidade de seus avisos sobre o caráter inevitável da queda, ele compôs o comentário do *Livro das mutações* para que servisse de lição e explicação geral sobre a lógica do sucesso e do fracasso, da sobrevivência e da extinção.[26] Tanto para o bem como para o mal, o ponto de partida é capital, porque já contém em si toda a trajetória futura. Tudo depende sempre de um primeiro momento[z] (primeiro movimento: *momentum*). Se a direção inicial é correta,[a'] seu desenvolvimento segue ao infinito por si só e não há razão interna para que o progresso seja interrompido.[b'27] No âmbito da formação moral, apenas nesse ponto o pensamento do processo vai claramente ao encontro do pensamento do progresso e se articula com ele: a originalidade da vida ética deve-se exatamente ao fato de que não há término que limite o processo de desenvolvimento da inclinação moral, por menor que seja a sua raiz em nós.[c'] A alternância do curso do mundo, ida e vinda, impulsão e contração, não pode perturbar a continuidade implicada, e a linearidade do progresso desdobra-se no ritmo alternado do Processo: o ideal absoluto da moralidade fundamenta-se no processo de desenvolvimento sem fim da tendência.

---

26 NZ, p.569.
27 ZM, IV, p.71-2.

François Jullien

Wang Fuzhi não dá razão a nenhum dos extremos: considerar *O livro das mutações* apenas um tratado de reflexão moral e não ver interesse em sua capacidade de prever o futuro; ou, ao contrário, interessar-se pelo *Livro das mutações* apenas com propósitos divinatórios, como se fosse apenas uma consulta da sorte, sem ter consciência da implicação moral em que se alicerça a possibilidade do prognóstico.[28] Pois é legítimo que, baseado na concepção de uma coerência interna a todo devir concebido como processo – continuidade e mutação, estágio inicial e propensão –, o homem possa ter acesso ao invisível e irmanar-se com a sua eficiência, detectar as tendências e prever as evoluções.[29] Mas, ao mesmo tempo, toda indicação relativa ao devir *tem sempre um significado moral*, uma vez que é sempre questão de acompanhar o Processo, conforme exige a situação, ou extraviar-se e se afastar do bom caminho.[30] Portanto, *O livro das mutações* não serve para pessoas sem moralidade, que visam apenas a alcançar seus objetivos egoístas[31] (nesse sentido, ele se distingue de outros manuais – mais antigos ou paralelos – e das interpretações supersticiosas às quais algumas vezes se prestou).[32] Visto que a moralidade consiste unicamente em seguir a lógica do Processo e em se adequar a ela, e erro e engano são ir contra ela ou extraviar-se dela,[d'] o que *O livro das mutações* chama tradicionalmente de "boa fortuna" e "infortúnio", "sucesso" e "fracasso",[e'] não significa sorte ou azar, mas "bem" ou "mal".[f'][33] Pois, nesses jogos de alternância e substituição, a estrutura do

---

28 NZ, p.510.

29 NZ, p.503.

30 NZ, p.482.

31 NZ, p.466.

32 NZ, p.512.

33 NZ, p.4 e 466.

Processo ou criação

hexagrama passa necessariamente por situações radicalmente opostas, "humilde" ou "nobre", "simples" ou "perigosa", sem privilegiar uma em detrimento da outra, e sempre evidenciando o caráter regular e, portanto, legítimo de cada situação, conforme a ocasião: não existe condição que não nos convenha, que não possa nos trazer serenidade,[g] contanto que saibamos nos adaptar e corresponder a ela.[34] O alerta que a representação do hexagrama nos faz, a partir da relação de linhas e posições, é contra o perigo de querermos transgredir a nossa própria posição, tendendo a conceber intenções e desejos pessoais sem levar em consideração a configuração de conjunto, isto é, a situação global dos existentes e nossas relações recíprocas com eles. *O livro das mutações*, portanto, não indica como podemos tirar proveitos egoístas do processo em curso, mas como podemos nos adequar ao que exige a situação em que nos encontramos e colaborar para o desfecho mais favorável do ponto de vista da totalidade. A antecipação do processo está intimamente associada ao exame de consciência,[h] e o único objetivo da previsão do futuro é servir para a correção do presente:[35] o estudo dos hexagramas, a prática das manipulações, visam a manter nossa consciência sempre alerta (sentido de *ren* na tradição neoconfuciana),[36] confrontando-a com a constante exigência de adequação e induzindo-a a investigar o mais escrupulosamente possível a consonância entre o nosso foro íntimo e a retidão da evolução. Sem nos desviar para um lado ou para outro (antes até que a direção que tomamos se revele em nossa

---

34 NZ, p.473-4.

35 NZ, p.466.

36 Cf. Mou Zongsan, *Zhongguo zhexue de tezhi* [A especificidade da filosofia chinesa]. Taiwan: Xuesheng Shuju, 1962, p.29-30.

conduta), mas obedecendo sempre à mais estrita imparcialidade, na raiz de toda a regulação.

Na representação do *Mêncio*, a noção de vantagem ou proveito, concebida como um interesse egoísta do indivíduo, era negativamente oposta ao valor da equidade' como exigência da comunidade. O ponto de vista do *Livro das mutações*, tal como foi evidenciado por seus comentários antigos, e tal como foi explicitado por Wang Fuzhi, preserva essa oposição fundadora da moralidade (o particular e o coletivo) e, ao mesmo tempo, a articula com a lógica de conjunto do Processo: de termo mais negativo, a noção de proveito se transforma no termo mais positivo, mas no sentido do que é proveitoso para o Processo e colabora para o seu desenvolvimento.[37] A virtude do Céu é ser proveitoso para todos os existentes, sem prejuízo para nenhum, e a virtude do Sábio é favorecer a boa evolução dos seres e das coisas, ajudando-os a alcançar a sua plena realização. A noção de *proveito* mantém a idealidade da posição do *Mêncio*, mas a integra à concepção de positividade, que é mais geral e mais pragmática, e consequentemente mais objetiva:[38] o que é proveitoso em si é necessariamente proveitoso a todos, só é realmente pertinente o que não prejudica um ao favorecer o outro, mas beneficia indiferentemente toda a comunidade. Comprovamos mais uma vez que o ponto de vista do mundo e o ponto de vista do eu são intimamente solidários, perspectiva "cosmológica" e perspectiva "moral" não podem ser logicamente dissociadas. O argumento dos estoicos a esse respeito é o mesmo dos letrados.

---

37 ZM, XIV, p.241.
38 ZM, IV, p.72-3.

14
Constância "estoica"

"Uma espécie de filosofia em bloco", dizia Émile Bréhier sobre o pensamento estoico: por exemplo, é impossível "captar inteiramente a razão no desenrolar dos acontecimentos do universo sem realizar a razão em nossa conduta".[1] A frase poderia ser tomada em sentido ainda mais radical em relação à tradição letrada: nela, a "física" (no sentido estoico do termo) e a "ética" (moral e sabedoria a um só tempo) estão ligadas a uma mesma articulação lógica. E a analogia não termina aqui. Se, como observa Jacques Gernet, das obras escritas pelos missionários cristãos para os letrados chineses as mais bem recebidas foram as que se inspiraram nos autores estoicos,[2] é porque elas se afinavam melhor com a visão tradicional dos chineses, não só no plano da moral prática, em relação à qual pudemos observar várias formulações correspondentes ao longo dos textos, mas, ainda mais essencialmente, em relação às representações de base que entram em jogo.

---

1 Émile Bréhier, *Histoire de la philosophie*. Paris: PUF. Col. Quadrige, t.I, p.266.

2 Jacques Gernet, op. cit., p.193.

François Jullien

A grande originalidade do estoicismo, em comparação com Platão e Aristóteles, é não considerar mais o movimento, a mudança e o tempo como sinal da imperfeição e do ser inacabado: o devir não está condenado ao acaso ou à desordem, não possui resíduo irracional, e o mundo sempre móvel e cambiante apresenta a cada instante a plenitude de sua perfeição. Ora, que a racionalidade do mundo não consista mais na imagem de uma ordem imutável, que não seja mais necessário proclamar a eternidade do mundo para salvá-lo da inconsistência e da vacuidade, tudo isso vai objetivamente ao encontro da consciência chinesa do Processo. Atua aí uma mesma lógica da "imanência": a razão não se separa do sensível e é impossível abandonar do plano da realidade física para alcançar o além que a faz ser (tudo é "corpo" para os estoicos, do mesmo modo que tudo é "sopro", energia material, para Wang Fuzhi). Vigora uma mesma concepção "naturalista" do bem: o bem é "útil" (*opheléia* em grego, *li* em chinês), não em sentido estritamente utilitarista, mas porque o útil é o que vai na mesma direção da vida, entendida por ambos como curso harmonioso (*euroia biou*), bom desenrolar do mundo e do destino. Tanto para os estoicos como para Wang Fuzhi, o único fundamento da moral é a *conformidade com a natureza universal* e o senso de *solidariedade*: tudo "conspira" no mundo, porque para o antigo estoicismo tudo é "conatural" (*symphues*), existe uma solidariedade geral dos seres e das coisas, do mesmo modo que na China o sentido do *ren* ("humanidade") como fundamento da ética é de interdependência radical dos existentes. Como as duas tradições são pensamentos sobre a conexão das coisas e seu necessário encadeamento, ambas se interessam por uma possibilidade de previsão do futuro que não esteja ligada a uma superstição ingênua (embora corram o risco de conceber de maneira muito diferente essa capacidade); e, como

Processo ou criação

as duas tradições são pensamentos sobre a positividade inerente ao mundo, ambas têm logicamente a mesma "dificuldade" para explicar o problema do mal: os céticos não pouparam os estoicos e o pensamento normalmente rigoroso de Wang Fuzhi parece vacilar a esse respeito (ora o mal tem *status* de exceção, ora parece mais integrado ao funcionamento do mundo enquanto "sopro" próprio, isto é, como "sopro negativo").[a3] Por último, tanto para os estoicos como para Wang Fuzhi, a moral não pode ser concebida abstratamente em relação à sua integração na experiência e, portanto, só pode se realizar inteiramente pela descrição do ser que possui integralmente a virtude em sua individualidade: as duas tradições conduzem naturalmente à mesma valorização da personalidade do *Sábio*, verdadeira encarnação do absoluto no íntimo da existência humana, pois não sente mais remorso ou confusão e o menor aspecto de sua conduta revela sempre a totalidade do bem. Em sua total adequação ao mundo reside o ideal de toda perfeição, bem como o sentido e o objetivo de toda reflexão.

Na problemática chinesa, o objetivo de viver "conforme a natureza" (segundo a expressão estoica *homologoumenôs tê phýsei*) deve ser entendido essencialmente pela relação entre *cambiante* e *constante*.[b] Por um lado, tudo sempre evolui, mas, por outro, esse curso é regular: o próprio Céu muda incessantemente, seja pela alternância de dias e noites, seja pela alternância das estações, mas sua evolução é ordenada.[4] Ou então: a energia material é cons-

---

3 Sobre essa questão, cf. o artigo de Ebie Koji, "Ō Fushi no shiseikan – Ki no zenaku o megutte" [As concepções de Wang Fuzhi acerca da vida e da morte: a propósito de sua interpretação do *qi*], *Rinrigaku*, n.1, p.13-27.

4 NZ, p.30.

tante, o que varia é sua divisão. O mundo é estável e, ao mesmo tempo, perpetuamente cambiante: o verão nunca é frio e o inverno nunca é quente, o céu nunca está abaixo e a terra nunca está acima. A lógica do processo implica, por um lado, que seja inesgotável o que é constante e, por outro, que seja determinado o que é cambiante:[c] por efeito recíproco de um sobre o outro, o cambiante pode ser gerado e o constante pode ser mantido sem extravio.[d5] A inconstância caminha de mãos dadas com a normatividade,[e] não há variação que não seja regulada.[6] Mais precisamente, é na medida em que um sistema repousa sobre princípios constantes que a variedade de ocasiões pode vir plenamente à luz e a mutação pode esgotar suas possibilidades. É o modelo desse sistema que a estrutura do *Livro das mutações* nos fornece: a dualidade das linhas contínuas e descontínuas e o número global das linhas na figura representam o elemento constante, enquanto a substituição de uma por outra constitui o elemento variante. Porque alia correlativamente constância e mudança, *O livro das mutações* constitui a articulação central e fundadora da grande tabulação canônica: entre o *ritual* – que está ligado à constância da norma – e a *crônica* (*Primaveras e outonos*) – que se irmana com o curso dos acontecimentos.[7] Mas, se o cambiante, que é sempre diverso, só possui positividade em função de sua adequação à ocasião, o constante é sempre unitário e, portanto, infalivelmente adequado:[f8] a única sabedoria, por imitação do curso do Processo, é saber gerir bem a mudança no constante e, ao mesmo tempo, possuir constância

---

5 WZ, p.927.

6 NZ, p.16.

7 WZ, p.994.

8 WZ, p.1027.

Processo ou criação

na mudança.[89] Privilegia-se um dos termos; disso resulta que a *constância* é elevada a "virtude" do Processo e constitui o ideal da moralidade.

Aqui também, ao mesmo tempo que é recíproca (funciona em correlação), a relação é verticalmente orientada: isso permite à natureza fundamentar a transcendência da moral e ao Processo servir de ideal absoluto para a subjetividade. A natureza pode se irmanar com a diversidade das ocasiões[k] sem perder a retidão:[10] o Céu sempre persevera em seu curso e a Terra sempre se amolda a ele; o Sábio pode assumir a diversidade de situações (felicidade e tristeza) sem se perturbar: apesar das vicissitudes da existência, é sempre possível manter a mais perfeita moralidade.[11] O estoicismo dos letrados chineses não apenas imita a regularidade da natureza para amoldar-se a ela, como pode também abraçar espontaneamente sua lógica e segui-la. Se *O livro das mutações*, corretamente interpretado, nos faz abandonar a ilusão de um modelo de evolução predeterminado e codificado, ele evidencia, através da variabilidade do processo, o princípio de coerência que constantemente o anima e faz evoluir.[12] Natureza, Razão, Deus, Destino: é tudo a mesma coisa para Zenão. Na visão chinesa também, o homem está diretamente ligado ao fundamento transcendente do qual emana a constante regulação do Processo, na medida em que esse fundamento não é senão a dimensão de invisível ou de espírito (*shen*) que é inerente a toda a realidade e com a qual o homem, através de sua consciência, se identifica

---

9 WZ, p.994.
10 NZ, p.531-3.
11 ZM, I, p.4.
12 NZ, p.563.

255

completamente: basta que o homem não se deixe levar pela atração do sensível, condenada a transformações incessantes, mas continue ligado à dimensão de espírito,[k] nele e fora dele, latência original ou vacuidade da consciência, para que permaneça no imutável, harmonizando-se com a diversidade das situações e não se perturbando com as mutações.[13] Unindo-se ao real no estágio da pré-atualização, o Sábio torna-se simbolicamente análogo ao *sol* e à *lua*, os únicos de todos os existentes que estão livres das alternâncias de concentração e dispersão e podem durar indefinidamente.[14] Ele então encarna espontaneamente o "Caminho", identifica-se com o "Céu" e participa da constância do Processo.

É inútil, contudo, apontarmos tais analogias entre o pensamento estoico e o pensamento letrado se as mantivermos na categoria da coincidência (como curiosidades antropológicas ou para confortar nossa fé humanista na universalidade): a comparação somente tem sentido se tem efeito de coerência, se revela as articulações do pensamento e permite exprimir com mais correção certa lógica da moralidade. A concepção *prática* que estoicos e letrados têm da conduta humana ideal confirma, sob essa perspectiva, que a analogia em questão está na raiz e repousa sobre as mesmas implicações. Sabedoria estoica e sabedoria letrada inspiram-se no mesmo princípio: o homem deve não procurar impor obstinadamente seu desejo a tudo que independe dele na realidade (ordem do *qi*)[l] e adotar em si mesmo o ponto de vista correto[m] que lhe permitirá harmonizar-se sem atrito com a necessidade.[15] A concepção chinesa explicitada por Wang Fuzhi

---

13 ZM, I, p.5-6.

14 ZM, II, p.37-8.

15 ZM, I, p.6.

Processo ou criação

põe muito claramente em evidência que a possibilidade dessa constância e dessa retidão do ponto de vista deve-se à capacidade de enxergar de forma extensiva e desindividualizada a existên-cia" apreendida em sua globalidade:[16] quando o homem deixa finalmente de considerar que cada evolução singular é limitada a si mesma, ele consegue perceber no estágio da concentração a necessidade de um desenvolvimento próximo, bem como a ne-cessidade de uma concentração futura, e dessa forma considera a existência na escala do Processo.[17] Se a conscientização humana depende necessariamente de uma incitação do mundo exterior, no caso do Sábio a incitação que o move (isto é, que põe sua consciência em movimento) não vem do aspecto acidental da atualidade (cf. os "indiferentes" do estoicismo, *adiaphora*, que em si mesmos não prejudicam nem prestam serviço), mas deriva do próprio fundamento da realidade (a articulação de Céu e homem no Processo).[18] O que é fortuito não pode perturbá-lo[19] (cf. a ataraxia estoica),° sua única "preocupação" é com a moralidade (cultivar sua personalidade moral para realizar plenamente sua vocação de humanidade):[20] a desgraça afeta tão pouco o Sábio quanto a boa fortuna o surpreende[p21] (cf. o *Nil mirari* dos roma-nos), e nem a morte ele teme (encontramos o mesmo argumento nos estoicos: a vida não me pertencia originalmente, então não me

---

16 ZM, IV, p.74.

17 NZ, p.544-5.

18 NZ, p.547-8.

19 *Mêncio*, cap.II, A, § 2. Cf. nosso estudo "Fonder la morale...", op. cit., p.65.

20 NZ, p.543-4.

21 NZ, p.467.

é tirada),[22] porque ele percebe em todas as coisas a necessidade de conjunto e a lógica da unidade. O mundo estoico é totalmente impregnado da atividade imanente da Razão; da mesma forma, a concepção chinesa do Processo é comandada pela ideia de uma Harmonia suprema autorregulada (*taihe*): encontramos em ambos a mesma confiança em uma coerência de conjunto que o homem deve saber respeitar.

É lógico que pensamento estoico e pensamento letrado dão importância análoga à noção de "sina humana" (*fen*), "destino celeste" (*ming*), para falar do que escapa ao domínio do homem ou está além da sua compreensão, e consideram que apenas a capacidade de "seguir" e "amoldar-se" (*shun*) pode conduzir à adequação à ordem do mundo que dá origem a toda positividade.[23] "*Non pareo deo, sed assentior*" ["Eu não obedeço a Deus, mas, sim, estou de acordo com Ele"], dizia Sêneca: do mesmo modo que a resignação estoica não é um tapa-buraco, mas complacência alegre e positiva em um mundo tal como ele é, a "aceitação" confuciana do curso do mundo só alcança sua verdadeira dimensão quando se torna absolutamente natural e participa espontaneamente da lógica do Processo,[r] em vez de se sujeitar a ela, enfrentando todas as circunstâncias com imparcialidade.[24] O ponto de vista da "constância", que é o da "globalidade", é mais o ponto de vista da "alegria"[t] do que o da serenidade.[25] Não há nada que o Sábio não possa usar proveitosamente,[26] e a moralidade é promovida

---

22 ZM, XVII, p.318.

23 NZ, p.467.

24 ZM, IV, p.74.

25 Cf. Fang Ke, op. cit., p.61-2.

26 NZ, p.546.

Processo ou criação

simplesmente pela posição que ele ocupa e sem que ele tenha de realizar ações virtuosas. Mesmo nas piores épocas de convulsão, o homem pode permanecer em perfeita harmonia com o Caminho,[27] desde que sabia não se deixar levar pelas realidades externas, em prejuízo de seu foro íntimo."[28] Estoicos e letrados confiam na *constância* de seu eu[v] diante das adversidades. Quer participe do mundo, quer seja forçado a abandoná-lo, o Sábio, apesar dessas evoluções, não pode ser "desenraizado": "dragão oculto".[29]

Pois, mesmo insistindo no valor absoluto da idealidade moral, pensamento estoico e pensamento letrado não conduzem – pelos mesmos motivos – a um descompromisso com a sociedade. É ilusório querer escapar do infortúnio renunciando à ação e abandonando a realidade. Todos temos de participar ativamente do bom funcionamento do mundo, na medida do que nos permitem as circunstâncias e respeitando nossa condição. O estoicismo definiu claramente os deveres que competem a cada um de nós (*kathékonta, officia*) com o propósito de salvaguardar nossa vida e a de nossos semelhantes: dos cuidados com o corpo à função de amizade e bondade, dos deveres com a família às funções políticas. Ora, é o que enfatiza, de maneira similar, o confucionismo: o homem está envolvido em uma série de relações sociais que são constitutivas da existência humana e implicam obrigações que ele deve cumprir. Wang Fuzhi reage muito incisivamente a certa tendência à vida contemplativa que, sob a influência do budismo, impregnou fortemente o pensamento neoconfuciano dos séculos anteriores. (Segundo Ian Mc Morran, esse seria o principal ponto

---

27 NZ, p.559-60.

28 NZ, p.545.

29 NZ, p.23.

de divergência entre Wang Fuzhi e seu pai.) Assim, estribando-se na expressão antiga: "do movimento nascem felicidade e infelicidade, arrependimento e remorso", o neoconfucionismo aproveitou a preponderância dos termos negativos para deduzir a superioridade do repouso sobre a atividade. Mas, para Wang Fuzhi, uma interpretação que nos leva a temer a vida, ou até mesmo a odiar a fonte de nossa existência, é contrária à lógica do processo e nos faz perder o sentido da moralidade:[30] o Sábio deve aceitar com constância tanto o que lhe é desfavorável como o que lhe é favorável; ele progride na vida moral através dos riscos que tem de enfrentar. Se é necessário evitar as ocasiões propícias para se precaver das que podem não ser, é melhor viver como um eremita, ou então como um animal, ou mais ainda como um monte de terra, pois somente nesse estágio, quando toda a consciência possível se anula, é que felicidade e infelicidade desaparecem completamente. De fato, se o homem de bem não tira proveito egoísta do que lhe é favorável, não tem nada a temer do que não lhe é. Para ele, tudo se justifica: a ocasião favorável (pois do contrário o *Dao* não poderia se exercer) e a ocasião desfavorável (pois do contrário o senso de equidade não poderia se manifestar) ou o remorso (pois do contrário não poderíamos retornar à virtude da humanidade); por isso o Sábio se dispõe a enfrentar todas as situações sem se esquivar, consciente da dificuldade fundamental do caminho e sem esperar desembaraçar-se pela facilidade.[31] Do mesmo modo que o mundo está sempre em movimento e o grande processo nunca para de exercer-se, o Sábio não pode se abster de cumprir sua função e está constantemente em atividade.

---

30 WZ, p.967; NZ, p.531.
31 SWL, p.4.

Processo ou criação

Se nos referimos à tipologia kantiana das diversas concepções da moral consideradas em função da relação entre "felicidade" e "virtude" que se estabelece no centro do Soberano Bem, o pensamento letrado tem necessariamente de se colocar do lado do estoicismo. Tanto na moral letrada como na estoica, a conexão entre felicidade e virtude não depende de uma relação de causalidade entre um aspecto e outro, mas da assimilação de um ao outro (por ligação de tipo analítico e não sintético): segundo Wang Fuzhi, tudo o que é vantajoso (*li*) está ligado à retidão moral (*zhen*) e não existe retidão moral que não seja vantajosa.[w] Ou ainda: "felicidade e virtude têm a mesma origem" e "não faltam uma à outra". Além disso, ao contrário dos epicuristas – para os quais a virtude se assimila à felicidade –, está claro que, para os letrados chineses, assim como para os estoicos, a felicidade é que se assimila à virtude: a prova é a interpretação de Wang Fuzhi do *Livro das mutações*, já que aos termos que servem para designar felicidade e infelicidade (*ji* e *xiong*) é sistematicamente atribuído um significado puramente moral (o bem e o mal). Portanto, da perspectiva do Ocidente, há uma universalidade do estoicismo (o que parece ser atestado pela própria tradição ocidental, se considerarmos o vigor do humanismo estoico através do cristianismo): se ordenássemos todas as doutrinas possíveis numa teoria de conjunto, estoicismo e pensamento letrado ocupariam a mesma casa do grande tabuleiro de xadrez.

Resta saber se esse quadro é possível: se ele é capaz de apreender no interior de uma codificação comum, concebida em torno dos mesmos eixos, o movimento característico de cada pensamento. Teríamos de comparar as representações não só em sua forma, mas também em seu funcionamento. Quero dizer com isso que algo fundamental ficou de fora: as noções condizem, as articulações se correspondem, mas a trajetória que se evidencia a partir de cada um dos espaços culturais considerados (China e Grécia) foge à classificação e passa por cima das "evidências" da comparação. Apesar de certa identidade de razões entre o estoicismo e o pensamento letrado (em relação à maneira de conceber a moralidade), e ainda que em certa medida a visão estoica rompa com a tradição filosófica grega anterior a ela, o estoicismo continua indissoluvelmente ligado ao fundo da cultura grega sob estes diversos aspectos: construção lógica, visão cosmogônica, especulação teológica. E é a partir disso que ele trabalha. No estoicismo antigo, e antes que ele se reduzisse essencialmente a uma moral humanista (a partir de Panécio), o ideal de constância e adequação à ordem do mundo necessita de uma *mise en scène* metafísica: a conflagração universal ao término do grande ano, o eterno retorno do mesmo, a palingenesia do mundo (e quando essas concepções foram abandonadas, no período do médio estoicismo, foi para voltar à eternidade do platonismo). Ora, o pensamento chinês sobre o processo não contém ficções escatológicas e dispensa a imaginação cosmológica. Mais precisamente, é *exclusivamente pela prática moral* e pela elevação assídua ao bem que o homem consegue espontaneamente apreender o princípio da realidade. Para usarmos os termos do método kantiano, se o homem não consegue chegar ao conhecimento das realidades transcendentes (enquanto "número") pela via especulativa, dado o caráter limitado de suas faculdades cognitivas,[32] ele o alcança plenamente pela experiência ética, graças ao alargamento infinito de sua consciência (que aspira à moralidade). Mas sem ruptura em relação à experiência

---

32 ZM, IV, p.73.

Processo ou criação

moral e sem o auxílio de postulados metafísicos (como implica a argumentação kantiana: Deus, liberdade, imortalidade). Assim, a lógica chinesa do processo não teve de entrar em conflito com a antinomia da liberdade e da necessidade (a questão nem mesmo se apresenta a ela, mas já embaraçou muito os estoicos) e não conduz à necessidade de uma teologia: assim como o invisível é o prolongamento direto do visível, assim também o homem se eleva diretamente à intuição da transcendência através da única revelação possível, a da conduta, e sem o auxílio do dogma ou da fé.

A ideia de um *alargamento* infinito da consciência[y] repousa sobre o fato de que a consciência individual contém implicitamente o princípio de toda existência e, portanto, pode elevar-se por si própria ao fundamento único da universalidade.[33] Inversamente, intenção e desejos pessoais estreitam a capacidade da consciência e faz com que ela perca esse sentido íntimo da interdependência, bem como a faculdade de abraçar a totalidade. Segundo a célebre frase do *Mêncio*, conduzindo a consciência fundamental a sua plena realização,[z] o homem é capaz de apreender sua própria natureza (enquanto natureza original, emanante da transcendência do Processo) e, portanto, de apreender o "Céu" como fundamento de invisível da realidade.[34] Todo conhecimento do fenomenal, por mais pontual e limitado que seja, é sempre e necessariamente um vislumbre da lógica do Processo, mas a consciência coincide com o curso do real em sua integralidade apenas quando se desenvolve *completamente*.[35] Enquanto o conhecimento empírico apreende apenas no contato com a realidade exterior e propicia apenas uma

---

33 ZM, VII, p.121.

34 Cf. nosso estudo "Fonder la morale...", op. cit., p.71 et seq.

35 ZM, VII, p.122.

informação parcial, o conhecimento que emana da natureza moral do homem (radicalmente diferente daquele primeiro)$^{a'}$ procede de uma intuição imediata e, sendo da ordem dos princípios (*li*), chega à fonte da realidade, ao mesmo tempo em sua constância e em sua globalidade: a consciência (fundamental) encarna *completamente* o "Céu".$^{b'}$[36] Consequentemente, se do ponto de vista de sua capacidade original$^{c'}$ o grande processo do mundo excede a capacidade do homem (por sua dimensão cosmológica), não obstante o homem pode se elevar ao nível da virtude inerente ao Processo$^{d'}$ graças ao completo desenvolvimento de sua moralidade (já que se trata da mesma virtude de processividade).[37] Tal é a virtualidade própria do homem: no princípio, pouco diferente dos animais ("quase nada" os distingue, segundo o *Mêncio*), mas, ao fim de seu desenvolvimento, no mesmo nível que o "Céu" (porque ele é o único capaz de promover sua natureza: o que se impõe aqui é a comparação com o existencialismo). É inútil, portanto, tentarmos apreender a dimensão de espírito na insondabilidade do vazio: basta torná-la efetiva, mantendo-nos sempre atentos aos princípios mais sutis da moralidade que existem em nós:$^{e'}$[38] da "autenticidade eficiente" da conduta nasce a "clareza" acerca do fundamento do Processo.$^{f'}$ O "conhecimento do Céu" não é um domínio de especulação separado da ética, mas consequência direta dela, e serve-lhe de dimensão absoluta. Originalmente, a moralidade procede da natureza e, ao término de sua realização, o homem é naturalmente moral. A inversão ocorre por si mesma: a transcendência do "Céu" torna-se totalmente imanente à consciência do homem, curso do mundo e curso da conduta coincidem em um mesmo processo.

---

36 SWL, p.1.

37 ZM, IV, p.68.

38 ZM, IV, p.73.

15

O ideal único da transformação

O pensamento grego estava interessado, em primeiro lugar, em estabelecer os princípios do universo e transformar a cosmogonia primitiva em cosmologia. Sócrates reagiu, desviando a reflexão das inúteis especulações da "física" para o conhecimento de si e a definição do bem: abre-se assim uma lacuna entre o problema do ser e o da virtude, entre a edificação do sistema do mundo e a tomada de consciência da moral, e somente a constituição de uma teologia (a partir de Platão) é que permitiu a conciliação desses dois aspectos (a partir da assimilação da ideia de Deus à de Bem). Podemos perceber melhor agora qual pode ser, em relação à lógica dessa evolução, a originalidade da tradição letrada: se, do mesmo modo que Sócrates, os ensinamentos de Confúcio a seus discípulos estão ligados sobretudo à expressão da experiência moral, eles não abrem mão da intuição de uma ordem fundamental do mundo e do curso regular do universo; e para todo pensamento letrado posterior (desde os antigos comentadores do *Livro das mutações* ou o autor de *O invariável meio* [*Zhong Yong*]), longe de haver uma descontinuidade entre cosmologia e ética, segundo os termos ocidentais, elas são indissociáveis uma da outra e se definem mutuamente. Daí a continuidade da reflexão cosmológica ao longo de toda a tradição letrada e a impossibilidade de que houvesse nela o advento da teologia. Assim, os ocidentais (e Hegel em primeiro lugar) tiveram a impressão de que o pensamento chinês nunca abandonou a infância (permaneceu no estágio elementar da cosmologia) e não evoluiu (não passou à concepção mais refinada da teologia): tratava-se de um pensamento irremediavelmente estático e, por isso, condenado, porque não tinha história. No fundo, a questão é que, se por um lado as ideias na China e em outros lugares mudaram de século em século, transformando-se consideravelmente, por outro não houve ruptura na *unidade cosmológico-moral* (ruptura da qual nasceu a "consciência infeliz" que o Ocidente promoveu): desde antes de Confúcio ("Nada criei, apenas transmiti", dizia o Mestre) e até Wang Fuzhi, ela se enriqueceu, mas nunca abandonou a concepção fundamental do processo. Uma representação central demais para ser concebida como ideia, global demais para ser circunscrita a um objeto particular, e que serviu sobretudo de quadro ou fundo para a tomada de consciência da realidade na China.

Mas o que, no pensamento letrado, torna possível essa *continuidade* de planos – do plano da cosmologia ao da moral? Retomemos a análise considerando, sob essa perspectiva, tudo o que implica a dupla *constatação*, já mencionada, sobre a qual se fundamenta essa lógica: de um lado, as coisas não são intercambiáveis,[a] há *diferença* de ordem e gênero na realidade; por outro, as coisas não são dissociáveis,[b] há sempre *interdependência* e correlatividade[1] (porque, sem especificidade, não poderia haver ser constitutivo (*ti*) e, sem

---

1 WZ, p.915.

Processo ou criação

correlatividade, não poderia haver funcionamento (*yong*)). Disso resulta que o pensamento letrado é movido não pela intuição da equivalência (como o pensamento taoista), mas pela intuição da *analogia*: não abolição das diferenças e de sua conjunção no absoluto, mas "comunicação" sem fim (sentido de *tong*) a partir de semelhanças e similaridades. Aliás, podemos ver essa divergência na própria concepção do signo poético: na tradição do comentário letrado, o significante não é indiferente e remete e a um referente em particular (ao contrário da poética inspirada no taoismo ou no *chan*), mas o significado pode ser interpretado expansivamente, de acordo com diferentes ordens de realidade.[2] O mesmo movimento lógico encontra-se na concepção do mundo: Céu, Terra e homem têm cada um sua especificidade, mas são interdependentes, e identificamos o mesmo tipo de relação e os mesmos efeitos nas diferentes camadas: *yin* e *yang* no nível do Céu; "firme" e "maleável" no nível da Terra; "humanidade" e "equidade" no nível do homem (esses planos são entendidos como uma sucessão de graus: o da "configuração implícita" no nível do Céu, o da "manifestação atualizadora" no nível da Terra, o da "natureza individual" no nível do homem').[3] Assim, as virtudes do Céu (definidas pelo hexagrama *Qian*) são transpostas para o homem: como virtude de impulsão e iniciativa (o sentido da humanidade); como virtude de difusão e propagação (o sentido da conformidade); como virtude de influência benéfica e proveito (o sentido da equidade); como virtude de retidão e estabilidade (o sentido da autenticidade, da sinceridade).[d4] Do mesmo modo, as seis linhas do hexagrama *Qian* (o Céu) podem ler lidas tanto

---

2 Cf. nosso estudo *La Valeur allusive*, op. cit., em especial p.203 et seq.

3 ZM, XIV, p.240-2.

4 NZ, p.21-2.

do ponto de vista da conduta moral como do ponto de vista cosmológico,[5] e a dualidade de Terra e Céu corresponde ao duplo aspecto da conduta humana: o homem deve manifestar a virtude do Céu em relação a si mesmo (perseverança e vigilância)[6] para vencer suas próprias fraquezas,[7] assim como deve manifestar a virtude da Terra em relação aos outros (a capacidade de seguir e amoldar-se) para ajudar o outro a realizar-se de maneira eficaz, pois não força sua natureza e não impõe sua realização.[8] O Sábio é firme consigo mesmo para que sua similitude se mantenha sempre perfeita; ao mesmo tempo, é maleável com os outros para irmanar-se à diversidade deles. Do Céu ele encarna a clareza (do conhecimento), da Terra, a capacidade (de realizar):[9] a sabedoria "do alto" como consciência dos princípios, a conduta "de baixo" como capacidade de adaptar-se às coisas,[10] e os dois aspectos encontram-se em paridade, estabelecem um parentesco entre o homem e o mundo.

Em razão dessa correspondência entre Céu e Terra, de um lado, e humanidade, de outro, uma mesma virtude une essas diferentes ordens (Céu-Terra-homem): a de *prosseguir* e *continuar*, correspondente à lógica comum do Processo.[11] Céu e Terra, as duas instâncias do Processo, prosseguem sem descanso o advento da realidade, e o esforço do homem é continuar sempre na mesma direção, partindo de seus princípios inatos. Quando ele *não*

---

5 NZ, p.28-9.
6 NZ, p.9.
7 NZ, p.17-8.
8 NZ, p.41-2.
9 NZ, p.463.
10 NZ, p.486-7.
11 WZ, p.939.

Processo ou criação

prossegue mais, surge o mal. "Estudar" (*xue*) também é continuar (prolongando o antigo no novo). Essa é a diferença que opõe o homem ao animal (o civilizado ao bárbaro) e confere capacidade moral ao primeiro: o animal é incapaz de desenvolver suas inclinações instintivas mais além (por exemplo, o amor materno não se prolonga até a idade adulta), enquanto o ser da moralidade pode perseverar na orientação que adotou.[f] O homem é capaz de realizar integralmente[g][12] o que ele é virtualmente (como "herdeiro" do Céu, graças à imanência nele do curso do Processo). Portanto, a fórmula vale tanto no plano ético (o progresso da moralidade) quanto no lógico (a coerência do processo): o "bem" é a continuidade.[h]

Do fato de que conduta moral e sistema do mundo, ética e cosmologia são indissociáveis resulta a universalidade da noção de processo: tudo é *curso* – curso da consciência, da conduta, da natureza, da realidade. E o paralelo pode ser considerado com mais rigor. Por exemplo, entre o curso do mundo e o da consciência, tal como são evocados aqui: o curso do mundo opõe constantemente o estágio de comunidade de *yin* e *yang* (conjugados na latência original) ao do encadeamento sem fim das atualizações, nunca absolutamente idênticas, por interação contínua entre eles; do mesmo modo, o curso da consciência opõe seu fundamento unitário, cuja aptidão é limitada porque se deve à vacuidade (de desejos, intenções)[i] e ao encadeamento continuamente cambiante de suas emoções e representações, infinitamente diversas, evoluindo conforme as incitações da realidade.[13] E, quer se trate do

---

12 NZ, p.463.
13 ZM, I, p.27.

grande processo das mutações da natureza, pelo desdobrar sem fim da energia universal, quer do curso variável da consciência, em relação constante com ela,[14] é sempre a ocasião que determina a transformação: é pela sucessão de ocasiões que o processo do mundo é incessantemente regulado e é amoldando-se continuamente às ocasiões apresentadas por esse processo[15] que o Sábio orienta sua conduta – em vez de se opor a elas.[j16]

Consequentemente, *animação* e *regulação*, que de início serviram à compreensão do advento da realidade, caracterizam tanto o curso da consciência moral como o da natureza. Concebendo a consciência em evolução (como evolução), a moral chinesa não deseja suprimir, destruir (desejos, paixões), mas sim *canalizar*. É inútil teimar em secar a fonte: represar já é suficiente;[17] nada é mau em sua origem (tudo faz parte do real, inclusive os desejos), o único perigo é exceder-se. A importância que a civilização chinesa atribui tradicionalmente aos "ritos" adquire sua dimensão plena: ela não significa nada mais do que o caráter fundamental dessa função de regulação se desenvolvendo tanto na escala do indivíduo como na da sociedade e pondo em evidência a do universo. E sabemos que, do mesmo modo que o processo do mundo é autorregulado, a consciência deve estar alerta para o mínimo desvio, antes que este se manifeste na conduta, de modo a trazê-la de volta ao seu bom funcionamento[k18] – que é também a norma do mundo inteiro.[l19] As virtudes tradicionais da "humanidade" e da "equidade" também

---

14 ZM, IV, p.64-5.

15 ZM, IV, p.68.

16 ZM, IV, p.74.

17 WZ, p.967.

18 ZM, IV, p.80-1.

19 ZM, IV, p.76.

Processo ou criação

devem ser reinterpretadas nesse sentido: enquanto princípio de *regulação*, o critério de *equidade* da conduta (*yi*) não é submissão escrupulosa às regras, mas simplesmente sua constante viabilidade (de *via*, caminho; para que a consciência nunca se desencaminhe); do mesmo modo, enquanto princípio de *animação*, a virtude correlativa da *humanidade* (*ren*) manifesta-se pela capacidade de fazer advir, sem descanso e até seu pleno desenvolvimento, a si mesmo e a todos os outros além de si:[m] uma vez que, graças à plenitude de sua interioridade, o Sábio é capaz – assim como o Processo – de influenciar o curso da existência e incitá-lo constantemente.[20] "Sutileza" da regulação e "constância" da animação:[n] essas duas virtudes são interdependentes, mas, como analisa muito acuradamente Wang Fuzhi a partir de Zhang Zai, a capacidade de regulação condiciona a capacidade de animação e não o inverso (segundo a ordem tradicional, em que *ren* (a "humanidade") precede *yi* (a "equidade")). O processo do mundo é a prova: a regularidade do Processo permite que ele continue a exercer-se por si mesmo, apenas por efeito de sua propensão. Mais uma vez, "regulação" é o contrário de regulamentação, uma vez que é dela que nasce a espontaneidade.

Consequentemente, a *continuidade* entre o Céu e o Sábio, que é constitutiva da moralidade, já não é somente analógica (mesma virtude da constância, ao mesmo tempo cosmológica e moral), mas o que une intimamente um plano ao outro: pela influência favorável que ele exerce sobre os outros existentes, o Sábio *auxilia* o processo do mundo e *estende* a bondade deste através da humanidade.[21] É em interação com o curso do mundo que cada

---

20 ZM, IV, p.81.

21 NZ, p.533.

individualidade deve existir e a influência difusa do Sábio ajuda todos os existentes a realizar-se totalmente, graças à moralidade.[22] É o mesmo efeito de incitação (*gan*: ponto de partida de toda realidade),[23] mas em dois níveis diferentes, e o segundo continua o primeiro. O Sábio toma o lugar do Céu, a ordem da civilização encarna a ordem do mundo e a desenvolve na sociedade.

No pensamento judaico-cristão, fundamentado na concepção de um Deus criador exterior ao mundo, o absoluto é radical e definitivamente oposto ao relativo: disso decorreu o caráter essencialmente conflituoso da moral que opõe o terreno e o celeste, a natureza e a graça, a miséria do homem e a majestade de Deus. Entretanto, uma vez que o pensamento chinês sobre o processo exclui logicamente toda exterioridade em relação ao processo, o absoluto só pode ser concebido como a *totalidade* do Processo, por superação de toda particularidade e reabsorção de toda individualidade. O absoluto é a eliminação do relativo, e não o oposto dele; o "Céu" dos chineses é simplesmente a *dimensão* de absoluto do grande funcionamento do mundo, sem nenhum *status* ontológico à parte. Portanto, a distinção de profano e sagrado não tem sentido no interior do pensamento letrado, uma vez que nele a conduta moral possui espontaneamente uma dimensão "religiosa" (servir a seus pais é "servir ao Céu")[24] e, por outro, não há mandamentos religiosos que se oponham às práticas humanas mais usuais e às tendências mais comuns da humanidade. O resultado é que a moral chinesa se caracteriza por um progresso contínuo da

---

22 ZM, III, p.57.
23 ZM, IV, p.62.
24 ZM, XVII, p.317.

Processo ou criação

consciência que, chegando ao seu último estágio, permite que o homem se una diretamente ao Céu em sua infinidade: quando a virtude do Céu está totalmente "assimilada"[25] e a transcendência do processo se converte em imanência no interior da personalidade.[26] Quando a transformação não é mais objeto de uma adequação, mas de uma "colaboração",[o] quando é vivida como perfeita espontaneidade interior e não mais como uma necessidade imposta de fora. Não há mais diferença entre o Céu e o homem, e o homem encontra-se "no nível da virtude do Céu".[p][27] A profundidade do confucionismo, levando-se em consideração as aspirações da consciência humana, deve-se ao fato de que ele não se restringe a um pensamento da analogia (o Céu // o Sábio, exceto quando se degenera e se torna um formalismo escolástico), mas desenvolve este último em uma possibilidade de *assimilação*, visto que, cooperando como o Céu, o Sábio se identifica com ele[q] – e é por isso que o pensamento letrado não precisa de "revelação" e dispensa teologia.

Assim, a função de encarnação, que é tão importante na religião cristã por servir de *mediação* entre a transcendência e o humano, pode ser desempenhada na tradição confuciana pelo próprio Sábio, na medida em que, segundo o sentido literal das expressões tradicionais, ele "torna o *Dao* seu próprio ser",[28] "dá corpo ao *Dao* em sua própria pessoa"[r] e, por sua perfeição moral, serve de manifestação integral à transcendência do Processo.[29] É verdade que, se o caminho do Céu é eminentemente "fácil", se

---

25 ZM, IV, p.69.
26 ZM, III, p.50.
27 ZM, IV, p.70.
28 ZM, VII, p.127.
29 ZM, III, p.56.

o caminho da Terra é eminentemente "simples", dada a pureza do princípio de um e outro, o caminho do homem, de sua parte, encontra necessariamente preocupação e resistência no início;[30] não obstante, o homem se assemelha ao Céu por sua capacidade de alcançar o universal (o estágio do *li*): na medida em que pode chegar à completa vacuidade da própria consciência, sem desejos egoístas e parcialidades, *identifica-se* com o vazio infinito do Céu e *concorda* perfeitamente com a perspectiva do Processo; do mesmo modo que, na medida em que evolui espontaneamente e sem intencionalidade, compartilha da capacidade do Céu de fazer advir e realizar plenamente (*cheng*), com perfeita eficácia.[31] Não há nada de "estranho" ou "extraordinário" nisso, insiste Wang Fuzhi; ao contrário, a sabedoria é eminentemente simples em si mesma – o mais simples que existe, como a evidência do Céu –, ainda que seu princípio escape à compreensão dos outros e continue do domínio do invisível.[32] Pois, no último estágio de seu percurso, irmanando-se ao absoluto do Processo, o Sábio se torna tão "insondável" quanto era o Céu. O espírito do homem confunde-se com a dimensão de espírito sempre em ação no mundo, sem oferecer características discerníveis de sua personalidade.[33] Comungando com o Céu, o Sábio atinge o grau zero da transcendência (do Céu em relação a ele),"[34] mas transcende o resto da humanidade.

Resta compreendermos de maneira mais precisa o elo íntimo que une a lógica do processo e a valorização da moralidade na

---

30 SWL, p.3.

31 ZM, III, p.52-3.

32 ZM, IV, p.74.

33 ZM, IV, p.71.

34 ZM, VII, p.128.

Processo ou criação

civilização chinesa. Não só a virtude do homem é concebida por analogia com o (bom) funcionamento do mundo; não só a concepção da consciência como processo particular implica pensarmos a atividade moral como uma ação de regulação; não só a concepção do mundo como processo universal nos leva a considerar que o homem é capaz de elevar-se diretamente ao absoluto progredindo moralmente e sem sair do contexto da natureza, de sua natureza (isto é, sem necessitar de uma Revelação ou do auxílio de um Mediador divino): *pelo próprio fato de ser em processo* é que o pensamento letrado concebeu o fundamento de toda positividade. Longe de pensar a transformação somente como uma fatalidade irredutível, à qual o homem está condenado, ele a concebe como o modo supremo da moralidade e o único caminho para a realização de si mesmo. A *transformação* como fato não apenas constitui a realidade do mundo, como representa o *ideal* da humanidade.[35] Segundo uma frase célebre do *Mêncio*, a "grandeza moral", enquanto plenitude interior manifestando-se por sua influência exterior, não representa o último estágio do pleno desenvolvimento do homem, mas deve ser transcendida através da capacidade do homem de transformar(-se),"[36] que é o que constitui a sabedoria em sua inteireza (ao mesmo tempo transformar a si mesmo e aos outros).[37] Mesmo no estágio da virtude, o perigo é não continuar a evoluir, parar, isto é, ficar preso a uma forma de consciência particular,[w] por mais perfeita que seja, em vez de transcendê-la:[x] toda fixação, mesmo no bem, é esterilizante, conduz à paralisia das disposições subjetivas, obs-

---

35 ZM, IV, p.75.

36 *Mêncio*, cap.VII, B, § 25.

37 ZM, IV, p.68-71.

trui o dinamismo inerente à realidade.[38] Na verdade, a verdadeira constância só existe através do devir – e não tentando-se deter essa evolução. O que explica por que o Sábio possui resolução firme (emanando de um foro íntimo que condiz com a norma do mundo), mas não ponto de vista definitivo ou opinião feita (porque ambos derivam da paralisia da consciência em determinado aspecto).[39]

O Sábio coloca-se, portanto, além das próprias virtudes, sempre parciais e exclusivas, e, renovando-se incessantemente, tal como o Céu, pode atravessar a totalidade dos momentos e das ocasiões e alcançar o universal: se tanto o desejo como a intenção podem ser negativos, não é porque sua orientação é contrária à natureza das coisas, mas porque podem constituir uma tendência fixa que tolhe a capacidade de pervasividade da consciência e reduz sua faculdade de comunicação através dos existentes, isolando-a do jogo constante das correlações e levando-a à *estagnação*.[40] E se o homem não deve se avassalar ao sensível, não é porque o sensível é originalmente mau, mas porque mantém a consciência amarrada à particularidade e dificulta sua capacidade de evolução. Portanto, não se deve desejar romper asceticamente com o mundo exterior (porque ele não nos deixa e continua a nos perturbar) nem se deixar tolher pelo apego a ele, mas exercer sobre ele uma influência transformadora para poder evoluir sempre, e livremente, através dele. Pois, ao contrário do que imaginam os místicos, budistas ou taoistas, a própria dimensão de espírito não pode se manter no vazio e só existe efetivamente

---

38 ZM, IV, p.127.
39 ZM, VII, p.128.
40 ZM, IV, p.79-80.

Processo ou criação

pelas transformações (de forma tão indissociável quanto *yong*, o funcionamento, em relação a *ti*, o ser constitutivo): apenas a transformação permite que a existência individualizada saia de sua individualização singular, se una à totalidade do possível e progrida ao infinito. O único preceito moral, e também o mais simples, é que a consciência esteja constantemente em curso, sem nunca se paralisar, pois somente dessa forma ela alcançará o "absoluto" (*absolutus*), absolvida das localizações reificantes[a] e sem nada que a imobilize ou obnubile. No estágio supremo da sabedoria, não existem nem sequer "vestígios" de moralidade, porque nesse estágio o "desejo" do Sábio (como o de Confúcio no crepúsculo de sua vida) irmana-se constantemente à lógica da renovação das coisas em sua totalidade. O processo da consciência e o grande processo da realidade são uma única e mesma coisa.

Manter a consciência em evolução, graças à relação íntima que ela tem com o mundo, e comunicar-se com o infinito através da diversidade dos existentes e das situações caracteriza não apenas a consciência moral, mas também a consciência "poética". Na China, consciência moral e consciência poética estão intimamente ligadas, pois dependem do mesmo movimento de interioridade: ultrapassar a reclusão da individualidade, evoluir em consonância com o mundo, exercer uma influência transformadora sobre a exterioridade. A emoção poética é, em si mesma, eminentemente moral; a capacidade de ampliação do sentido está tão intensamente ligada à profundidade e à intensidade de nossa relação com o mundo que, segundo a concepção chinesa, elas dão origem à vida ética; e, quando a cultura letrada enaltece a "boa" poesia por sua moralidade (a partir dos primeiros textos poéticos, *Antologia dos poemas* (*Shijing*), no início da tradição), não é por essa poesia tratar explicitamente de moral e louvar diretamente os bons sen-

timentos, mas porque a emoção peculiar que é evocada por ela
tem a capacidade de tirar a consciência de seu estado de apatia[b'] e
fazê-la percorrer analogicamente a diversidade das experiências
e situações[c'] – em que consiste também o impulso moral da subjetividade.[41] Portanto, não podemos nos admirar com o fato de
que o advento da poesia dependa não da categoria da criação, mas
da categoria do processo.

---

41 Cf. nosso estudo *La Valeur allusive*, op. cit., em especial p.97 et seq.

IV

16

Exemplificação:
a poesia como processo e não como criação

Este livro poderia muito bem ter começado da seguinte maneira: por que a representação da "criação poética", tão difundida nos dias de hoje que acabou se impondo até na China, por influência do Ocidente (noção de *chuangzuo*),ᵃ não coincide com a concepção chinesa tradicional do advento do poema e, em particular, está tão radicalmente ausente da "poética" de um Wang Fuzhi? Embora essa representação somente tenha se constituído explicitamente na tradição ocidental ao fim de um longo percurso, ela já se encontra embrionariamente na etimologia da palavra (poema como produto de um *poiein*, "fazer", "criar") e não pode ser separada do pano de fundo cosmogônico e criacionista que em geral serviu de fundamento à concepção de mundo no Ocidente. "As críticas, ao menos a partir da época elisabetana, apontaram a analogia que existe entre Deus como criador e o poeta, cujo nome significa 'o que faz'"[1] – e a constituição de uma estética ontológica, ou de uma ontologia estética, que foi trazida à luz pelo romantismo (no círculo de Jena,

---

1 Northrop Frye, *Le Grand Code:* la Biblie et la littérature. Trad. fr. de Catherine Malamoud. Paris: Les Éditions du Seuil, 1984, p.169.

como substituto da ontologia filosófica anterior, pré-kantiana), deu ainda mais consistência a essa analogia: identificando o *dizer* com o *fazer* (cf. Novalis: "dizer e fazer são apenas modificações de uma mesma operação") e consagrando de um ponto de vista teórico o papel essencialmente fundador do *dizer* poético.[2] Da questão da origem do mundo à do advento do poema trata-se apenas de uma transposição de plano: um serve de metáfora ao outro, o que está em jogo é a mesma clivagem.

Daí a função de contraprova que calhou a esse novo desenvolvimento e que deveria ser cômoda de se exercer, pois nesse caso em particular não se trata da interpretação de certa visão do mundo, sempre relativamente incomparável, mas de uma das experiências mais comuns, através da diferença das civilizações, e mais facilmente compartilhadas: a prática simultânea da poesia, escrita e leitura. Há uma comunhão do *objeto* poético, apesar dos pertencimentos culturais diferentes: por isso, empregando as mesmas representações que lhe serviram para pensar o curso do mundo, embora em um plano mais concreto e imediato, Wang Fuzhi não poderia deixar de oferecer, em todos os seus comentários de poemas e "observações sobre poesia", uma ilustração exemplar e muito eloquente da possível originalidade da intuição letrada — ainda que, em contrapartida, em tal domínio e justamente por poder se tratar de uma experiência comum, em consequência da padronização das culturas e da globalização das concepções da "literatura", essa originalidade seja esmagada muitas vezes pelo peso das codificações gerais, torne-se mais difícil de discernir e corra o risco de ser ocultada.

---

2 Cf., por exemplo, Jean-Marie Schaeffer, *La Naissance de la littérature: la théorie esthétique du romantisme allemand.* Paris: PENS, 1983. cap.II.

Processo ou criação

No pensamento da criação, uma instância única se instaura e sua independência e solidão são glorificadas: Deus, o Poeta. O pensamento do processo, ao contrário, baseia-se em um jogo de interação recíproca dentro de uma dualidade cujos termos funcionam em paridade: *yin* e *yang*, Céu e Terra no caso do mundo, "emoção" e "paisagem" no caso do poema. Este nasce do encontro da interioridade com a exterioridade, por incitação mútua: a "paisagem" que é evocada no poema se forma por consequência da emoção sentida,[b] enquanto esta é suscitada em decorrência da paisagem contemplada.[3] Desde as representações chinesas mais antigas, a natureza emocional do homem, provocada pela realidade exterior, é o ponto de partida da expressão estética: "O surgimento de toda melodia musical tem origem no coração do homem, e o estremecimento no coração do homem é um efeito produzido pelas realidades exteriores: esse estremecimento que se sente diante das realidades exteriores toma forma nos sons da voz".[4] A "emoção", em seu próprio princípio, é pensada em relação ao mundo, em uma perspectiva tanto cosmológica como subjetiva, como todo início de mudança (*ji*) entre os princípios de *yin* e *yang*, e essa concepção se fundamenta, em Wang Fuzhi, na necessidade de correspondência essencial entre o curso da consciência e a evolução da realidade.[5] Se a conceituação da relação entre *paisagem* e *emoção* (*jing* – *qing*) se afirma na poética chinesa muito antes de Wang Fuzhi,[6] é sem dúvida ele que confere o máximo de

---

3 JZ, p.76.

4 *Liji*, "Yueji", início; cf. nosso estudo *La Valeur allusive...*, op. cit., p.62 et seq.

5 SGZ, I, p.20.

6 Cf. o artigo de Wong Siu-kit, "*Ch'ing* and *Ching* in the Critical Writings of Wang Fu-chih", in: Adele Austin Rickett (ed.), *Chinese*

profundidade e radicalidade a essa representação, pois ela se integra perfeitamente ao conjunto de seu pensamento: de um lado, a noção de "paisagem" é concebida de um modo mais global, uma vez que é mais filosófica, como tudo que depende da percepção exterior em relação à emoção interior[47] e pode concernir tanto à experiência do mundo, individual ou coletiva, política ou moral, como ao espetáculo e à harmonia dos elementos naturais; de outro lado, embora sejam pensados necessariamente como dois termos opostos e complementares, não se pode conceber emoção e paisagem abstraídas uma da outra: "A distinção que se estabelece comumente entre a emoção e a paisagem é puramente nominal, pois elas são indissociáveis na realidade".[8] Encontramos expresso aqui um dos pontos fundamentais da visão de mundo de Wang Fuzhi: quer se trate da correlação de Céu e Terra, quer da correlação de paisagem e emoção, uma não pode funcionar senão em relação à outra e advém sempre através dela. A paisagem só "ganha vida" pela emoção do poeta, e o poeta só consegue apreender os fenômenos mais sutis de sua consciência pelo "estado de espírito" da paisagem que ele evoca.[9] De outro modo, "se tomamos a paisagem e a emoção como duas categorias distintas, torna-se impossível suscitar adequadamente as disposições interiores da consciência, e a paisagem evocada não existe verdadeiramente como tal".[10] Wang Fuzhi é só chacota com os que se obstinam, como os mestres-

---

Approaches to Literature from Confucius to Liang Ch'i-ch'ao, Princeton, Princeton University Press, 1978, p.122 et seq.

7 JZ, p.50.

8 JZ, p.72.

9 JZ, p.91.

10 JZ, p.76.

Processo ou criação

-escola, em distinguir conscienciosamente em todo poema regular (*lüshi*) o dístico que fala da "paisagem" do dístico que supostamente fala da "emoção", como se fossem dois objetos distintos que apenas se encaixam um no outro, como o fundo e a tampa de um baú.[11] Na verdade, funcionando correlativamente, "paisagem e emoção não são originalmente separáveis, e o relevo que se dá a um ou outro desses polos depende apenas da orientação de nossa atenção".[12] Do mesmo modo que, no curso do processo de atualização das existências, não existe *yin* sem *yang* nem *yang* sem *yin*, emoção e paisagem se contêm mutuamente e invertem o lugar de sua manifestação[13] – isso explica por que os mais belos versos são cheios de emoção, mas evocam ao mesmo tempo uma paisagem e devem sua infinita riqueza a essa ambiguidade.[14] Aliás, o êxito do poema é tanto mais completo quanto maior a interpenetração e a "co(n)fusão" dos dois fatores:[15] quando o mais ínfimo aspecto da paisagem contém nossa emoção mais íntima, e esta é expressa mais intensamente porque habita implicitamente os objetos do poema e não se deixa constituir como tema.

Essa simbiose entre a paisagem e a emoção não ocorre, portanto, pela simples projeção do sentimento do poeta sobre o mundo exterior, como atestam exemplarmente aqueles poemas antigos em que paisagem e emoção exprimem mais profundamente uma à outra quanto maior o contraste entre elas, como a

---

11 JZ, p.33-4.

12 JZ, p.76.

13 JZ, p.33.

14 GS (a propósito do poema de Xie Tiao, "La Toute du fleuve est longue vers le Sud-Ouest").

15 JZ, p.50: expressão análoga à que caracterizava a realidade do mundo, cf. supra, cap.3, 27n.

evocação de um retorno muito esperado em meio ao gelo invernal ou da tristeza de uma partida em uma natureza exuberante.[16] A riqueza do fenômeno poético surge da intensidade do "encontro estimulante" (noção de *xinghui*), e a incitação só é fecunda na medida em que é mútua.[17] Embora a tradição chinesa não exalte o isolamento da consciência poética em uma instância única e separada, como o Ocidente a representa muitas vezes (correndo o risco de, em nome da "inspiração", transferir o princípio de sua iniciativa a um além que é fascinante justamente porque é não pensado), ela ressalta a importância de uma capacidade poética da consciência como ambiente propício à transmutação, já que apenas uma interioridade particularmente capaz consegue sentir, em sua infinita profundidade, a riqueza de sua relação com o mundo e interagir verdadeiramente com ele.[18] Mais uma vez é o advento da palavra que marca, na visão ocidental, a cisão (verbo de Deus ou verbo poético) em relação à ordem distinta da natureza e implica essa ruptura de planos que é consagrada pela representação da criação: a Musa é uma Boca e é "de seus lábios" (*ek stomaton*, segundo Hesíodo, *Teogonia*, v.40) que se colhem os "tons deliciosos";[19] na visão de um Wang Fuzhi, ao contrário, o surgimento da palavra é resultado da espontaneidade da interação (as "expressões" poéticas "emanam por si sós")[20] e, assim como no processo do mundo, não há intervenção de nenhum fator ex-

---

16 JZ, p.10.

17 JZ, p.95.

18 JZ, p.50.

19 Sobre essa questão, cf. nosso estudo *La Valeur allusive...*, op. cit., p.85 et seq.

20 JZ, p.95.

Processo ou criação

terior na origem desse processo.[g21] Mais precisamente, é a *absoluta espontaneidade* desse processo[b] marcado pela imediatidade,[i] sem que a paisagem terrena seja preparada previamente pela consciência ou a expressão se deva originalmente a um esforço de reflexão, que determina a qualidade poética. A poesia, em consequência, é estranha à técnica, não deriva de um fazer particular (nesse sentido, Wang Fuzhi reage contra a importância que se dava às regras de composição sob os Ming):[j22] toda perplexidade na escolha de uma palavra, toda habilidade retórica, todo esforço de construção metódica, são sintomas de uma ausência de motivação, denunciam uma capacidade deficiente de interação e são o oposto da verdadeira poesia. Trata-se, nesse caso, de puro jogo de linguagem, sem relação interativa com o mundo, e não passa — nem se passa — nada que seja poético. Mas, "se somos capazes de exprimir a realidade graças à emoção sentida pela consciência, se somos capazes de provocar nossa interioridade com o contato da paisagem e temos condições de atingir a dimensão de invisível das coisas, integrando-nos a elas para representá-las — expressões animadas surgem por si mesmas e participamos de toda a sutileza das transformações (da natureza)".[k23] A poesia não é concebida na China a partir de uma consciência sujeita, autônoma ou inspirada (a questão que já aparece no *Ion*), mas como um *fenômeno* que, como qualquer outro, depende do encadeamento espontâneo das mutações, e só lhe é atribuída autenticidade na medida em que deriva desse puro processo.

21 JZ, p.52.

22 Cf. Guo Shaoyu, *Zhongguo wenxue piping shi*, Shangwu Yinshuguan, 1934, p.532 et seq.

23 JZ, p.95.

O poema não nasce apenas de um processo de interação com o mundo, graças à incitação recíproca da paisagem e da emoção, mas se institui *como processo do sentido*, graças ao funcionamento correlativo e recíproco da diversidade de fatores que constitui o sistema de sua textualidade. Do plano da motivação poética ao das operações semânticas, a mesma lógica é obedecida. Todo funcionamento textual é concebido a partir de uma dualidade de instâncias cujo caráter de interdependência e colaboração se manifesta com mais clareza nesse caso pelo tematismo que serve para designá-la: de um lado, o que "recebe"; de outro, o que "é recebido"[l] – o anfitrião e o hóspede, segundo o tema tradicional dos rituais antigos, ou o "consulente" e o "consultado", no âmbito que caracteriza a maiêutica do *chan* (opondo mestre e discípulo em uma discussão sobre a verdade) e contribuiu largamente para essa conceituação graças à sua capacidade de inversão (o "consulente" também é "consultado", e vice-versa).[24] Na concepção de Wang Fuzhi, o fator que recebe, em seu princípio, corresponde ao início do movimento da consciência ao entrar em contato com o mundo,[m25] a partir do qual se organizam e se animam todos os elementos recebidos do texto (tanto "subjetivos" como "objetivos", motivos da paisagem ou da emoção). Se, para a análise literária usual, os elementos imagéticos (metáfora e comparação) são o *elemento recebido* do texto, enquanto a simples denotação[n] representa o *elemento recebedor*; ou se as expressões indiretas e tortuosas representam o elemento recebido, enquanto a designação direta[o] representa o elemento recebedor, para Wang Fuzhi essas

---

24 Cf. Paul Demiéville, "Les entretiens de Lin-Tsi", in *Choix d'études boudhiques*, Leyde, E. J. Brill, 1973, p.442.

25 JZ, p.44.

Processo ou criação

codificações são estéreis, pois obstruem a eficácia conceitual desse par de noções e paralisam o jogo textual por desconhecimento da reversibilidade das funções: para existir realmente como tal, todo texto deve necessariamente repousar sobre uma relação fundamental de interação que permita que *as diferenças de seus fatores*, seja em que nível for, *cooperem e se integrem*.[26] Não existe texto em estado de dispersão, como uma "revoada de corvos", e ele só funciona como texto a partir do momento em que se estabelece uma relação recíproca entre seus elementos e há uma coerência ("recebedor"-"recebido") que atua efetivamente nele e lhe dá unidade.[27] Wang Fuzhi vê a realidade do texto literário segundo um estado de espírito que, no fundo, é muito semelhante àquele com que ele abordava a estrutura hexagramal do *Livro das mutações*: em ambos os casos, há um sistema baseado em relações de interação e reciprocidade; em ambos os casos, esse sistema deve permanecer aberto e disponível e não pode se prestar a uma interpretação rígida e codificada – tal como os preceitos literários a formalizam e a tradição das escolas[p] a institui (por exemplo, decretar que os dísticos intermediários dos poemas regulares devem ser o primeiro dedicado à evocação da paisagem e o segundo à da emoção;[28] essa questao deve ser comparada com a questão da divisão simbólica das linhas do hexagrama). A poesia é essencialmente variação, à imagem da vida. Assim como o curso das coisas, e assim como o modelo do hexagrama, o texto é uma estrutura constantemente correlativa, cujo jogo não pode ser reificado.

---

26 JZ, p.54.

27 GS (a propósito do poema de Ding Xianzhi, "En traversant le Yangzi").

28 JZ, p.76; cf. também p.99, 104 e 112.

A noção de *indireto poético* (expressão poética como evocação indireta), que ao menos nesse nível de generalidade está ligada a uma tomada de consciência relativamente recente no Ocidente, corresponde à intuição mais antiga e mais comum da poesia na China (desde o "Grande prefácio" ao *Clássico dos poemas*, do período Han, e até mesmo desde Confúcio).[29] Isso se deve evidentemente ao fato de que as concepções de funcionamento por interdependência e correlatividade estão inscritas nas profundezas dessa tradição; e Wang Fuzhi não tem dificuldade para justificar de um ponto de vista filosófico a vocação da linguagem poética à imagem, uma vez que ele entra tão bem em sua lógica mais geral que o que é coerência interna e invisível das coisas (*li*) se manifesta espontaneamente através das realidades sensíveis (ordem do *wu*) e, sob efeito da emoção que é sentida pela consciência humana, tudo seja capaz de comunicar-se analogicamente através das ordens diversas da realidade.[30] Opõe-se a isso, segundo Wang Fuzhi, um uso deturpado da expressão indireta poética, ao qual a tradição letrada se dedicou com afinco por fraqueza diante do poder e que consiste em toldar o olhar do sentido para não comprometer-se pessoalmente em um mundo politicamente censurado: o funcionamento metafórico, nesse caso, não nasce espontaneamente da interação da consciência e do mundo, mas está ligado a um artifício da linguagem que efetua uma comunicação codificada.[31] Em contrapartida, segundo o puro princípio da imagem poética (quando este não é corrompido por uma intenção ardilosa), que de si mesmo um se exprima através do outro e ma-

---

29 Cf. nosso estudo *La Valeur allusive...*, op. cit., p.163 et seq.

30 JZ, p.127.

31 Cf. nosso estudo *La Valeur allusive...*, op. cit., p.189 et seq.

Processo ou criação

nifeste espontaneamente seu sentido em relação a ele é um fato que caracteriza legitimamente a função poética e corresponde ao funcionamento de todo o processo. Na China, a escrita poética é, em seu próprio ato, a única "revelação" que existe. Se constitui a atividade de base pela qual se forma a consciência letrada (o que é particularmente importante para Wang Fuzhi, muito "tradicionalista" no que diz respeito à evolução dos gêneros na China e pouco sensível a outras formas literárias), é porque a linguagem poética reproduz muito melhor do que qualquer expressão abstrata e especulativa a lógica inerente ao curso da realidade.

De fato, de acordo com uma das definições mais tradicionais na China, compete particularmente à expressão poética fazer que as *palavras* do poema e o *além das palavras'* colaborem entre si de forma absolutamente análoga, segundo a representação de Wang Fuzhi, à colaboração do visível e do invisível no grande processo das coisas. Tudo é jogo *entre* o vazio e o *pleno*: há plenitude das palavras do poema somente em relação ao vazio' entre elas e em torno delas, como o branco do texto, diante do qual elas se tornam significativas[32] (como o vazio infinito da latência do qual emergem um a um os existentes individuais e ao qual retornam). As palavras do poema, enquanto registro de sentido, representam apenas o momento transitório de sua atualização manifesta, entre o aquém das palavras constituído pela motivação da consciência poética, sempre relativamente indeterminada, e o prolongamento infinito do poema além delas, ou melhor, depois delas, por desdobramento no interior da consciência leitora (note-se que, significativamente, de novo é o eixo temporal, e não o espacial, que serve à repre-

---

32 JZ, p.138; cf. também, por exemplo, GS (a propósito do poema das "Sete lamentações", de Cao Zhi).

sentação em Wang Fuzhi).[33] Concebido em sua integralidade, o "poema" consiste nesse funcionamento contínuo e global que vai da incitação inicial suscitada por emoção ao contato das coisas até a comunicação dessa incitação por influência difusa através da sensibilidade do leitor – em relação à qual as palavras do texto servem de vetor e continuador. Momento em que é "atingida" a dimensão de invisível ou de espírito (*shen*) através da materialidade das coisas,"[34] as palavras do poema só têm significado e existência poéticos do ponto de vista da totalidade desse processo, e pela função de propagação que lhe é conferida dessa forma.

Não causa surpresa, portanto, que, para explicar esse processo poético, Wang Fuzhi recorra às mesmas categorias e às mesmas representações que servem para caracterizar o processo do mundo. O poema também pertence à categoria do "curso", ou do "fluxo", e sua qualidade fundamental é ser capaz de "se desenvolver sem entraves nem obstruções:[v] "pôr fim" ao jogo de interação e "obstruir" o processo de evolução sem fim que resulta desse jogo seria ir contra a própria natureza da poesia.[35] Assim como o curso do mundo, o curso do poema repousa sobre um encadeamento espontâneo, sem ruptura ou descontinuidade, e toda construção estereotipada do poema é ridícula (por exemplo, a das "quatro partes": "introdução do assunto", "desenvolvimento", "variação" e "conclusão").[36] Poesia *ininterrupta*, em harmonia com o curso do mundo, apesar das mudanças de rima e outras modificações formais, pois é o próprio movimento de continuação que a faz

---

33 JZ, p.8.
34 JZ, p.95.
35 JZ, p.33.
36 JZ, p.78; cf. também, por exemplo, GS (a propósito do poema de Xie Lingyun, "Passeio ao pavilhão do Sul").

Processo ou criação

ser e funcionar, enquanto o recorte, que nasce das preocupações escolares, fatalmente a priva de vida,[w37] atrapalhando o desenvolvimento interno de seu "fluxo", que também se desenvolve por alternância:[x38] "como uma serpente que se corta em pedaços" ou "um melão que se corta em fatias".[39] A metáfora predileta dos comentários é a do *dragão* cujo corpo se alonga em ondulações contínuas e renovadas (por exemplo, para caracterizar a arte de um Xie Lingyun);[40] ou da *nuvem* como imagem de uma homogeneidade imponderável e totalmente indistinta: "Um poema de vinte palavras, semelhante a uma nuvem [...]. A nuvem se colore sob a luz, mas sua luminosidade não se encontra nem em seu interior nem em seu exterior. Sem veias e sem contornos: como tal, pode suscitar uma emoção infinita e esta não é limitada a objetos particulares".[41] Assim, é absurdo imaginar, exclusivamente do ponto de vista da história literária, que a quadra tenha nascido de uma divisão da oitava, seja qual for o modo como se conceba essa fragmentação, porque é ignorar que todo poema, em qualquer escala que seja, constitui um texto global e uno que por um mesmo impulso comunica com o interior dele mesmo em sua integralidade.[42] Assim, de forma análoga ao que, no âmbito do processo do mundo, caracterizava a capacidade do vazio em relação ao pleno, ou a dimensão de invisível ou de espírito em relação à opacidade fenomenal,[43] é peculiar à qualidade poética o seu caráter "alerta"

---

37 JZ, p.19.

38 JZ, p.1.

39 JZ, p.19.

40 JZ, p.48.

41 GS (a propósito do "Poema da primavera", de Wang Jian).

42 JZ, p.139.

43 Cf. supra, cap.6, p.99.

e "comunicativo" ou "pervasivo"[y] que permite que a linguagem poética seja animada e o processo do poema se realize.[44] A ideia de "criação", portanto, é contrária à perspectiva da poética chinesa, não só porque projeta no início da obra a ideia de um sujeito único e separado, mas também porque fecha essa obra nela mesma, em uma imobilidade perfeita. Para Wang Fuzhi, o poema tem como característica estar sempre aberto para o futuro inédito: o de sua transformação pela leitura, graças aos novos efeitos de interação e pelo jogo da sua recepção.

Transformação, interação e reversibilidade caracterizam tanto o processo da leitura como o da realidade. Segundo a sistematização tradicional das possibilidades da interpretação poética, cujo ponto de partida se localiza em Confúcio, a poesia pode "suscitar a emoção", "estimular a reflexão", "desenvolver o espírito comunitário" e "servir de expressão às queixas",[45] mas, enquanto comumente essas quatro orientações típicas são concebidas como excludentes (tal poema suscita a emoção, tal poema estimula a reflexão), Wang Fuzhi concebe essa diversidade no sentido de uma polivalência, em que cada interpretação reage sobre a outra e a aprofunda:

Se desembocamos em uma concepção segundo a qual tal poema visa a suscitar a emoção, mas também consideramos que esse poema estimula a reflexão, a emoção suscitada é mais profunda exatamente por essa razão; da mesma forma, se desembocamos em uma concepção segundo a qual tal poema visa a estimular a

---

44 Cf., por exemplo, JZ, p.95.
45 *Lunyu*, XVII, §9.

Processo ou criação

reflexão e também consideramos que esse poema suscita a emoção, a reflexão ganha clareza. Se um poema, ao mesmo tempo que desenvolve o espírito comunitário, serve de expressão às queixas, estas não poderão ser esquecidas justamente por essa razão; da mesma forma, se um poema, ao mesmo tempo que serve de expressão às queixas, desenvolve o espírito comunitário, este ganhará autenticidade.[46]

O critério de valor de um poema é precisamente que o texto consiga estabelecer uma interação entre as diferentes perspectivas da leitura, em função da disposição particular que é específica da consciência do leitor naquele momento,[a'] e é esse desenvolvimento por transformação do significado do poema que constitui a singularidade da leitura "poética",[b'] oposta à leitura dos "filólogos" e dos "glosadores".[47] Ou ainda, o critério da boa poesia é possibilitar uma reação infinita entre o texto poético e a consciência leitora, não sendo esta reduzida a uma única possibilidade de sentido, definitivamente encerrada pela esterilidade do texto (como é tragicamente o caso, na opinião de Wang Fuzhi, após o auge dos Tang),[48] mas podendo intervir ativamente na interpretação do poema e desenvolver sua interioridade através dele, em resposta à riqueza de sua incitação.

Do mesmo modo, a tradição do comentário distingue categoricamente três modos de expressão poética, conforme se trate de uma expressão direta e puramente narrativa (*fu*), de uma expressão metafórica baseada em uma comparação analógica (*bi*)

---

46 JZ, p.4.
47 JZ, p.20.
48 JZ, p.41.

ou de um motivo evocador baseado em uma relação de incitação com valor alusivo (*xing*),⁴ e, nesse caso também, essas diferentes interpretações são comumente excludentes (ao menos entre a expressão direta e a indireta).[49] Mas de fato, observa Wang Fuzhi a propósito, por exemplo, de uma balada de Yu Xin,[50] cada verso de determinado poema é narrativo, mas serve ao mesmo tempo de motivo evocador e expressão metafórica: a partir do sentido metafórico pode se desenvolver um motivo evocador de alcance simbólico, do mesmo modo que, desenvolvendo-se, esse motivo evocador pode resultar em uma metáfora global (conforme o sentido que a retórica clássica atribui ao alegorismo, como "metáfora prolongada e contínua"). Assim como as orientações diversas da leitura, por reação da consciência receptora, os diferentes processos semânticos se comunicam entre si, não se fecham em sua individualidade, e "engendram-se mutuamente, encadeando-se uns aos outros". O curso do desenvolvimento do sentido pela leitura é compreendido, portanto, exatamente pelas mesmas representações de incitação recíproca das outras formas de processo: a qualidade poética de todo poema, tal como Wang Fuzhi a concebe, não é nada mais do que a capacidade de dar ocasião a um devir sem fim — do mesmo modo que o curso do mundo prossegue eternamente e sem descanso, ou da maneira como a consciência não tem outro ideal a não ser estar sempre em evolução e nunca estagnar.

---

49 Cf. nosso estudo *La Valeur allusive...*, op. cit., p.175 et seq. e p.216 et seq.

50 GS (a propósito do poema de Yu Xin, "Balada do país de Yan").

17
Generalização:
um mesmo modo de inteligibilidade

Tudo é *curso*. Ora, é característico da perspectiva do processo permitir que toda diversidade do real seja concebida segundo um mesmo princípio de inteligibilidade: seja qual for o modo de existência considerado – curso do mundo ou da consciência, curso da História ou do poema –, o devir que os caracteriza pode ser pensado integralmente em função de sua lógica interna, enquanto desenvolvimento contínuo nascido da interação de seus fatores constitutivos, e sem que jamais nenhuma causalidade externa (Deus, sobrenatural, Providência, inspiração...) possa ser alegada. Todo real é decifrado a partir dele mesmo, isto é, de seu próprio jogo; e Wang Fuzhi nos fornece exatamente, pela diversidade de campos considerados (o da "filosofia primeira" em seus comentários sobre o antigo *Livro das mutações* ou *Zhang Zai*, o da análise histórica em suas reflexões sobre o *Zizhi tongjian* ou *História dos Song*, o da leitura poética em seus "discursos sobre a poesia" e suas antologias comentadas dos poemas antigos e da poesia dos Tang), as ferramentas conceituais comuns dessa inteligibilidade universal, fazendo operar correlativamente as noções de *coerência interna* e *tendência espontânea*:[a] uma articulação conceitual exemplar, pois funciona sistematicamente em todos esses campos e permite a generalização irrestrita da validade da representação do processo.

Recordemos que em Wang Fuzhi, e mesmo no âmbito de sua filosofia primitiva, a noção de "coerência interna" (*li*) nunca se constitui como princípio metafísico independente (como aconteceu muitas vezes no pensamento neoconfuciano a partir dos Song), mas é sempre pensada em relação à energia universal, concebida em seu modo mais geral (enquanto *qi*), sem a qual ela não pode se manifestar e a qual ela própria tem tendência a regular. Quanto à noção de "tendência espontânea", ou "propensão", ela foi objeto de uma elaboração aprofundada no pensamento da China Antiga, enquanto "potencialidade disposicional" específica de uma situação: no pensamento político dos juristas, designa a posição favorável que assegura o exercício efetivo da soberania (como capacidade extrínseca à personalidade moral do príncipe, que este deve ter o cuidado de não abandonar) e da qual deve ser emitido o comando, impondo-se como uma necessidade objetiva para adquirir o máximo de eficácia;[1] segundo a arte militar de Sunzi, designa a capacidade latente que deriva de uma situação estrategicamente favorável (*xing*) e que o general deve saber aproveitar. Exemplo célebre e frequentemente citado (até por Zhang Zai e Wang Fuzhi) é o das pedras redondas situadas em um local alto que, por sua própria configuração e pela conformação do terreno, têm em si mesmas a propensão de rolar encosta abaixo: "Por isso um comandante de exército qualificado pede a vitória ao

---

1 *Han Feizi*, cap.XL; cf. Léon Vandermeersch, *La Formation du légisme*, Efeo, 1965, p.255-60.

Processo ou criação

potencial que nasce da situação (*shi*) e não a seus subordinados".[2] A arte (humana) é saber fazer pender a seu favor a inclinação do curso das coisas, em vez de tentar forçar a situação ou se contrapor a ela. Disso nasceu uma visão do mundo como "dispositivo", a qual o pensamento de Wang Fuzhi apenas explicitou.

O mundo como *dispositivo*: todo novo acontecimento é fruto de uma inclinação necessária e espontânea[3] que emana da coerência interna da realidade. Assim, a interação entre *yin* e *yang*, da qual decorre toda atualização, já se encontra implicada na harmonia da latência original e se desenvolve por si mesma sem interrupção possível. Contração e expansão, advento e desaparecimento, sucedendo-se sem parar, em ritmo alternado e regular, são tendências lógicas que derivam apenas delas mesmas e, portanto, são incoercíveis. A *tendência* é pura manifestação dinâmica da *coerência*, não há lacuna possível entre a relação interna constitutiva de toda existência e o devir ao qual ela se destina. Quanto ao curso da consciência, sabemos que nada nasce ou morre de uma hora para outra, tudo é fruto de um processo.[4] O extravio é progressivo, a tendência propende a afirmar-se e o que é latente mostra inclinação a tornar-se patente por um efeito de lógica interna que está inscrito na própria estrutura desse desenvolvimento. Tudo é em evolução, é conduzido pela própria propensão, é dependente de uma dinâmica própria à realidade.

Coerência e propensão, portanto, implicam-se mutuamente e diferem apenas pelo ângulo de visão. A noção de *propensão* deve

---

2 Sunzi, cap.V.

3 ZM, I, p.2, 5, 13.

4 ZM, IV, p.68.

ser compreendida com "finura e sutileza" e a de *coerência* "ampla e vastamente":[d] "associando uma à outra, temos o que denominamos Céu".[5] Ou então: obedecer à tendência necessária, isto é coerência, e ao caráter espontâneo (natural) da coerência, isto é o Céu.[6] Como ainda poderia existir um Céu "abissal" o qual se possa inquirir? "O que denominamos o Céu é simplesmente a coerência e essa coerência consiste simplesmente em seguir a tendência." A reflexão de Wang Fuzhi é o oposto da construção metafísica e da fé religiosa: verificamos mais uma vez que a transcendência é nesse caso apenas a absolutização da imanência e que o "Céu" não é valorizado como exterior (e superior) ao mundo, mas como pura processividade das coisas.

O erro (do qual nasce a metafísica e toda falsa interpretação do mundo) é sempre o mesmo: a reciprocidade é ignorada e a correlação é rompida, ou seja, *coerência* e *propensão* são separadas, ou opostas categoricamente uma a outra. É o que acontece na interpretação da História, em especial, quando nos restringimos à concepção "grosseira" segundo a qual, quando reina a boa ordem no mundo, é conveniente tratar da realidade em termos de coerência, ao passo que, quando reina a desordem, é conveniente tratar da realidade em termos de propensão.[7] Um dos pontos mais fortes do pensamento de Wang Fuzhi é demonstrar o contrário (embora ele tenha vivido uma das piores épocas de convulsão social que já existiu): tendência e coerência trabalham *juntas* no desenrolar da História, e há sempre uma lógica em ação, independentemente de

---

5 DSS, IX, p.602.
6 Cf. Fang Ke, op. cit., p.161.
7 DSS, IX, p.599.

Processo ou criação

seu caráter mais ou menos favorável. Lembremo-nos de Hegel: "Todo real é racional e todo racional é real" – uma fórmula na qual os comentaristas chineses contemporâneos não deixaram de ver uma abonação fácil à concepção "dialética" de Wang Fuzhi. A consciência da reversibilidade, ao menos, é efetivamente comparável: de um lado, a coerência pode constituir a tendência, mas, de outro, a tendência pode constituir a coerência e há interação entre as duas.[8]

A primeira hipótese é a que mais comumente se nota: uma capacidade inferior obedecer a uma capacidade superior, o "menos sábio" obedecer ao "mais sábio" é resultado de uma coerência que se constitui por si mesma como propensão.[e] A virtude inferior tem tanto interesse em obedecer e se submeter quanto a virtude superior é legitimada em sua autoridade; e a propensão consiste apenas em abraçar o movimento natural do que é logicamente implicado (e ao mesmo tempo moralmente justificado).[9] A história fornece o exemplo cada vez que o fundador de uma nova dinastia restabelece a ordem na China, reorganiza "racionalmente" o mundo (lógica e moralmente) e, a partir disso, reorienta naturalmente o curso da História de acordo com essa nova tendência positiva.[10] Mas Wang Fuzhi refina a análise (não se limita às generalidades moralizantes, lê a História em seu desenvolvimento concreto): por exemplo, se a substituição da dinastia degenerada dos Shang pelos bondosos fundadores dos Zhou é um caso típico e ideal em que a coerência é a propensão, a expedição punitiva do rei Wu contra os Shang, graças à qual pôde se impor a nova autoridade,

---

8 SGZ, III, p.97.

9 DSS, IX, p.599-600.

10 Cf. Fang Ke, op. cit., p.144.

François Jullien

corresponde ao caso inverso, em que a propensão é que faz surgir a coerência (o rei Wu derrota o último soberano dos Shang tirando proveito do caráter favorável da situação).[f] Wang Fuzhi não se satisfaz com uma visão puramente ideológica e "pia" da História (à qual foram muito frequentemente conduzidos os letrados confucianos), e também tem consciência de que toda relação de forças que se estabelece gera por si própria uma ordem efetiva. O "pequeno" obedecer ao "grande", ou o mais fraco ao mais forte, resulta diretamente da propensão, e esta, em razão de seu caráter infalível, também serve de coerência.[11] Pois há duas maneiras distintas de a tendência instaurar a coerência: seja porque "é evidente" (legitimamente e como tem de ser;[g] cf. o caso do rei Wu), seja porque não pode ser de outro modo.[h12] Nesse caso, o exemplo não é mais o dos bondosos reis fundadores, tão louvados pela tradição, mas o de um hábil estrategista como Cao Cao ou o do primeiro imperador da China (em geral difamados pelos letrados, mas reconduzidos por Wang Fuzhi à posição que merecem em razão da importância de seu papel histórico): o fato de Qin Shihuang ter conseguido eliminar todos os seus rivais, unificar a China e substituir o sistema feudal por províncias corresponde a uma necessidade da tendência da qual não resta dúvida, apesar da agitação que provocou, de que também possuía uma coerência, uma vez que serviu para estabelecer um regime político e administrativo que foi um nítido progresso em relação ao precedente. A mudança na tendência acarretou uma mudança na coerência (mas admite-se que o regime feudal anterior, inadequado naquele momento, era "coerente" com sua época e representou um progresso

---

11 DSS, IX, p.599-600.
12 Cf. Fang Ke, op. cit., p.140.

Processo ou criação

em relação ao que existiu antes dele). Em outras palavras, naquele período particularmente crítico da história chinesa, do caráter explosivo da tendência (decorrente da exacerbação recíproca dos fatores antagonistas que estavam em jogo)[i] resultou uma mudança de conjunto da coerência, e a orientação que se criou não poderia suceder se não se encontrasse logicamente implicada.[13] Para voltarmos à distinção consagrada pela historiografia chinesa entre períodos de ordem e desordem: se é óbvio que, em períodos de ordem, é possível fazer advir a tendência a partir da coerência, nos períodos de desordem é possível se apoiar na tendência para fazer advir uma nova coerência que possibilite o restabelecimento da ordem e, portanto, seja plenamente justificada.

É nesse sentido, aliás, que Wang Fuzhi é mais sutilmente "hegeliano" (cf. as astúcias da Razão na História): o aspecto acidental ou anedótico do desenvolvimento da História não passa, no fundo, de um "empréstimo"[j] pelo qual a necessidade histórica é capaz de se realizar.[14] Se o primeiro imperador instaurou o Império e substituiu o regime feudal por províncias para satisfazer sua ambição pessoal e conservar o poder de seu clã, ainda que tenha agido por puro interesse pessoal, ele atuou para a evolução histórica: "O primeiro imperador eliminou os senhores feudais e nomeou os governadores com o propósito de tomar todo o poder para si: assim, o Céu se aproveitou de seu interesse individual para realizar o que era do interesse de todos". "A tendência era a necessidade de mudança" e, como tal, mostrou-se irreversível (era impossível restaurar o feudalismo). A força da tendência é tão grande que, enquanto ela não chega ao seu pleno desenvolvimento,

---

13 Ibid., p.142; cf. XZ, p.I, 11.
14 Ibid., p.145 et seq.

é impossível antecipar-se a ela; porém, quando se apresenta o momento apropriado, mesmo homens pouco capazes podem tirar proveito dela. Assim, a propensão representa o que "não é fortuito"[k] no curso da História e constitui seu elemento determinante, porque é necessário, ainda que nem tudo se deixe reduzir a essa necessidade e a contingência prossiga no nível da individualidade.[15] Embora visassem apenas a satisfazer as ambições do soberano Wudi dos Han (em especial abastecer-se de cavalos), as expedições de Zhang Qiang tiveram um alcance muito maior, pois permitiram a incorporação de novos territórios ao espaço chinês. Assim, dizer que "o Céu é que conduziu" esse projeto significa não que a ação é fruto da Providência divina (uma vez que, em seu próprio princípio, o "Céu" de Wang Fuzhi não comporta intenção, *wu xin*), mas que o empreendimento ultrapassa a intenção humana, individual e interesseira que o planejou e executou e só pode ser realmente apreciado em relação ao processo da História visto em sua globalidade. As motivações humanas, desejos e ambições, são apenas o instrumento da tendência que se realiza logicamente a partir de dada situação. O que não leva de modo algum a um abandono da concepção moral da História, mas à concepção dessa moralidade do ponto de vista de uma positividade histórica que transcende a simples escala do indivíduo. O fato de Liu Bang ter aproveitado um momento favorável, após o reinado do primeiro imperador, para matar seu rival Xiang Yu não deve ser julgado a partir de uma concepção ética estreita (sob o pretexto de que ele foi desleal com Xiang Yu e não foi fiel aos seus antigos compromissos), pois dessa forma ele conseguiu pôr fim às lutas internas que estavam exaurindo a China e estabeleceu uma ordem que foi

---

15 Cf. Li Shouzhang, in: Xiao Shafu (ed.), op. cit., p.260.

Processo ou criação

proveitosa para todos (o que corresponde ao sentido verdadeiro da virtude da "humanidade" (*ren*): levar em conta o interesse comum). Se Liu Bang tivesse respeitado o acordo que fez com Xiang Yu, este último teria recomposto suas forças e a China teria sido empurrada de novo para os desastres da guerra civil.[16] Não se pode conceber uma virtude pura, abstraída das tendências que se encontram em ação e governam a situação, e o critério de moralidade é indissociável dos fatores de coerência que orientam o bom desenrolar do Processo.

A tendência muda em função das diferenças de época, e a coerência muda em função das diferenças de tendência; ou, ainda, a propensão depende do momento, do mesmo modo que a coerência depende da propensão, por isso "não pode existir coerência interna sem tendência espontânea nem tendência espontânea sem coerência interna".[17] Portanto, há uma lógica não apenas da vida, mas também da morte, não apenas da ordem, mas também da desordem, não apenas da sobrevivência, mas também do falecimento, e isso vale tanto para o destino dos Estados como para o dos indivíduos. Portanto, antes de tudo, fazer história consiste em analisar a propensão para compreender completamente a lógica interna e poder deduzir da particularidade das circunstâncias um ensinamento independente.[18] Assim, pela necessidade da tendência revela-se a coerência do curso da História, uma vez que, em seu próprio princípio, a coerência interna é necessariamente invisível, assim como, no curso do mundo natural, é o aspecto ordenado e regulado da energia material que revela a coerência interna (invi-

---

16 DSS, X, p.745; cf. XZ, p.20.
17 Cf. Fang Ke, op. cit., p.138.
18 Ibid., p.174.

sível) que rege o processo.[19] Curso da natureza, curso da História: propensão e coerência projetam nele uma mesma legibilidade.

Como podemos explicar de forma igualmente efetiva (eficaz) o processo do sentido poético senão em termos de coerência e propensão, isto é, concebendo o texto poético como um dispositivo (à semelhança do que rege o funcionamento do mundo)? Concebida sob uma perspectiva semiótica (em Jiaoran, no século VIII, de maneira mais clara do que em Liu Xie, e Wang Fuzhi desenvolve essa concepção),[20] a propensão implicada indica a *potencialidade disposicional* dos signos poéticos – graças a isso o processo do sentido que nasce da relação interativa de consciência e exterioridade é capaz, através da série de variações constitutivas de sua textualidade, de se realizar de forma mais inteira, sem uma palavra a mais e conforme a sua máxima eficácia. O contraexemplo é o do poema ruim (má representação do processo poético), no qual "forma" e "conteúdo" se justapõem infecundamente (como se dependessem de operações sucessivas): "Escolher um tema (personagem, fato, objeto...) e acrescentar os adereços da retórica (comparações, expressões rebuscadas, alusões históricas...) é como querer rachar um tronco de carvalho com um machado sem corte: pedaços de casca voam para todos os lados, mas em algum momento se chegará à fibra da madeira?".[21] A arte da disposição "estratégica" dos signos (a que nasce do movimento espontâneo da incitação) desenvolve o corpo do poema em uma espécie de ondulação ininterrupta, em que tudo funciona em consonância e correlação, sem cesura ou desalento, com uma es-

---

19 DSS, IX, p.601.
20 Liu Xie, cap. "Dingshi"; Jiaoran, *Shishi*.
21 JZ, p.48.

Processo ou criação

pécie de vivacidade constante. Voltamos logicamente à metáfora emblemática do *dragão* como imagem de alternância e vigorosa vitalidade, sem descontinuidade – e sujeito a um dinamismo continuamente renovado (de vitalidade por alternância, simbolizando tanto o Sábio como o *Dao* sob esse aspecto): "dragão cujo corpo se estende numa sequência incessante de curvas, com nuvens em volutas ao seu redor: dragão vivo, não pintado"[22] (em Shen Dao, o dragão em pleno voo, apoiando-se nas nuvens, serve de ilustração à potencialidade que nasce do arrimo e, portanto, à importância da "posição"). Como virtualidade e capacidade de efeito do signo, por uso pleno de sua disposição e capacidade de ir ao extremo de suas possibilidades, graças ao poder que lhe é dado pela situação, essa propensão está relacionada tanto à pintura como à poesia: "Segundo os que tratam da estética, 'o menor espaço pode comportar a propensão própria de uma vasta paisagem'. A noção de propensão merece nossa atenção: pois, se não recorremos a ela, a redução de uma paisagem vasta às dimensões diminutas de um desenho equivaleria a fazer o mapa do mundo que estampa a primeira página dos livros de geografia"[23] (ponto de vista comum na estética chinesa: o grande poeta dos Tang, Du Fu, já expressara essa concepção em um verso famoso).[24] Enquanto o mapa geográfico faz simplesmente uma redução sistemática e proporcional dos elementos representados, a representação estética aproveita a potencialidade disposicional dos elementos para realizar, através deles, uma valorização significativa e criativa. É graças a essa potencialidade disposicional

---

22 Ibid.
23 JZ, p.138.
24 Du Fu, "Xi ti Wang Zai hua shanshui tu ge".

dos signos que "o elã do pincel pode tocar o infinito em um movimento" e o processo do sentido poético "faz-se presente através dos espaços brancos do texto", o que é fundamental para as formas poéticas que trabalham sobretudo com a redução (à semelhança da pintura de paisagem), como a quadra.

Mas essa propensão propriamente estética dos signos, que confere tal poder de animação ao texto poético, seria ininteligível se fosse abstraída do caráter de *coerência* (coerência infinitamente sutil e não totalmente apreensível, da ordem do *shen*) que é interno ao processo do sentido[m] e se manifesta através dela (e também é engendrado por ela).[25] O processo do poema depende necessariamente de um efeito de coerência, assim como qualquer outra forma de processo. "Segundo Wang Shimo, 'a poesia é uma questão de intuição e não tem nenhuma relação com a coerência lógica'. Mas, se não há coerência, como pode haver intuição?"[26] O tradicional antagonismo entre intuitivo e lógico, um procedendo por iluminação súbita e milagrosa e o outro confinado às estéreis e banais evidências da racionalidade,[n] empobrece ambos os aspectos e nos faz perder o sentido concreto da realidade. Mais uma vez, a oposição puramente antitética é fonte de ilusão, e a fuga para a comodidade do misticismo é tão nefasta a quem deseja explicar o fato poético quanto à interpretação da natureza ou da História. *Todo real* é fruto de uma coerência — infinitamente sutil, mas inesgotavelmente viva —, até e inclusive a "realidade" poética.

Disso resulta uma homogeneidade do ponto de vista e uma continuidade do pensamento que são característicos da intuição

---

25 JZ, p.48.
26 JZ, p.30-1.

Processo ou criação

letrada e se encontram bem explicitados na reflexão de Wang Fuzhi. Isso fica muito claro – de novo como contraprova e ilustração – ao examinarmos o que acontece quando não há esse modo comum de inteligibilidade, por exemplo, comparando o "confucionismo" de Wang Fuzhi com o dos pensadores confucianos japoneses de sua época (uma vez que foi nesse período do século XVII – no início dos Tokugawa – que a visão confuciana trazida da China foi objeto de um aprofundamento por parte dos pensadores japoneses). Uma última maneira de tirarmos partido da comparação, não mais a partir do Ocidente, mas do Japão, não mais lançando mão de um contexto cultural exterior (e sem nenhuma relação histórica), mas considerando como mudou paralelamente, em consequência de objetivos e interesses diferentes, a referência tradicional a uma mesma forma de pensamento: sob o abrigo do confucionismo, e em nome da leitura dos textos, o pensamento japonês do século XVIII perde certa intuição, e o resultado lógico elucida retroativamente a consistência do pensamento (chinês) do processo, assim como no que consiste sua originalidade.[27]

À primeira vista, podemos notar certa comunhão de temas e pontos de vista entre Wang Fuzhi e os confucianos japoneses da mesma época, pois todos reagem à mesma ortodoxia letrada (a que foi estabelecida por Zhu Xi): a mesma recusa a acreditar em uma era dourada dos tempos antigos e a contrapor um passado

---

27 Cf., entre outras referências, a obra coletiva *Edo no shisokatachi*, Kenkyusha, reed. 1982, 2v.; ver também os dois célebres estudos: Yoshikawa Kojiro, *Jinsai, Sorai, Norinaga*, The Toho Gakkai, 1983; e Masao Maruyama, *Studies in the Intellectual History of Tokugawa Japon*. Trad. Mikiso Hane. Tóquio: University of Tokyo Press, 1983.

ideal a um presente desprezado (no Japão, especialmente em Jinsai); a mesma revalorização da ação, do movimento, da emoção, em reação à tendência mais ascética e "contemplativa" do pensamento do fim dos períodos Song e Yuan, bem como a mesma reabilitação do desejo, do qual apenas os excessos ou a perversão são condenáveis (no Japão, a partir de Yamaga Sokô); ou ainda um questionamento análogo do *status* anterior ou transcendente do princípio de ordem e regulação (o *li*) em relação ao desenvolvimento da energia material, uma vez que esses dois aspectos não podem constituir duas substâncias independentes e separadas (cf. em especial as críticas de Kaibara Ekken, no Japão). Mas, a despeito dos argumentos convergentes, algo separa radicalmente o pensamento de Wang Fuzhi do de seus contemporâneos japoneses, algo que está ligado precisamente ao fato de que estes últimos abandonaram a perspectiva comunitária do processo.

Consideremos brevemente o que sucedeu a essa visão do mundo a partir do momento em que se rompeu essa articulação comum. O natural e o cosmológico, o moral, o político e a estética não são mais pensados em continuidade uns com os outros, mas constituem-se em domínios ou objetos autônomos e dissociados. Consequentemente, o "Céu" não é mais concebido como "Caminho do céu" (*tiandao*) e princípio de animação (regulação) do grande processo das coisas, imparcial e contínuo, como em Wang Fuzhi, mas como poder e vontade pessoais (*tianming*, em japonês *tenmei*), tornando-se definitivamente impenetráveis aos esforços humanos: a transcendência do Céu não procede somente de uma absolutização da imanência, mas impõe-se ao homem por seu caráter incompreensível e misterioso, sob uma perspectiva religiosa, e torna-se objeto de fé e "temor" (como é nitidamente o caso nos grandes pensadores japoneses da época, sobretudo Ito Jinsai e

Processo ou criação

Ogyu Sorai). O pensamento do mundo como Processo foi o que desviou a visão chinesa da concepção de um deus pessoal (como "senhor do alto"), portanto é lógico que, afastando-se do ponto de vista da coerência interna do Processo, os confucianos japoneses recuperem certa concepção do Céu como divindade. Como consequência, a articulação cosmológico-moral subjacente ao pensamento letrado se rompe, a natureza não é mais a norma, o Céu e o homem se separam definitivamente e a ética passa a ser apenas um domínio particular da existência humana, quer seja pensada como um absoluto transcendente, separado do natural e externo ao homem, que se impõe imperativamente a ele (como em Jinsai), quer se resuma ao domínio da vida privada (como em Sorai). Ainda como consequência, o moral e o político são dissociados e este último passa a ser concebido em função de um princípio próprio, o dos regulamentos e das instituições (segundo Sorai, essa obra criativa dos Antigos Reis faz parte da transcendência absoluta do Céu), e não mais em relação ao aperfeiçoamento moral da pessoa e graças a sua influência individual. A visão histórica de Sorai e, mais nitidamente, a visão cosmogônica dos "Estudos nacionais" (desenvolvida a partir do conteúdo Shinto) que veio em seguida (no século XVIII) conduzem implicitamente ao modelo da criação (ou explicitamente, como é o caso de Hirata Atsutane, cuja visão religiosa leva à concepção de um Deus criador que mostra certa ligação com a concepção da Bíblia). A história conquista sua autonomia, uma vez que, ao estabelecer o Caminho a partir de personalidades que somente apareceram em dado momento da história da China e elevar essas individualidades a um nível de absoluta transcendência, o *status* intrínseco e fundador do acontecimento e a ideia de um desenvolvimento histórico independente tornam-se possíveis. Até mesmo as atividades literária e poética

François Jullien

podem afirmar-se como um domínio próprio (o que reivindicam Jinsai e Sorai, indo de encontro aos comentários neoconfucianos), já que a emoção estética pertence a uma dimensão particular da consciência humana (como individualidade privada); na visão chinesa, ao contrário, toda emoção (como o que põe em movimento a consciência por incitação do mundo) é, em seu próprio princípio, sempre orientada positivamente (uma vez que é sempre o real que me move) e, portanto, possui um poder de propagação cuja capacidade é tanto moral e política como "poética" (são os "bons sentimentos" que fazem a "boa literatura", ao contrário do que diz Gide, daí o caráter sistematicamente moralizador do comentário poético no qual a tradição tendeu a se fixar).

Fazendo um apanhado dessas diversas fragmentações, como emancipações salutares em relação à matriz neoconfuciana (a da não descontinuidade), Masao Maruyama vê nelas a afirmação de um pensamento moderno, mais consciente da diversidade de fatores e campos e, nesse sentido, comparável à evolução do pensamento ocidental – "moderno" – da mesma época. Mas isso porque ele partiu de uma visão explicitamente hegeliana, na qual a História somente é possível por efeito de uma oposição interna e "mediando-se", ao passo que, segundo ele, "o mundo intelectual chinês, assim como o Império chinês, não passou por uma confrontação ideológica real".[28] Donde o que seria o papel do confucionismo na China como ideologia dominante responsável por essa História sem história, surpreendentemente inconsistente, e tendo sido historicamente adaptado ao Japão apenas no início da restauração dos Tokugawa para fundar uma ordem hierárquica rígida e

---

28 Masao Maruyama, op. cit., p.6; cf. Hegel, *La Raison dans l'histoire* (*Die Vernunft in der Geschichte*). Éd. G. Lasson. Leipzig, 1930. p.234-8.

Processo ou criação

meticulosa. Mas em que a identificação de tendências análogas (na evolução independente do Ocidente e do Japão) nos permite alicerçar esse critério *único* de "modernidade"? De minha parte, vejo simplesmente duas lógicas culturais coexistentes que, como tais, não devem ser "julgadas" uma em relação à outra (uma em detrimento da outra), mas podem ser observadas uma em relação à outra: podemos enfatizar as especificidades, inventar por oposição uma à outra a física, a História, a teologia, a ética, a literatura..., fazer desse desmembramento do real a condição de um saber científico autônomo e especializado, como a afirmação do indivíduo de sua liberdade, assim como extrair o efeito máximo de suas diferenças (sentido prazer nisso também?). Ou podemos ler o real privilegiando a capacidade pervasiva do modelo de sua coerência, em virtude de sua homogeneidade, sob o ângulo uniformizador do Processo – e com serenidade.

Nota de conclusão
Para que comparação?

Do uso da "China": não apenas o espaço no mapa e nas enciclopédias, mas também a possibilidade de um ponto de comparação, a constituição de uma referência outra, a renovação de nossa indagação. "Qual dos dois é mais crível, Moisés ou a China?", perguntava-se Pascal[1] (como se fosse uma alternativa típica: o fundador do monoteísmo contra a antiguidade e a perenidade de uma civilização). E Leibniz:

> o idioma e o caráter, a maneira de viver, as técnicas e as manufaturas, até as brincadeiras, diferem tanto dos nossos como se eles fossem pessoas de outro planeta, é impossível que mesmo uma crua mas exata descrição do que se pratica entre eles não nos dê uma luz considerável e muito mais útil, em minha opinião, do que o conhecimento dos ritos e dos móveis dos gregos e romanos a que se apegam tantos acadêmicos.[2]

---

1 Pascal, *Pensées*, ed. Brunschvicg, 593n.
2 Carta ao R. P. Verjus, 18 de agosto de 1705.

Que justificações são possíveis, mesmo hoje, a essa viagem do pensamento? (Pois, ainda que a civilização moderna nos tenha aproximado da China, a viagem continua.) Parece-me que uma delas pode ser a seguinte (com cuja lógica eu gostaria de encerrar este livro).

Interessar-se pela cultura chinesa não para fugir do Ocidente (de si mesmo e de sua cultura de origem) ou por sentir-se ingenuamente tentado pelo exotismo ou misticismo do extraordinário, mas simplesmente por escolha especulativa e para viver uma *experiência do espírito*: uma vez que, de um lado, esse espaço cultural se situa muito longe do nosso, não apenas do ponto de vista da geografia, mas também da língua (exterior ao conjunto indo-europeu) e da História (o Ocidente só a atinge realmente na segunda metade do século XIX); e, de outro, essa cultura é também uma das mais antigas, não se descontinuou nem teve uma Idade Média propriamente dita, não passou por uma grande mutação linguística nem sentiu grande apetite por revoluções (nem mesmo políticas, ao menos até a época moderna), e desde muito cedo se estribou na predominância sociocultural da escrita, provocando assim um dos mais vastos desenvolvimentos literários que já existiram. Portanto, há nisso a possibilidade de uma escolha estratégica: a de um universo cultural *a priori* o mais exterior ao nosso, e também o mais enraizado em sua própria tradição, o qual podemos ler e interpretar graças à sua predileção pelo textual, em harmonia com os nossos próprios hábitos. E é contra esse fundo motivador que o estudo de um pensador chinês do século XVII como Wang Fuzhi adquire sentido e relevo: não tanto por ambição de possuir um conhecimento suplementar, segundo uma visão enciclopédica da cultura (para ocupar uma casa a mais no grande tabuleiro do saber), mas como a oportunidade mais típica

Processo ou criação

e mais radical de se consagrar a uma investigação planejada de um descentramento de nossa própria visão das coisas – suspendendo nossas referências anteriores e confrontando-nos com uma outra "tradição".

O que não significa que o que lemos e descobrimos na China seja forçosamente diferente do que conhecemos de nós mesmos, nem que seja *definitivamente* diferente (desconfio muito particularmente da necessidade de utopia que muitas vezes levou os ocidentais a consumir nessa direção as civilizações do Extremo Oriente). O que importa é apenas que essa exterioridade do quadro funcione no início (a "heterotopia", segundo Foucault): que reencontremos esse pensamento fora do conforto de nossas perpétuas relações de cognação e livres de qualquer influência ou contaminação em relação a ele. Então a filiação histórica a que nos prendemos tão constantemente e que, quer tenhamos consciência disso ou não, ainda serve de suporte à nossa reflexão é claramente abolida. Em contato com o pensamento chinês, damo-nos conta de que, por mais universal que se queira e se apresente a racionalidade ocidental, ainda pensamos nossos conceitos através de sua genealogia: de que no fundo somos apenas historiadores do pensamento, isto é, do nosso pensamento, e concebemos "teorias" somente em função desse devir familiar. Ora, eis um pensamento que manifestamente não procede do nosso *corpus*, que realmente provém de fora, é fruto de uma história que nos escapa, e que descobrimos sem nenhuma expectativa: sem garantia inicial de conivência e sem que nossas referências possam funcionar previamente. Portanto, é antes de tudo essa situação de exterioridade que é fecunda: justamente porque nos despe profundamente (de nossos condicionamentos intelectuais, de nossas categorias mentais...) e nos leva a suspender – ao menos em princípio (pois será que somos realmente capazes disso?) – nossos atavismos de pensamento.

Mas qual o teor desse *nós* ("nós", os ocidentais)? Quer dizer: em que o "Ocidente" possui uma individualidade própria e pode se colocar na posição de sujeito coletivo? Pois há o perigo de que, ao recorrer a essa denominação cômoda para servir de ângulo de clivagem e perspectiva, nós aceitemos uma visão transcendente – e ingênua – da História, à qual se credita globalmente (e abstratamente) uma continuidade – e uma homogeneidade – que se desdiz a cada passo, em cada lugar. Sob a casca uniformizante da "tradição", o que a análise descobre cada vez mais é a heterogeneidade dos fatores e a descontinuidade das épocas: a "unidade" (aproximada) de lugares não basta para reproduzir em um mesmo programa toda a sucessão de cenas que tiveram o Ocidente como teatro – e por que essa unidade, e não outra qualquer?

Ora, é sem dúvida *de fora* que a continuidade pode ser percebida, as coerências de conjunto se definem e a noção de "tradição" recupera o sentido. Não porque se olha de longe, mas porque as coisas são percebidas de uma forma diferente (e, consequentemente, o que se percebe é diferente): o que o Ocidente percebe primeiro sobre si mesmo são as mutações que o movem, a renovação que o estimula e – com toda a razão – o caracteriza; o que se percebe do Ocidente de fora dele (como a China olhando o Ocidente) é a coerência de escolhas que o individualiza (a ênfase em certas opções, a persistência de certas obsessões), sua forma de inércia, todos os seus modos de perseverança. Ora, essa divergência não se vincula apenas a uma diferença de escala (tempo longo ou breve); nada determina que uma visão seja preferível a outra ou a contradiga; a questão é que o objeto da percepção é sim-

Processo ou criação

plesmente outro: o que o Ocidente percebe de si mesmo é, acima de tudo, seu discurso (não só o discurso oral ou escrito, mas também o discurso geral dos costumes, instituições, ideologias); o que se percebe de fora dele é sobretudo o que não é dito, a vasta zona de silêncio através da qual escolhas diversas se interligam, tendências se cristalizam, uma mesma inclinação se perpetua. É lugar-comum reconhecer que apenas em contato com a alteridade é que se percebe a identidade: compete à "China", portanto, circunscrever de fora toda a nossa efusão e nos servir de referência externa ao descobrirmos nossas próprias lógicas. Atormentados pelo conflito de nossos discursos, arrebatados pela contínua diversificação de nossa cultura, perdemos necessariamente de vista a dimensão global dos fenômenos que vivenciamos: o primeiro efeito desse desvio pela civilização chinesa, portanto, será podermos recuperá-los em seus contornos e globalidade.

No entanto, reconhecer a pertinência de uma clivagem de perspectivas baseada nas diferenças de contexto de cada civilização não pode nos levar a erigir em mundos estanques e homogêneos os termos da oposição (o "mundo chinês" em face do "mundo ocidental"). Em primeiro lugar, porque isso nos obrigaria a afirmar *a priori* uma singularidade que nos expõe ao desmentido da exceção ou do contraexemplo: todos nós sabemos, por exemplo, que surgiram desde muito cedo na "tradição" ocidental muitas representações da origem que se distanciavam do modelo da criação; por outro lado, porque a afirmação de uma identidade específica e exclusiva, na qual ficaríamos confinados, conduziria a um uso rígido e monolítico da comparação, o que prejudicaria grandemente seu valor e sua capacidade de efeito.

Vimos, de fato, que é por um exame mútuo e meticuloso que se opera a comparação: recorrer a uma exterioridade *possível* para provocar uma reação da representação interrogada e servir de revelador. Para isso, é preciso satisfazer a uma dupla condição: por um lado, que a representação que serve de comparação pertença a um contexto cultural suficientemente independente da outra representação, de maneira que a situação de exterioridade seja rigorosamente estabelecida sem que possam ser alegadas eventuais relações de influência ou contaminação (caso típico da cultura chinesa em relação à cultura do Ocidente, ao menos até a época de Wang Fuzhi); por outro lado, que a representação comparada quadre com a primeira e haja um ponto de correspondência que permita à comparação funcionar e ter sentido. Ora, às vezes essas representações não conseguem coincidir dentro de uma mesma noção: não existe um conceito realmente universal, tão independente e abstrato de seu campo de origem que seja capaz de subsumir completamente uma representação independente de sua própria história (sabemos o que acontece na maioria das vezes: atribuímos espontaneamente uma universalidade de direito a nossas próprias representações, *projetando* sobre a outra cultura nosso modo habitual de racionalidade; ou então trabalhamos por *aproximação*, operando com *sutis desvios de sentido* de um campo para outro). A única possibilidade que resta, a nosso ver, e que tentamos explorar de forma sistemática, é elaborar uma perspectiva comum, sob a forma de uma interrogação nova, à maneira de uma alternativa, a partir da qual essas representações alógenas possam se encontrar, que seja realmente capaz de distingui-las e lhes sirva de identificação recíproca.

Nem projeção (ingênua), nem abstração (forçada), nem aproximação (sem controle); inversamente, seria muito fácil, e ao mesmo tempo profundamente insatisfatório, refugiar-se no *incomparável* (em que cada representação permanece encerrada

Processo ou criação

em sua irredutível particularidade). Assim como seria inútil, posto que ela depende de um contexto cultural ao qual ela adere totalmente e que a justifica, querer transferir a representação interrogada, tal e qual e isoladamente, para o outro campo (no qual ela seria privada de sua razão de ser e de seu significado): seria fácil manejar a comparação nesse caso, tudo se conformaria comodamente (muito comodamente), mas ela não ensinaria nada e não teria nenhum interesse. Portanto, é melhor começar pela elaboração progressiva do modelo de coerência interna da representação que serve de ponto de partida – baseando-se em seu próprio contexto e perseguindo cada vez mais de perto as implicações deste último – a fim de destacar seu caráter *típico* e *exclusivo* e desembocar em uma forma de pergunta que consiga extrovertê-lo em relação ao seu próprio campo e da qual a capacidade de alternativa permita introduzir comparativamente a outra tradição. Privilegiamos a forma de *alternativa* (X *ou* Y, diferentemente do famoso X *e* Y, tão comum na tradição comparatista), porque, nesse caso, trata-se de construir um quadro para a heterotopia inicial, e não de estabelecer um paralelo (como se de cara os dois aspectos pudessem fazer parte da *mesma* página): o essencial é que, no quadro das representações comparadas, os dois contextos envolvidos se articulem, de modo que haja realmente comunicação entre eles e, em seguida, o efeito assinalado possa ser estruturado em relação a conjuntos mais vastos: de um lado, tornando significativa (ao máximo) a rede de noções e representações originais (restituindo-as a sua respectiva tradição cultural); de outro, fazendo-as trabalhar a partir de um ponto de vista "generalista", com o objetivo de estabelecer – em um plano *teórico* – a medida possível da diferença entre elas (até se poder aprofundar "por comparação" essa representação original, espelhando-a em sua própria ausência na outra tradição).

Assim, entre o ponto de vista – que para nós se tornou indefensável – de uma transcendência dogmática (por exemplo, a dos jesuítas dos séculos passados em relação à China, para os quais a verdade da Revelação cristã podia servir de referência absoluta para a interpretação da diferença das civilizações) e a constatação inversa de uma imanência pura (referente ao ponto de vista de uma heterotopia considerada absoluta e definitiva: cada produção cultural independente só tem lógica em seu próprio advento), há um trabalho muito mais modesto, posto que necessariamente local, sempre incompleto, nunca totalizável – que é o de *começar* a relacionar e *praticar* o pensamento.

Essa perspectiva comum na forma de questão aberta, que é capaz de servir à transição, mas não cai de paraquedas do céu da universalidade lógica ou dogmática, deve ser elaborada estrategicamente e passo a passo, a partir de objetivos significativos e refletindo sobre eles. Daí a sucessão de clivagens que orientaram progressivamente o desenvolvimento de nossa reflexão. Não só como pensar a "origem": segundo uma dinâmica puramente interna e contínua (como no caso do processo) ou introduzindo uma ruptura de planos (isto é, recorrendo à criação)? Como também em função de qual eficácia a "comunicação" se estabelece: por formulação e codificação de um sentido, ou graças à pervasividade difusa de uma influência? E, ainda, como conceber a "instância" em ação: como sujeito único e hipostasiado ou como dualidade correlativa e em paridade? Ou qual o *status* da "transcendência" (de acordo com uma formulação mais diretamente ligada ao nosso próprio campo filosófico): exterioridade absoluta e separada ou pura absolutização da imanência? Ou segundo qual modelo

Processo ou criação

é concebida a atividade (se conduzirmos a questão mais para o lado da antropologia): de acordo com a categoria do fazer ("criador") ou com a da função (como devir espontâneo)? Ou, ainda, que *status* devemos atribuir à narrativa (se pensarmos a questão em sentido mais literário): reconhecer nela o poder profundo do *mûthos* ou reduzi-la à pura função de um registro exemplar dos fatos? etc. No fundo, trata-se sempre da mesma questão, mas definida a partir de uma série de pontos de vista particulares. Ora, apesar de se referir sempre e necessariamente a nossas próprias noções, a maneira como se desenvolve a formulação, construindo uma oposição interna e explorando sua capacidade de contraste, deve permitir que a forma alternativa reaja à noção inicialmente implicada e a capacite para evoluir fora de seu campo original: permitir certa remodelação dos conceitos iniciais e torná-los mais aptos a abranger a diferença das representações que está em jogo e que se tenta fazer valer e tornar significativa.

Recorrendo a tais clivagens, a comparação visa a mostrar mais nitidamente uma rede de fatores – uma conjunção de concepções e implicações –, a tornar mais perceptível a *lógica* particular que atua em cada configuração. Ora, se ela tende a tirar partido das diferenças efetivas dos contextos de civilização, não é para impor a eles uma especificidade *a priori*, mas para distinguir melhor a forma de coerência *possível* que eles encarnam. Já assinalei que não se trata de opor a "China" ao "Ocidente" como duas totalidades fechadas, e necessariamente diferentes, visto que essas duas culturas são muito diversas e heterogêneas para se fundirem em um único molde e, por outro lado, as oposições rígidas, interrompendo o jogo da comparação, impedem o seu efeito. Trata-se apenas de tornar mais explícito, a partir de um determinado quadro cultural, uma forma de lógica da qual não se pode dizer que esteja ausente de outros contextos culturais, mas é menos desenvolvida, ou é desenvolvida de outra maneira, ou não é tão facilmente perceptível. O que importa, no fim das contas, não é tanto poder afirmar que tal forma de coerência é absolutamente desconhecida em outra cultura, mas simplesmente o fato de que ela é mais *legível* aqui e, portanto, é aqui que ela é lida. Portanto, o esclarecimento pela diferença deveria nos conduzir não a uma reificação da oposição (mundo chinês/mundo ocidental), mas, ao contrário, ao alargamento de nossa experiência (possibilitando nos comunicarmos através da disparidade de campos): abrindo-nos para certas formas de coerência às quais não éramos receptivos, ou das quais não fazíamos ideia, ou que não éramos capazes de imaginar a partir de nosso próprio contexto cultural, e considerando-se os hábitos inveterados deste último. Com o propósito de enriquecer nossa capacidade de análise e inquirição, e chegar a uma conscientização que seja não só mais ampla, como também mais radical – porque finalmente consegue superar, por esse esforço de reflexão, a disparidade dos contextos, isto é, sentir melhor (de forma mais geral: transcultural, comunitária) ao mesmo tempo os efeitos de lógica do real e as potencialidades do pensamento.

É claro que isso não significa que as diferenças das culturas não existam intrinsecamente, ou não sejam profundamente arraigadas, ou não exijam um longo trabalho de hábito e familiarização, e sim que elas constituem um fato *complexo*, diante do qual a diversidade de fatores implicados nos torna capazes de nos comunicarmos. Percebemos em particular que todo contexto cultural original se elabora a partir de ideias preconcebidas e orientações singulares que não conseguem se impor sem outras tendências, ainda que estas sirvam apenas de contraste e

Processo ou criação

posteriormente sejam escamoteadas e censuradas. Se na época clássica, e especialmente em Wang Fuzhi, a tradição chinesa não reconhece o *mûthos*, não é, como assinalamos anteriormente, porque a civilização chinesa não teve uma mitologia primitiva, mas porque o modo de consciência cultural que prevaleceu (baseado na articulação do cosmológico e do moral, e no contexto da tradição letrada) afirmou-se contra esses elementos mitológicos e levou-os a desaparecer (existiam apenas como fragmentos dispersos ou confinados no imaginário popular e no "folclore"). Outro exemplo significativo: se a tradição confuciana impôs-se tão maciçamente durante dois mil anos, elaborando uma visão do mundo baseada na lógica do processo, em oposição tão clara e tão profunda a muitos dos aspectos dominantes de nossa cultura, não podemos ignorar que houve uma tradição intelectual concorrente no fim da Antiguidade chinesa, muito mais próxima da tradição grega, que as reviravoltas da História e a ascensão da tradição confuciana conseguiram fazer desaparecer (quase completamente): o moísmo. Trata-se – a partir do que pudemos reconstituir, apenas com os fragmentos que A. C. Graham pôs admiravelmente em ordem – de uma forma de pensamento que tendeu a valorizar explicitamente o ideal da racionalidade, interessou-se pela técnica e pela elaboração de um saber científico metódico, dedicou-se à definição dos termos e à sistematização dos princípios e trabalhou na composição de uma lógica rigorosamente codificada (o que os chineses só redescobriram no início do século XX, ao examinar sua cultura a partir de categorias ocidentais). Essa última geração de moístas acredita que o bem é recompensado após a morte e é impregnada de concepções religiosas, embora se dedique inteiramente à discussão filosófica (*bian*), não porque não dê importância a problemas mais sérios, mas porque, como

François Jullien

os gregos, considera que a lógica pode resolver definitivamente essas questões e dá acesso à verdade (sendo fundada em relações de necessidade atemporais). Assim, ressurgem diante dos nossos olhos formas de coerência que nos são muito mais familiares e percebemos que elas foram particularmente marcantes no destino da cultura ocidental – enquanto na China permaneceram no estágio de embrião e foram privadas de futuro a partir da instauração do Império, quando a visão "confuciana" serviu de ideologia dominante e impôs-se o tipo sociocultural do letrado. Esse desaparecimento ocorreu em silêncio, implicitamente, sem gerar confronto ou debate acadêmico, não por influência de uma crítica organizada, mas por obliteração (sem falar que havia uma diferença de condição social em jogo: os moístas pertenciam em sua maioria à classe dos artesãos, de *status* muito distante do dos conselheiros da corte e, mais tarde, dos "mandarins", que eram letrados). Como se fosse uma possibilidade que se apresentou à civilização chinesa e da qual ela se desviou, sem a ter explorado, a ponto de ter permanecido séculos sepultada, mas cuja exumação nos permite hoje saber quais foram as escolhas antagonistas da civilização chinesa, a partir das quais se formou a tradição letrada; e a que tipo de renúncia ou exclusão – cujo conteúdo nos parece tão estranhamente familiar – ela deve sua ascensão e prosperidade.

Se, em comparação com a tradição confuciana, representada por Wang Fuzhi, exploramos sobretudo os contrastes (em relação a "nós"), sob a forma de uma série de clivagens, não foi com o intuito de terminar em uma metafísica da alteridade (como diferença de "raça", "espírito", "mentalidade"...), cuja ideologia, aliás, é sujeita a caução (como se pôde constatar recentemente a propósito do maoismo); mas com um objetivo operatório e em

Processo ou criação

sentido puramente *heurístico*: de modo que, a partir do ponto de vista exterior que é introduzido pela comparação, possam ser mais bem explicitadas certas "escolhas" fundamentais, certas orientações radicais, que caracterizam esse contexto de civilização, e são tão arraigadas que ele nem as percebe mais, não lhes dá mais atenção, e só as transmite na forma de evidência e banalidade. Em outras palavras, tudo que o pensamento não é mais capaz de pensar, por tê-lo assimilado profundamente, e só volta a ser significativo e relevante diante de uma alternativa e em consequência de uma contradição.

O leitor, em todo caso, deve ter imaginado, em sentido inverso e no transcorrer das páginas, muitos pontos coincidentes, ou analogias, que não foram desenvolvidos aqui. Até e inclusive com a nossa filosofia mais clássica. Por exemplo, a representação de uma transcendência como pura absolutização da imanência poderia fazê-lo pensar em Espinoza (e o pensamento de Espinoza pode ser considerado a maior tentativa que se fez para sair do quadro da tradição ocidental no período clássico); do mesmo modo, a ideia de combinatória e sistema exaustivo, porém não codificável, que foi herdada do *Livro das mutações*, poderia fazê-lo lembrar-se de Leibniz (e Leibniz foi provavelmente um dos primeiros pensadores ocidentais a ser efetivamente influenciado pelo pensamento chinês); e a concepção do acesso à transcendência a partir da moralidade da conduta, enquanto nossas faculdades especulativas são impotentes para apreendê-la inteiramente, poderia lhe recordar Kant (cf. a passagem de uma *Crítica* para outra; aliás, a comparação foi explorada por pensadores chineses contemporâneos, como Mou Zongsan). Ou então a relação entre visível e invisível, sobretudo quando conduz a uma reflexão estética, é inevitável que ela nos traga ecos de Merleau-Ponty; ou ainda a afirmação de uma continuidade entre os planos da experiência e do saber, do "físico" para o "social", é impossível não pensar no projeto "enciclopédico" (e não disjuntivo) de um Edgar Morin. Etc. Todas essas comparações, e outras mais, seriam possíveis, mas implicariam repetir o mesmo procedimento em cada reflexão: justificar a analogia, avaliar as diferenças de perspectiva adotada em cada caso, de modo que, ainda que a analogia seja sugestiva e dê o que pensar, é impossível levá-la até o fim e lhe conferir um *status* definitivo e fundador. Uma vez que faltará sempre comunhão de contexto, e "alteridade" não é diferença, mas remete a uma mudança global (como *diferença de horizonte*: a das *condições de possibilidade*, o "contexto") que não pode ser apreendida pontualmente: enquanto "indiferença" generalizada, a que um campo sente espontaneamente por outro, e da qual é difícil fazê-los sair para se encontrarem.

Não podemos nos esquecer, mais em geral, de que o comparatismo que entra aqui, mesmo quando por efeito de diferença, é essencialmente *fictício*, uma vez que, não havendo ligação histórica, a comparação não se impõe por si só, deve ser construída e não tem sustentação previamente estabelecida. Ora, o fato de que a relação projetada entre os dois contextos de civilização seja necessariamente anistórica e não tenha a segurança de toda relação de "cognação" torna esse comparatismo deliberadamente alusivo e somente o justifica por sua capacidade de efeito – pelo ângulo da perspectiva estabelecida por ele e, portanto, pela nova experiência que ele suscita: quando passamos de um contexto para outro e vemos uma questão logicamente implicada por um campo de representações, e necessária em relação a ele, se dissolver ao passar para o outro campo, perdendo o sentido e a necessidade "lógica". Pois a alteridade em questão não se deve a uma diferença de con-

Processo ou criação

teúdos, como outra resposta possível às perguntas que nos fazemos, mas por conduzir a uma conscientização mais radical, isto é, ao fato de que existem perguntas que eu me faço – que não posso não me fazer – e não são feitas – que nem *podem* ser feitas – nesse outro contexto de civilização (e vice-versa). Se criamos novas noções e novas articulações para resolver os problemas teóricos que se apresentam a nós, em que medida essas questões não são produto da tabulação nocional e do recorte das articulações das quais partimos e que nos orientaram? Ora, a ficção comparativa nos prende à ideia do perigo, sempre insidioso, de um círculo vicioso: suspense eficaz, suspeita benéfica, que são a única coisa que faz o pensamento avançar.

Por isso me preocupa tanto o risco de nos deixarmos levar ao longo da comparação – inconscientemente e por uma propensão inerente à disposição inicial da comparação –, privilegiando a concepção que nos propusemos conhecer – no nosso caso, a de Wang Fuzhi – e da qual temos a obrigação de traduzir da melhor forma possível a coerência interna e as potencialidades. Pois é exígua a fronteira que separa esse esforço de compreensão da tentação, ainda que puramente imaginária, de fazer nossa própria "sinização". Ora, não se trata de "converter-se", de trocar um campo pelo outro, de cometer as ingenuidades de uma nova adesão. Não se trata de fazer valer uma civilização *contra* outra (como se tais preferências fossem analisáveis isoladamente). Mais particularmente, não se trata de enaltecer a concepção chinesa do processo em detrimento de outra concepção, qualquer que seja, e em especial das representações da criação. Enaltecimento, aliás, impossível, uma vez que a perspectiva implicada, em ambos os lados, é globalmente de outra ordem. Se, por exemplo, o pensamento de um "eterno retorno" parece eminentemente criticável para Wang Fuzhi, como de fato o é em relação à lógica de sua posição, é incontestável que ele pode conter um efeito trágico que, mesmo sendo totalmente incompatível com a serenidade do pensamento letrado, possui uma verdade filosófica (até em sua "impossibilidade") e uma provocante fertilidade (Nietzsche é um exemplo).

Uma comparação que não conduza sub-repticiamente à valorização (à miragem do exotismo ou, ao contrário, à boa consciência do etnocentrismo), mas seja fiel ao seu projeto puramente heurístico, somente é possível se funcionar *nas duas direções*, por reação de um campo ao outro, e se o efeito de troca for realmente significativo (nesse caso a sinologia serve de itinerário a um longo desvio). Pois é um equívoco acreditar que, quando estamos conhecendo uma "outra" cultura, já conhecemos a nossa e temos a segurança de sua propriedade: não que a passagem por uma cultura estrangeira nos faça esquecer a nossa cultura de origem, mas porque, quando retornamos, vemos que o puro hábito não pode fazer as vezes do saber e a ilusão que nasce com a familiaridade, com a conivência, não é mais suficiente. O passeio pelo outro campo nos leva inevitavelmente aquém do *cogito*: quando digo "eu penso", quem é o "nós" que pensa (ou melhor, não pensa: o nós da língua, das categorias conceituais, da ideologia...) através do "eu"? Então toda cultura se torna problemática, profundamente estranha, exoticamente fascinante – inclusive a "nossa".

Referências históricas

Confúcio (Kong Qiu, 551-479?)

Daquele que a civilização chinesa consagrou como o Mestre restam apenas tradições mais ou menos autênticas e uma breve coletânea de *Analectos* cujo texto foi estabelecido postumamente por seus discípulos. Seu ensinamento é marcado sobretudo por um esforço de reflexão moral em reação à crise da sociedade nobre e à decadência dos ritos: moral simples e ao mesmo tempo muito exigente, que não dita imperativos abstratos, não se deixa delimitar por definições e deve ser objeto de uso pessoal, a partir do temperamento e da situação de cada um.

Dono de uma pequena escola no principado de Lu, coube-lhe exercer uma função política que o pôs em evidência. No entanto, só desfrutou de seu prestígio anos mais tarde, primeiro por intermédio de Mêncio e depois pelos letrados do período Han (*rujia*), que tentaram fundamentar sua posição ideológica a partir dele. O rótulo fácil de "confucionismo", inventado pelos ocidentais, somente tem sentido em relação a essas sedimentações sucessivas, desenvolvidas ao longo de muitos séculos, e excede largamente a personalidade do "Sábio".

Laozi (século VI a.C.?)

Principal clássico da tradição taoísta, o *Laozi* é ao mesmo tempo a obra mais curta (pouco mais de 5 mil caracteres) e a que suscitou mais comentários ao longo das eras — além de ser a obra chinesa mais traduzida em línguas ocidentais (comumente sob o título de *O livro do caminho e da virtude*).[1] Tradicionalmente atribuído a um sábio do século VI alguns anos mais velho do que Confúcio, esse livro é provavelmente uma compilação de aforismos e provérbios do século IV. Através de uma expressão críptica frequentemente paradoxal e surpreendentemente poética, ele celebra a natureza una, eterna, inefável e espontânea do *Dao* (*Tao*), ao qual todos os existentes devem seu advento e realização. Daí o ideal de vacuidade, disponibilidade e "não agir" do ponto de vista da conduta pessoal como da arte de governar — a ponto de pregar a fraqueza e a humildade como o caminho mais seguro de sobrevivência.

Mêncio (Mengzi, segunda metade do século IV a.C.)

O pensamento de Mêncio tende a valorizar a moralidade. No plano individual, ele defende a tese de que todo homem tem uma

---

1 Ver ed. bras.: *Dao De Jing – Escritura do Caminho e Escritura da Virtude com comentários do Senhor às Margens do Rio*. Trad. Giorgio Sinedino. São Paulo: Editora Unesp, 2016. (N. T.)

Processo ou criação

inclinação espontânea ao bem que pode ser desenvolvida pela educação, ou sufocada pela influência perversa do ambiente; no plano político, tenta demonstrar que basta a um príncipe fazer obra de beneficência para que todas as populações corram até ele e se submetam de boa vontade à sua autoridade. Enfim, Mêncio explicita a intuição confuciana de que o homem, desenvolvendo inteiramente as inclinações positivas de sua consciência moral, é capaz de compreender sua natureza fundamental e, através dela, o "Céu": concepção particularmente importante para a tradição neo-confuciana, porque torna a ética o único caminho para a transcen-dência e, do ponto de vista da consciência individual, valoriza a ar-ticulação cosmológico-moral em que se fundamenta essa tradição.

Neoconfucianos (pensadores)

O termo, criado pelos ocidentais, designa globalmente os pensadores chineses que, a partir do século XI, reagiram à im-portância doutrinal do budismo, procurando estruturar em um conjunto teórico coerente as antigas representações da tradição chinesa. Em primeiro lugar, Zhou Dunyi, Shao Yong, os irmãos Cheng e Zhu Xi.

A história chinesa designa essa importante tradição como *xinglixue* ("escola da natureza humana e da ordem universal") ou *li(qi)xue* ("escola da ordem universal e da energia material"): a noção de *li* designa o princípio de ordem que rege de dentro o curso do mundo; a noção de *qi* ("sopro") designa a energia universal que serve incansavelmente às concreções fenomenais; a de *xing*, a natureza fundamental do homem tal como emana do fundamento cosmológico-moral do universo e encarna o *li* através dela.

François Jullien

Shao Yong (Shao Kangjie, Shao Yaofu, 1011-1077)

A concepção do desdobramento da realidade do mundo a partir de uma origem suprema elaborada pelos neoconfucianos é interpretada mais particularmente por Shao Yong como uma progressão numérica: o que acentua o caráter cosmogônico da concepção e torna Shao Yong um dos principais alvos de Wang Fuzhi, que tende a rejeitar concepções criacionistas (Leibniz, ao contrário, apoia-se no que sabe das teorias numéricas de Shao Yong para provar a crença dos chineses na criação). Wang Fuzhi também critica Shao Yong por ter ignorado o caráter interdependente de toda a realidade (mas é lógico que Shao Yong, concebendo a realidade na forma de progressão numérica, minimize a relação de interação tão importante para Wang Fuzhi e possa conceber a realidade como entidades isoladas).

Xunzi (*c.* 298-235)

Ao arrepio da teoria de Mêncio, Xunzi é um dos primeiros na história universal a reconhecer a origem social da moral: para ele, a natureza humana em estado bruto não pode ser senão um complexo de tendências egoístas e anárquicas; o bem e a razão aparecem apenas com a regulação exigida pela vida em sociedade. É a civilização, com suas instituições, que forma o indivíduo e eleva a humanidade.

Entre os pensadores da Antiguidade chinesa, Xunzi foi também um dos que foram mais longe no sentido da argumentação filosófica: pelo trabalho de conceituação a que submete a língua, pelo cuidado com as articulações lógicas, pelo caráter mais orga-

Processo ou criação

nizado e demonstrativo de seus desenvolvimentos. Esse aspecto excessivamente argumentativo, bem como a oposição que ele estabelece entre natureza e moralidade, foi talvez o que o condenou a ser menos considerado pela tradição letrada.

Wang Bi (226-249)

Pensador genial entre os qualificados como "neotaoistas" (no século III d.C.) por terem reagido a certa esclerose do pensamento confuciano do período Han, recuperando temas taoistas da Antiguidade. Embora tenha morrido muito jovem, Wang Bi colaborou vigorosamente, com seus comentários ao *Laozi* e ao *Livro das mutações*, para orientar a reflexão chinesa para a pura especulação metafísica: em busca da realidade última constituída – para além dos nomes e dos fenômenos – pelo não ser original (*benwu*) uno e indiferenciado.

Wang Bi prefigura assim a reflexão neoconfuciana, em especial pela atenção que dá às noções de *ser constitutivo* e *funcionamento* (*ti e yong*), e também pela primazia que atribui ao princípio (o *li*).

Wang Yangming (Wang Shouren, 1472-1528)

Seguindo a tradição de Lu Jiuyuan, contemporâneo e adversário de Zhu Xi, Wang Yangming é o mais famoso dos pensadores neoconfucianos que se libertaram da ortodoxia. Lamentando que a "investigação das coisas" preconizada por Zhu Xi conduza à perda da unidade da experiência moral, Wang Yangming afirma que a ordem do mundo (o *li*) não é uma realidade exterior à consciência e forma uma unidade com ela. Posteriormente, afirmará a unidade de conhecimento e ação. O "intucionismo" de Wang Yangming visa a um retorno à indistinção primitiva da consciência, quando a diferença entre sujeito e objeto se anula: uma forma de "idealismo" que exercerá uma grande atração sobre os pensadores do fim do período Ming (no Japão também), mas terá a oposição direta de Wang Fuzhi.

Zhang Zai (Zhang Hengqu, 1020-1077)

A maior originalidade de Zhang Zai em relação ao pensamento neoconfuciano é que ele identifica a energia universal (o *qi*) com o *limite supremo* que dá origem ao grande processo do mundo (em vez de deduzi-la dele): essa energia universal se identifica inteiramente com o grande Vazio da não atualização, que não é senão a grande Harmonia ou o Caminho, e todo o curso do mundo se explica logicamente pela alternância de contração e expansão. Wang Fuzhi acompanha Zhang Zai nessa interpretação "materialista" e tenta explorar melhor as consequências teóricas dessa posição. Zhang Zai, afinal, é o verdadeiro guia intelectual de Wang Fuzhi, que lhe dedicou um importante comentário, o *Zhangzi zhengmeng zhu*.

Zhou Dunyi (Zhou Lianxi, 1017-1073)

Considerado o fundador da tradição neoconfuciana, Zhou Dunyi foi o primeiro a tentar organizar em um sistema global as concepções tradicionais relativas ao fundamento da realidade. É a ele em especial que devemos a concepção de um *limite supremo* (*taiji*) no início do grande processo do mundo, assim como a dedução planificada, na forma de um esquema único, de um desenvolvimento cosmológico proveniente de *yin-yang*, através

Processo ou criação

da alternância de movimento e repouso; e o uso que ele faz do antigo *Livro das mutações*, tomado como suporte teórico para a elaboração dessa filosofia primitiva, terá grande influência sobre o pensamento posterior.

Zhuangzi (*c.* 370-300)

O *Zhuangzi*, atribuído em grande parte a Zhuang Zhou, é uma obra fascinante: ora é a sofística mais refinada que reduz a pó as pretensões da razão, ora é a expressão mais poética que denuncia a presunção da linguagem. Apelo profundo e poderoso a transcendermos este mundo, a "igualarmos" as diferenças tanto dos seres como das opiniões, a alimentarmos nosso princípio vital libertando-nos de todas as limitações impostas pela cultura e pelas convenções, a comungarmos com a plenitude do dinamismo universal, em perpétua transformação, para alcançarmos nossa livre realização e "caminharmos" no infinito. O *Zhuangzi* não apenas teve grande influência sobre o pensamento posterior (sobretudo a partir do século III da nossa era), como serviu de fonte constante de inspiração para a consciência estética dos chineses.

Zhu Xi (Zhu Yuanhui, 1130-1200)

O mais importante pela influência que exerceu sobre os pensadores chineses do último milênio, Zhu Xi tentou fundamentar os diversos aspectos do pensamento "confuciano" em um sistema unificado (desde Confúcio até seus predecessores neoconfucianos, quinze séculos depois). É a ele em particular que devemos a junção dos *Quatro Livros* (*Analectos* de Confúcio, *Mêncio*, *O grande aprendizado* e *A doutrina do meio*, *Zhong Yong*) que, estabelecidos e comentados por ele, servirão de fundamento à ortodoxia (e de base para os exames para o funcionalismo público de 1313 até 1905, data em que estes foram revogados). "Suma" da tradição chinesa, sua obra também teve influência considerável fora da China, especialmente na Coreia e no Japão.

Podemos medir parte da originalidade de Wang Fuzhi comparando-o a ele: para Zhu Xi, *O livro das mutações* é essencialmente um tratado de adivinhação sem grande significado filosófico; por outro lado, ele estabelece uma diferença de *status* entre *princípio* eterno (incorpóreo, imutável, uniformemente bom) e *energia* material (múltipla, transitória, boa ou má, conforme o caso), que, embora sejam concebidos como inseparáveis, tendem ao dualismo.

Referências bibliográficas

No centro deste estudo, estes dois textos principais de Wang Fuzhi:

- o comentário a Zhang Zai: *Zhangzi zhengmeng zhu* (principalmente os capítulos I a VIII, XIV e XVII-XVIII); abrev.: ZM; edição utilizada: Pequim: Zhonghua Shuju, 1975. Também foi utilizada a edição em japonês de *Zhengmeng*, comentada por Yamane Mitsuyoshi: Tóquio: Meitoku Shuppansha, 1970.
- comentários ao *Livro das mutações* (*Zhouyi*): *Zhouyi waizhuan* (principalmente os capítulos V-VI-VII); abrev.: WZ; e *Zhouyi neizhuan* (principalmente os capítulos I e V-VI); abrev.: NZ; edição utilizada: *Chuanshan yixue*: Taiwan, Guangwen Shuju, 2v.

Também serviram, para completar este estudo, estes três importantes textos de Wang Fuzhi:

- comentário aos *Quatro livros*: *Dusishu daquanshuo*. Pequim: Zhonghua Shuju, 1975, 2v.; abrev.: DSS;
- comentário ao *Clássico dos poemas*: *Shiguangzhuan*. Taiwan: Heluotushu Chubanshe; abrev.: SGZ;
- breve coletânea de notas: *Siwenlu*. Pequim: Zhonghua Shuju, 1983; abrev.: *SWL*.

Também foi utilizada a antologia de textos de Wang Fuzhi publicada em Pequim no fim da Revolução Cultural: *Wang Fuzhi zhuzuo xuanzhu*, 1975; abrev.: XZ.

François Jullien

Por último, para a reflexão propriamente literária de Wang Fuzhi, foram estudados:

— seus "discursos sobre poesia", *Jiangzhai shihua*, conforme a boa edição de Dai Hongsen, *Jiangzhai shihua jianzhu*. Pequim: Renmin Wenxue Chubanshe, 1981; abrev.: JZ.

— sua antologia comentada de poemas antigos: *Gushi pingxuan*, in: *Chuanshan quanji*. Taipei: Lixing Shuju, 1965; abrev.: GS.

Estudos consultados

Em chinês

Ji Wenfu. *Wang Chuanshan xueshu luncong* [Estudos sobre Wang Fuzhi]. Pequim: Shenghuo Dushu Xinzhi Sanlian Shudian, 1978. 163p.

Fang Ke. *Wang Chuanshan bianzhengfa sixiang yanjiu* [Investigações sobre o pensamento dialético de Wang Fuzhi]. Hunan Renmin Chubanshe. 320p.

Xiao Shafu (ed.). *Wang Fuzhi bianzhengfa sixiang yinlun* [Introdução ao pensamento dialético de Wang Fuzhi]. Hubei Renmin Chubanshe, 1984. 381p.

Xiao Hanming. *Chuanshan yixue yanjiu* [Investigações sobre o estudo do *Livro das mutações* em Wang Fuzhi]. Pequim: Huaxia Chubanshe, 1987. 251p.

Xiao Tianshi. *Chuanshan xueshu yanjiuji* [Investigações sobre Wang Fuzhi]. Taiwan: Ziyou Chubanshe. 382p.

Em japonês

Ebie Koji. "Ō Fushi no shiseikan – Ki no zenaku o megutte" [As concepções de Wang Fuzhi acerca da vida e da morte: a propósito de sua interpretação do *qi*]. *Rinrigaku*, n.1, p.13-27.

Yoshida Kenshu. "Ō Fushi no shisō – Sono kichō o nasumono" [O pensamento de Wang Fuzhi: suas ideias dominantes]. *Nippon Chūgoku Gakkaihū*, n.36, p.207-20.

Yoshida Kenshu. "Ō Fushi Chōshi seimō chu no rikiron" [A teoria do *li* e do *qi* no *Zhangzi zhengmeng zhu* de Wang Fuzhi]. *Tetsugaku*, n.33, p.125-39.

Em inglês

Ian Mc Morran. "Wang Fu-chih and the Neo-Confucian Tradition". In: W. T. De Bary (ed.) .*The Unfolding of Neo-Confucianism*. Nova York: Columbia University Press, 1975.

Wong Siu-kit. "*Ch'ing* and *Ching* in the Critical Writings of Wang Fu- chih". In: A. A. Rickett (ed.). *Chinese Approaches to Literature from Confucius to Liang Ch'i-ch'ao*. Princeton: Princeton University Press, 1978.

Índice de expressões chinesas

Capítulo 1

a) *Shen qu* 伸屈

b) *You wu* 有無

c) *Ming you* 明幽

d) *Shengqi* 生氣

e) *Ziran zhi lishi* 自然之理勢

f) *Qing* 清

g) *Hun* 昏

h) *Tong* 通

i) *Tiandi zhi da yong* 天地之大用

j) *Wan wu* 萬物

Capítulo 2

a) *Wu fei zhi jiao* 無非至教

b) *Fei wei li jiao er she* 非為立教而設

c) *Xue* 學

d) *Dao duanjian* 道斷閒

François Jullien

e) *Shenjiao-yanjiao* 神教, 言教

f) *Yong* 用

g) *Cheng* 誠

h) *Cheng yu ci, tong yu bi* 誠於此, 通於彼

i) *Taixu* 太虛

j) *Tian bu yan er xin* 天不言而信

k) *Wu si* 無私

l) *Xing er shang* 形而上

m) *Xing er xia* 形而下

n) *Shen* 神

o) *Yanjiao you qiong* 言教有窮

p) *Yun zhi wu fang* 運之無方

q) *Gan-tong* 感通

r) *Wu wei er cheng* 無為而成

s) *Shi xin* 恃心

t) *Bu li ju ze* 不立矩則

u) *She* 設

v) *Li ke fan* 立科範

w) *Sui shi chu zhong* 隨時處中

Capítulo 3

a) *Gan-tong* 感通

b) *Shi-shou* 施受

c) *Xiang-gan* 相感

d) *Gan* 感

e) *Yu* 遇

f) *Wu gan zhi liangneng* 物感之良能 comentado como *ziran zhi dongji* 自然之勤機

g) *Bi jian* 必建

Processo ou criação

h) *Bi shun* 必順

i) *He* 合

j) *Wei qi ben yi, gu neng he* 惟其本一，故能合

k) *Fei yi, ze bu neng tong* 非異，則不能同

l) *Fei tong, ze bu neng yi* 非同，則不能異

m) *Bi gan yu wu yi sheng qi yong* 必感於物以生其用

n) *Wu gan er fei tiandao zhi liuxing* 無感而非天道之流行

o) *Xing* 性

p) *Qi ganzhe ji qi shen ye* 其感者即其神也

q) *Wei tian hai xing* 違天害性

r) *Taiji* 太極, enquanto *Taihe* 太和

s) *Yin dong jing fen er wei liang* 因動靜分而為兩

t) *Bu you liang, ze wu yi* 不有兩則，無一

u) *Qian kun bing jian* 乾坤並建

v) *Jieran fenxi* 截然分析

w) *Shi-wei* 時位

x) *Gang-rou* 剛柔

y) *Xiang cheng er wu bu ke tong* 相承而無不可通

z) *Xiang jia* 相浹

a') *Wu ji bi fan* 物極必反

b') *Xiang fun xiang cheng* 相反相成

c') *Wu xing* 五行

d') *Yi yin yi yang zhi wei dao* 一陰一陽之謂道

e') *Yin yin zhi you dao* 陰陽之外有道

Capítulo 4

a) *Xiang cheng er die yong* 相乘而迭用

b) *Ziran zhi shi* 自然之势

c) *Benti* 本體

François Jullien

d) *Bian-hua* 變化

e) *Dong jing xiang han* 動靜相函

f) *Ming-you* 明幽

g) 神鬼 interpretado como 伸歸

h) *Sheng fei chuangyou er si fei xiaomie* 生非創有而死非消滅

i) *Wang-lai* 往來, *qu-shen* 屈伸, *san-ju* 散聚, *you-ming* 幽明

j) *Sheng-mie* 生滅

k) *Sheng er ren, si er tian* 生而人, 死而天

l) *Qi-xing* 氣, 形

m) *Yinyun zhi benti* 絪縕之本體

n) *Dao zhi qi ji er hou ke yi bian tong* 道至其極而後可以變通

o) *Zhi luan xunhuan, yi yin yang dong jing zhi ji ye* 治亂循環, 一陰陽動靜之後也

p) *Shi sui shi qian* 事隨勢遷

q) *Da wen fa* 大文發

r) *Rendao* 人道 distinto de *tiandao* 天道

s) *Zhao zao wan you* 肇造萬有

t) *Wei chang yi yi shi yi wu wei shou* 未嘗以一時一物為首

u) *Wu ti bu yong, wu yong fei qi ti* 無体不用, 無用非其體

v) *Ji* 極 no sentido de *zhi* 至

w) *Wu ji er taiji* 無極而太極

x) *Shen* 生 no sentido de *shengqi* 生起

y) *Hunlun wu jian* 渾淪無間

z) *Qian you taiji* 乾有太極

a') *Wu suo bian er wu taiji* 無所變而無太極

b') *Taihe* 太和

Capítulo 5

a) *Zhi-neng* 知能 ; cf. expressão 乾知大始

b) *You-ming* 幽明

348

Processo ou criação

c) *You sheng yu wu* 有生於物

d) *Taixu zhe, ben dong zhe ye* 太虛者，本動者也

e) *Ji* 機

f) *Dong jing, jie dong ye* 動靜，皆動也

g) *Feiran zhi jing* 廢然之靜

h) *You yi wu chu sheng zhi shi* 有一物初生之始

i) *Wu si* 無私, *wu xin* 無心

j) *Lishi* 理势

k) *Yong* 用, diferente de *wi* 為, em relação a *ti* 體

l) *Xiang* 象, *fa* 法

m) Sentido aqui de *xiang* 象；cf. a expressão *dan you qi xiang* 但有其象

n) *Xiao* 效 em relação a *fa* 法, não significa nesse caso "reproduzir" ou "imitar, mas "trazer à tona" e "revelar".

o) *Cheng xing* 成形

p) *Zhi neng bing xing* 知能並行

q) *Qi yong* 起用 e *cheng ti* 成體

r) *Bu dang* 不當

Capítulo 6

a) *Yun yu wu xing* 運於無形

b) *Xing you ding* 形有定

c) *Yinyun taihe* 絪緼太和

d) *Taixu* 太虛

e) *Qi zhi benti* 氣之本體: juyou 具有; zizu 自足

f) *Wu si er xu* 無私而虛

g) 應; cf. *xu er shan ying* 虛而善應

h) *Ti e yong* 體, 用

349

i) *Zhong han* 中涵, *shi sheng* 是生

j) *Ke xing* 客形

k) *Wei* 微; cf. *wu xing, fei wu xing ye* 無形, 非無形也

l) *Xin si* 心思

m) *Shi* 事 e *li* 理

n) *Wu fang* 無方

o) *Shen* 神

p) *Bu ce* 不測

q) *Wu zi hua* 物自化

r) *Jing* 精 oposto a *cu* 粗

s) *Xian* 顯, *wei* 微

t) *Bu ji jue zhi di* 不及覺之地

u) *Ben xu er shen* 本虛而神

v) *Ji xiang* 即象

w) *Xian zhu ren. cang zhu yong* 顯諸仁, 藏諸用

x) *Xian er wei* 顯而微

y) *Cang er zhu* 藏而諸

z) Cf. noção de *fengzhi* 風旨

Capítulo 7

a) *Shen* 神 e *qi* 氣; cf. oposição *ke xiang* 可象 – *bu ke xiang* 不可象

b) *Bu ke xiang zhe ji zai xiang zhong* 不可象者即在象中

c) *Qing* 清 – *zhuo* 濁

d) *Tong* 通

e) Enquanto *shen* 神; cf. *quing ji, ze shen* 请極, 則神

f) *Gui* 鬼 e *shen* 神

g) *Shenli* 神理

Processo ou criação

h) *Qi dong er li ji zai qi zhong* 氣勤而理即在其中

i) *Yin yang bu ce* 陰陽不測

j) *Ji* 迹

k) *Suoyi bianhua* 所以變化

l) *Miao* 妙

m) *Ren mou zhi suo bu zhi* 人謀之所不至

n) *Ke ti qi miao yong* 可體其妙用

o) *Fei renzhili zhi suo ji zhi* 非人智力之所及知

p) *Cun shen* 存神

q) *Shen wu fang* 神無方; *bu ji er su, buxing er zhi* 不疾而速, 不行而至

r) *Ling* 靈

s) *Bu zhi yu xing* 不滯於形

t) *Bu li biao bang* 不立標榜

u) *Ti bu pian zhi* 體不偏滯

v) *Cheng* 誠

w) *He* 和 oposto a *qing* 清

x) *Sui shi er de zhong* 随時而得中

y) *Wu wei* 無味

z) Explicitando as formulações de Wang Fuzhi: a dimensão de invisível ou o espírito (*shen* 神) como capacidade inerente do Processo – não concretamente assinalável (*wu fang* 無方) e, portanto, insondável (*bu ke ce* 不可測), jamais estagnada ou reificada (*bu zhi ze xu* 不滯則虛), constantemente alerta e disponível (*shan bian ze ling* 善變則靈) – de animar sem fim a realidade (*jie chu zhi er ling* 皆觸之而靈)

a') *Shen-hua* 神化

b') *Xin e li* 心, 理; *ji e shi* 迹, 事

c') *Qiong shen zhi hua* 窮神知化

François Jullien

d') *Fei ke yi bi lei guang yin er ni zhi* 非可以比類廣引而擬之

e') *Cheng* 誠, *tian* 天, *ren* 仁

f') *Zhi* 知 e *yi* 義

Capítulo 8

a) *Cang cang zhe yuan er wu zhi ji* 蒼蒼者遠而無至極

b) *Yi yu shen, yi yu li, yi yu cheng* 一於神, 一於理, 一於誠

c) *Ren-yi-zhong-zheng* 仁, 義, 中, 正

d) Ao mesmo tempo *yi* e *xiang* 意, 象

e) *Dao jing yi shang zhi tian* 倒景以上之天

f) *Zai tiandi wei ziran zhi de* 在天地為自然之德

g) *Jian* 健 – *shun* 順

h) *Bu xi* 不息, *wu wei* 無違

i) *Shi* 始 – *cheng* 成

j) *Zhi* 知 – *neng* 能

k) *Yi* 易 – *jian* 簡

l) *Li* 理 e *shi* 事

m) *Qin* 親 e *gong* 功

n) *Xing* 形 – *shen* 神

o) *Shu* 舒 – *ning* 凝

p) *Tian yi shen shi, di yi xing ying* 天以神施, 地以形應

q) *Yuan – heng – li – zheng* 元 – 亨 – 利 – 正

r) *Qing* e *xing* 情, 性

s) *Xiao ti e da ti* 小體, 大體

t) *Zhi de* 至德, *da de* 大德

u) *Tiandi zhi da yi* 天地 之大義

v) *Da jing* 大経

w) Cf. a expressão *Ge zheng xing ming* 各正性命

Processo ou criação

x) *Tianxing* 天性

y) *Ji* 繼

z) Sentido de *zi* 濱

a') *Ren* 仁, do ponto de vista do homem, corresponde a *yuan* 元, do ponto de vista de *Qian* 乾

b') *Jin xing* 盡性

c') *Cheng wu wei* 誠無為

Capítulo 9

a) *You qi* 游氣

b) Sentido de *zhi* 質

c) *Fenrao* 紛擾

d) *Wu xin zhi hua, wu ze yu shi* 無心之化, 無擇於施

e) *Shi wei xiang de* 時位相得

f) *Jing you jing zhi zhi* 靜有靜之質

g) *Ji* 機

h) *Ci yi li tui du, fei qi shi ye* 此以理推度, 非其實也

i) *Dao e qi* 道器

j) Apenas na medida em que há *xing* 形, é que pode haver *xing er shang* 形而上, expressão tradicional que hoje serve para traduzir em chinês a noção ocidental de "metafísica".

k) *Jian xing* 踐形, segundo a expressão do *Mêncio*, cap.VII, A, §38.

l) *Shan zhi qi er yi* 善治器而已

m) *Xiang* 象

n) *Ze xiang wei dui* 則相為對

o) *Bi xiang fan er xiang wei chou* 必相反而相為仇

p) *Wu zhong xiang di zhi li* 無終相敵之理

François Jullien

q) *Er jie san reng fan yu taixu* 而解散仍返於太虛

r) *Yu wu wei dui* 與物為對

s) *Ai wu zhi qing* 愛惡之情

t) *Suo bi you zhi ji* 所必有之幾

u) *Ti yu ling* 體愈靈, *yong yu guang* 用愈廣

v) *Hun e po* 魂魄

w) *Qi e xing* 氣形

x) *Yao ming* 杳冥

y) *Xing ming* 性命

z) *Suo yu zhi shiran* 所遇之時然

a') *Ben bu keyi xiang pei* 本不可以相配

b') Di *zhi de* 地之德

c') *Suo e neng* 所 能

d') Cf. *suo bu zai nei, neng bu zai wai* 所不在内, 能不在外

e') Assim, *zhi* 知, é concebido como *ren* 仁

Capítulo 10

a) *Shiji* 實際

b) *Yanyu dao duan* 言語道斷

c) *Xin xing lu jue* 心行路絕

d) *Jiong tuo gen chen, bu li zhi jian* 迴脱根塵, 不立知見

e) *Sheng er yu shi xiang gan* 生而與世相感

f) *Wei zhang ai zhenru zhi genben* 為障碍真如之根本

g) *Huan hua* 幻化

h) *Fan yi renjian zhi xiao yinyuan tiandi* 反以人見之小因缘天地

i) *Bu zhi ben tian dao wei yong* 不知本天道為用

j) *Xing* 性 oposto a *xing* 形

k) *Yu qi wai qiu li* 於氣外求理

Processo ou criação

l) Segundo a expressão de Cheng Hao: *tian, li ye* 天，理也

m) *Fei hua, ze shen he suo cun* 非化，則神何所存

n) *Tian wu ti, yong ji qi ti* 天無體，用即其體

o) *She* 舍，*chaoyue* 超越

p) *Sheng er zhi zhi* 生而知之

q) *Liedeng* 躐等

r) *Qiong li* 窮理

s) *You qi faxiang* 由其法象

t) Sentido de *tui* 推

u) *Da yong* 大用

v) *Wuji er taiji* 無極而太極

w) *Ben-mo* 本末

x) *Xingse mo fei tianxing* 形色莫非天性

y) 天性

z) *Jing* 精 oposto a *cu* 粗

a') *Zai qian kun zhi de* 載乾坤之德

b') *Sheng-cheng* 生成

c') *Qi* 氣 e *xing* 形

d') *Shi ling shan* 使靈善，*shi zhang* 使長

e') *Ji* 繼，*cheng* 成

f') Noção de *xiao* 肖

g') *Shi qin yi shi tian* 事親以事天

h') *Ti-yong* 體用，*xu-shi* 虛實，*shen-xiang* 神象，*dao qi* 道器

i') *Yi wu zai you wai* 以無在有外

j') *Xiongran wu dui zhi gu guang wei xing* 夐然無對之孤光為性

k') *Dang qi wei xing* 當其未形

l') *Ji qi xing zhi ji cheng* 及其形之既成

m') *He shang xia yu yi guan* 合上下於一貫

n') *Xing er shang-xing er xia* 形而上，形而下

François Jullien

Capítulo 11

a) Por exemplo, graças ao emprego típico de *fan* 凡, "tudo", ou substantivando a expressão pela partícula *zhe* 者
b) *Fan ke zhuang* 凡可狀
c) *Fan you* 凡有
d) *Fan xiang* 凡象
e) De um lado, *fa* 法, ou *xing* 形, e, de outro, *xing* 性
f) *Xin* 心, *shen* 神
g) *Ming* 名; *xiang-yan-yi* 象言意
h) *Yun* 運, *liu* 流, *yong* 用, *bu xi* 不息, *bian* 變, *yi* 易
i) *Tian-dao* 天道
j) *Shen-hua* 神化
k) *Ze* 則
l) *Yi* 以
m) *Er* 而
n) *Cang er zhu* 藏而著

Capítulo 12

a) *Yi* 易
b) *Xingming* 性命
c) Operação de *cuo* 錯, de um lado, e *zong* 綜, de outro
d) *Zhi za* 至雜
e) *Zhi chun* 至純
f) *San cai* 三才
g) *Ying* 應
h) Ao mesmo tempo *bei* 備, e *bu ke wei dian* 不可為典
i) *You ding wei* 有定位

Processo ou criação

j) *Jie dao, bu jian zhong* 皆道不見中

k) *Jie yi, wu fei zhong* 皆一，無非中

l) *Yi zhong zhe bu yi* 易中者不易, *liang zhong zhe yi* 两中者易

m) *Ji zhi qi yi* 極致其一

n) *Sui you da cheng zhi xu er shi wu xu* 雖有大成之序而實無序

o) *Shi* 時, e *wei* 位

p) *Xing quan* 行權

q) *Yao* 爻, no sentido de *xiao* 效, compreendido como *cheng* 呈

r) *Shen zhi wei yong* 神之為用

s) *Bian hua ji* 變化極

t) *Tong* 通

u) *Yu tiandi zhun* 與天地準

v) *Xian dao* 顯道

w) *Yi ju qi li er shen cun hu qi zhong* 易具其理而神存乎其中

x) *Ni xiang* 泥象

y) *De yi er wang xiang* 得意而忘象

z) *Yan, xiang, yi, dao gu he er wu zhen* 言，象，意，道固合而無畛

a') *Yin* 隱, a propósito do *Livro das mutações*

Capítulo 13

a) *Bian-tong* 變通

b) *Hua er cai zhi* 化而裁之

c) *Tui er xing zhi* 推而行之

d) *Xiang ji* 相劑

e) *Yi lei ju* 以類聚

f) *Yi er xiang ru* 異而相入

g) *Tong er xiang ou* 同而相偶

h) Noção de *zhi* 制

i) *Wai sheng* 外生, *nei cheng* 内成

j) *Qiong bi bian* 窮必變, *bian bi tong* 變必通

k) *Bian zhi ji* 變之極

l) *Tong zhi cheng* 通之成

m) *Cun hu bian* 存乎變

n) *Cun hu tong* 存乎通

o) *Ke tong yu bi* 可通於彼

p) *Ji* 幾

q) *Bu dai shi bian zhi zhu* 不待事變之著

r) *Tui qi suoyi ran* 推其所以然

s) *Er shi qi dangran* 而示其當然

t) Wei 微, *jing* 精

u) *Jing yi ru shen* 精義入神

v) *Ji shen* 極神

w) *Jing yi*, 精義, *zhi ji* 知幾

x) No estágio de *shen* 神; cf. *ru shen* 入神, *he shen* 合神

y) *Shen yu wei* 慎于微

z) Cf. *Ji zhe, dong zhi wei* 幾者, 動之微

a') No nível do *chu xin* 初心

b') *Wu zhong zhi zhi ji* 無中止之機

c') *Xin ri guang, de ri run* 心日廣, 德日潤

d') *Shun-ni* 順逆

e') *Ji-xiong* 吉凶, *de-shi* 得失

f') *Shan-bu shan* 善不善

g') *Wu tu zhi bu ke an* 無土之不可安

h') *Zi fan* 自反

i') Li 利, oposto a *yi* 義

Processo ou criação

Capítulo 14

a) *Wu qi* 惡氣

b) *Bian-chang* 變常

c) *Wu qiong* 無窮 – *You ding* 有定

d) *Ke zhi* 可治, *ke zhen* 可真

e) *Wu chang* 無常, – *you ze* 有則 (a expressão remonta ao *Shijing, Daya*, III, 6, ode 260)

f) *Qi yi zhe shan ye* 其一者善也

g) *Yu chang zhi bian* 於常治變, *yu bian you chang* 於變有常

h) *Qu shi* 趣時

i) Sentido de *zhen* 真

j) *Yi zhen hu dao* 一真乎道

k) *Cun shen* 存神

l) *Qi wu ke rong wu zuowei* 氣無可容吾非為

m) *Zhen guan* 真觀

n) *Bo guan* 博觀

o) *Bu dong xin* 不動心, cf. Mêncio, cap.II, A, §2

p) *Bu jing* 不驚

q) *Fen* 分, *ming* 命, *shun* 順

r) *De li, de tian* 得理, 得天

s) *Da shi zhong* 達時中

t) *Le guan* 樂觀

u) *Wai zun wu* 外徇物

v) *De ji* 得己; cf. Mêncio, cap.VII, A, §9

w) *Suo li jie zhen er zhen wu bu li* 所利皆真而真無不利

x) *Shen bu ke zhi si* 神不可致思

y) *Da xin* 大心

z) *Jin xin* 盡心

François Jullien

a') *De xing zhi zhi* 德性之知

b') *Xin zhe, tian zhi ju ti ye* 心者，天之具体也

c') *Tian zhi liang neng* 天之良能

d') *Tian de* 天德

e') *Jing yi* 精義

f') *Cheng e ming* 誠明

Capítulo 15

a) *Bu xiang yi* 不相易

b) *Bu xiang li* 不相離

c) *Xiang-fa-xing* 象，法，性

d) Do ponto de vista do Céu: *yuan-heng-li-zhen* 元，亨，利，貞; do ponto de vista do homem: *ren-li-yi-xin* 仁，禮，義，信

e) *Ji* 繼

f) *Ren zhe, cun cun zhe ye* 仁者，存存者也

g) *Neng quan ti* 能全體

h) *Ji zhi ze shan* 繼之則善

i) *Qi xu ling ben yi* 其虛靈本一

j) *Yu shi jie xing* 與時偕行

k) *Fan jing* 反經

l) *Tiandi zhi da yi* 天地之大義

m) *Dun hou yi ti wan wu zhi hua* 敦厚以體萬物之化

n) *Jing* 精，*bu xi* 不息

o) *Can* 參，*zan* 贊

p) *Wei hu tiande* 位乎天德

q) *Tian ren yi yi* 天人一矣

r) *Yi dao wei ti* 以道為體，*shen er ti dao* 神而體道

s) *Wu si* 無私，*wu xin* 無心

Processo ou criação

t) *Bu ke zhi* 不可知 ; mesmo qualificativo de *miao* 妙 para o Céu

u) Cf. *Chaoran zhi dao zhi ben yuan* 超然知道之本原

v) *Da er hua zhi* 大而化之

w) *Cheng xin* 成心

x) Sentido de *hua* 化

y) Sentido de *yi* 意, como "ponto de vista definitivo", diferente de *zhi* 志 como "firme resolução"

z) Sentido de *tong* 通

a') Cf. a expressão *Wu fang wu ti* 無方無體

b') Cf. noção de *xing* 興

c') *Gan-tong* 感通

Capítulo 16

a) *Chuangzuo* 創作

b) *Jing yi qing he* 景以情合

c) *Qing yi jing sheng* 情以景生

d) *Xin zhong* 心中, oposto a *mu zhong* 目中

e) *Hu cang qi zhai* 互藏其宅

f) *Yu xiang rong jia* 與相融浹

g) *Yin jing yin qing* 因景因情

h) *Ziran* 自然

i) Para exprimir isso, Wang Fuzhi recorre à noção budista *xianliang* 現量, oposta à expressão *biliang* 比量

j) Cf. noção de *fa* 法, enquanto *si fa* 死法

k) *Can hua gong zhi miao* 參化工之妙

l) *Zhu e bin* 主, 賓

m) Sentido de *yi* 意; cf. *ju yi yi wei zhu* 俱以意為主

François Jullien

n) *Fu* 賦 em relação a *bi* 比

o) *Zheng* 正 em relação a *fan* 反

p) Não há *xian-dian* 憲典 que valha no campo da poética o que *dian-yao* 典要 vale no campo da interpretação dos hexagramas

q) *Wei ren suo gan, jie ke lei tong* 唯人所感, 皆可類通

r) *Yan wai* 言外

s) *Wu zi chu* 無字處

t) Cf. a transformação da expressão corrente *yi zai yan wai* 意在言外 em *yi zai yan hou* 意在言後

u) *Ti wu er de shen* 體物而得神

v) *Liu* 流, *bu zhi* 不滯

w) *Qi jue shen san* 氣絶神散

x) *Liu lian yi dang, yi chu yi ru* 流連沈宕, 一出一入

y) *Ling tong* 靈通

z) *Xing-guan-qun-yuan* 興觀羣怨

a') *Er ge yi qi qing yu* 而各以其情遇

b') *Yi shi jie shi* 以詩解詩

c') *Fu-bi-xing* 賦比興

Capítulo 17

a) *Li e shi* 理, 勢

b) *Biran* 必然, *ziran* 自然

c) *Wu ju sheng ju mie zhi lishi* 無邊生邊滅之理勢

d) *Jing-wei*, de um lado, e *guang-da* de outro 精微, 廣大

e) *Li cheng shi* 理成勢

f) *Shi cheng li* 勢成理

g) *Dangran er ran* 當然而然

362

Processo ou criação

h) *Bu de bu ran* 不得不然

i) *Shi xiang ji* 勢相激

j) *Jia* 假

k) *Fei shiran* 非適然

l) *Li shi wu li, li li wu shi* 離勢無理，離理無勢

m) *Shi zhe, yi zhong zhi shenli ye* 勢者，意中之神理也

n) *Wu*, de um lado, e *li*, de outro 悟，理

SOBRE O LIVRO

Formato: 14 x 21 cm
Mancha: 23 x 44 paicas
Tipologia: Venetian 301 12,5/16
Papel: Off-white 80 g/m² (miolo)
Cartão Supremo 250 g/m² (capa)

1ª edição Editora Unesp: 2019

EQUIPE DE REALIZAÇÃO

Edição de texto

Richard Sanches (Copidesque)
Tomoe Moroizumi (Revisão)

Capa
Marcelo Girard

Imagem de capa
Chinese landscape painting and calligraphy, Qing dynasty – ca. 17th
century – B Christopher / Alamy Stock Photo

Editoração eletrônica
Eduardo Seiji Seki

Assistência editorial
Alberto Bononi

Impresso por :

gráfica e editora

Tel.:11 2769-9056